光譜計畫

幼兒教育評量手冊

梁雲霞◆譯

Project Zero Frameworks for Early Childhood Education
Volume3

Howard Gardner
David Henry Feldman
Mara Krechevsky
General Editors

PROJECT SPECTRUM :
Preschool Assessment Handbook

Mara Krechevsky

Published by Teachers College Press, 1234 Amsterdam Avenue, New York, NT10027

●譯者簡介

▶▶ 梁雲霞

國立政治大學教育學系，教育研究所碩士，美國伊利諾大學（香檳校區）教育心理學
博士，主修認知與教學。現為台北市立教育大學教育學系副教授，致力於學生的學習
歷程、高層次思考與自主能力等方面的研究。在教學、研究、理論與實踐的關注中，
也熱愛學術譯注。曾主持研究計畫如：學校本位課程發展、多元智慧示範學校專案、
實作評量、創造力焦點案例等，並先後擔任多所學校的課程發展、教學精進、行動研
究的指導教授。譯作有：《多元智慧與學生成就》、《思考的教室》、《光譜計畫：
幼兒教育評量手冊》、《大腦知識與教學》、《動腦教與學》等書，以及國科會經典
譯注成果《一個稱為學校的地方》。

個人網站：http://sunny.tmue.edu.tw/

譯者序

「你為什麼要花這麼多時間做翻譯工作？」熟悉的朋友常問我。

其實，我比別人問過我自己更多次這個問題，尤其是在一字一字書寫或打字的冗長過程中，斟酌著哪一個字眼是對、是錯的膠著時刻。

但是，答案也經常在翻譯的書寫工作過程中，自然產生。我真心的感受到，我是第一個受益者。由於是一個譯者的身份，我能早先別人去閱讀書中的內容，透過了解，再轉成另一種文字時，我彷彿了解了兩個世界。一個是教育專業的世界，一個是語言文字微妙的世界。

這本書源自美國哈佛大學與塔夫特大學所執行的光譜計畫，他們衷心相信人有多方面的潛能，他們努力想找出新的評量方式將這些潛能呈現在世人面前。這個心意，帶領出了十年的研究工作。

當我在每一章每一頁的內容上逐字工作時，我很佩服、很感動他們在每一種評量活動設計上的細膩和專業。我在美國讀博士班做研究設計時，經常發現很多的「巧妙知識」是從指導教授的口中聽來的，這些「口耳相傳」的巧妙知識，經常淬取自一個研究者數十年來的精華經驗。在一般研究方法的書中，你很難看到。或許基於眾多因素，許多具有開創性的研究者，對於細膩地描述工作過程，敬謝不敏。但是，這本書不同。

我看見了他們獨特的心意。他們相信，人類潛能的開展，需要一個整體社群的努力。所以他們很細膩的記載下每一個行事曆、採用的材料、活動設計的概念基礎、實施的過程、評量活動中的指導語、觀察的要項等等。簡單的說，他們真的希望很多人了解這些評量活動，專業品質的評量活動可以跨出學術研究處所，可以平民普及化，和更多人分享。

在這本書中，我看見他們費心的寫，細細的記錄，我深受他們的文字而感動。我也真心希望把我曾經感動的地方，用中文的文字，呈現出來。

　　最後，我要感謝心理出版社堅定出版這套書的決心，編輯人員的專業和耐心是促成這本書在中文世界出現的主要動力。也謝謝幫助我的戴易靜小姐，她靈巧的雙手和有條理的個性，讓這本書從一張張的手寫字，變成對我微笑問好的整齊檔案。但願你也看見它們對著你微笑。

梁雲霞

致謝

本書中的研究計畫從一九八四年到一九九三年間受到了史賓塞基金會、葛蘭特基金會和洛克斐勒兄弟基金會慷慨的經費支持。我非常感謝許多研究者、老師、行政人員、顧問、家長以及孩子們，在光譜計畫的不同階段中，和我們攜手努力合作。

我衷心感謝所有光譜計畫的研究人員，共同參與發展和修訂本書中所呈現出來的評量方式。這個計畫從一開始就是共同合作的工作，所有的研究團隊成員一起想點子、寫出評量活動，並且彼此評論工作結果。其中有幾位同仁在這個計畫的推動初期和評量活動的概念化方面，扮演了非常重要的角色。這群人是 Ulla Malkus, Janet Stork 以及我本人。我們這個小組後來又增加了 Lori Grace, Thomas Hatch, Laurie Leibowitz, Carey Wexler-Sherman，以及 Margaret Adams, Jenifer Goldman, Valerie Romos-Ford，和 Julie Viens。所有人對於這本書都有傑出的貢獻，不論是設計評量活動、編寫評量活動，或修改活動。

具體來說，這本書的一些重要章節，分別由下列這些人員負責：創意肢體活動是 Carey Wexler-Sherman，障礙賽課程是 Julie Viens，發現角活動是 Jie-Qi Chen 和 Valerie Ramos-Ford，浮沉活動是 Valerie Ramos-Ford，同儕互動檢核表是 Margaret Adams，而音樂知覺活動是 Jenifer Goldman。在視覺藝術的計分系統方面，原先是由 Jie-Qi Chen 和 Sylvia Feiburg 在光譜領域量表中發展出來的。Valerie Ramos-Ford 編寫出了親子活動手冊。我特別感謝 Jie-Qi Chen 和 Julie Viens 的才智和協助，最後一起合作把這本書做出來。

本書中的一些活動受到了零方案中研究人員的啟發。尤其是，故事板活動是根據 Dennis Palmer Wolf 的研究；公車遊戲是根據 Joseph Walters 和 Matthew Hodges 的研究；有一些音樂活動，則是以 Lyle Davidson 和 Larry Scripp 的作品為主。還有許多其他對我們有影響的人，我沒能夠一一列舉出來，但是我想要感謝所有在零方案和塔夫特大學兒童研究學系的所有同仁，他們的研究和真知灼見對這本書貢獻良多。

我也要感謝艾略特—皮爾森學校的主任們、老師們和研究生們，感謝他們對於這個計畫過程的支持和協助。在這幾年中，下面一些人對於本研究有非常重要的貢獻：

Betty Allen, Ellen Band, Jinny Chalmer, Carolee Fucigna, Matthew Goodman, Penny Hauser-Cram, Cynthia Lawrence, Priscilla Little, Sunita Mookerjee, Mark Ogonowski，以及 Ann Olcott。

　　我另外要感謝研究計畫的顧問群，在研究計畫推動的早期階段，提供了許多深入的見解，他們是：David Alexander, Lyle Davidson, Martha Davis, Sylvia Feinburg, Gerald Lesser, Lynn Meltzer, Roberta Pasternak, Larry Scripp, Joseph Walters, Dean Whitla, Ellen Winner，以及 Dennis Palmer Wolf。

　　在研究計畫的後期階段，我們很幸運獲得許多研究者、老師、家長、行政人員和顧問集體智慧的協助。在這些人士中，我想要謝謝 Kim Austin, Ann Benjamin, Andrea Bosch, Lonnie Carton, Jill Christiansen, Jackie Cooper, John Davis, MaryAnn DeAngelis, Roger Dempsey, Marta Dennis, Susan Donath, Nathan Finch, Rochelle Frei, Jim Gray, Corinne Greene, Deborah Hicks, Pamela Holmes, Deborah Hurley, Arthur Kempton, Marie Kropiwnicki, Wayne LaGue, Jean McDonagh, Ellen McPherson, Jane Moore, William Moran, Amy Norton, Ellen O'Brien, Mary O'brien, Miriam Raider-Roth, Deborah Rambo, Ilyse Robbins, Jeri Robinson, Mary Russo, Cheryl Seabrook-Wilson, Gwen Stith, Winifred O'Toole, Lindsay Trementozzi, Ana Vaisenstein, 和 Roger Weissberg。

　　我也要特別感謝光譜計畫的兩位主要研究者，費爾德曼（David Feldman）和迦納（Howard Gardner），要不是他們兩位，這個計畫不可能完成。他們對於光譜計畫的架構，提供了心智與精神上的啟發，以及在計畫執行的整個過程中，給與我們無數的支持、指導和建設性的回饋。我特別要向迦納致上最高的謝意，他的鼓勵、睿智、友誼和建議，對我完成此書極具重要性。

　　還有許多伙伴對此書最後的完成付出許多心力。Roger Dempsey 為許多活動繪製了迷人且充滿美感的圖畫。Emily Isberg 細膩且專業的編輯為文章增色許多。我很感謝她清晰而又嚴謹的工作方式。Barry Schuchter 對於表格的部分提供了十分有用的技巧和建議，並且在 Nathan Finch 和 Julie Viens 的協助下，讓我們得以如期完成。Shirlry Veenema 的專業讓本書的樣式和設計充滿美感，這本書得以大功告成，她有相當多的功勞。在這本書出版的最後階段，每次我看到她，就像看到深遠的隧道盡頭的亮光。最後，Noel White 發揮了她精密的校對功力，總是即時把書中的錯誤修正過來。

　　最後，讓我衷心感謝在一九八五至一九八八年間於艾略特—皮爾森學校，參與光譜計畫的學生和家長，沒有他們的熱誠和投入，這本書「光譜計畫：幼兒教育評量手冊」還只是研究者的夢想而已。

Mara Krechevsky

劍橋　麻州

目　錄

緒　論 001

・理論架構 —————————————————————————— 004

・如何使用這本手冊 ————————————————————— 010

第一章 肢體動作領域　021

・創意肢體動作課程 ————————————————————— 024

・障礙賽課程 ——————————————————————— 043

第二章 語言領域　061

・故事板活動 ——————————————————————— 064

・小記者活動 ——————————————————————— 086

　1. 影片報導 ——————————————————————— 088

　2. 週末新聞 ——————————————————————— 101

第三章 數學領域　113

・恐龍遊戲 ———————————————————————— 116

・公車遊戲 ———————————————————————— 127

第四章 科學領域　147

・發現角 ————————————————————————— 149

・**尋寶遊戲** ——————————————————————— 161

・浮沈活動 ———————————————————————— 171

・組合活動 ————————————————————— 184

第五章　社會領域　201

・教室模型 ————————————————————— 203
・同儕互動檢核表 ——————————————————— 218

第六章　視覺藝術領域　235

・藝術檔案 ————————————————————— 238

第七章　音樂領域　257

・歌唱活動 ————————————————————— 261
・音樂知覺活動 ——————————————————— 281

第八章　工作風格　295

參考書目　309

附　錄　313

・附錄 A　光譜計畫家長問卷 ——————————————— 314
・附錄 B　光譜教室的行事曆示例 —————————————— 317
・附錄 C　光譜剖面圖範本 ————————————————— 319
・附錄 D　給家長的一封信（範例）————————————— 323
・附錄 E　光譜剖面圖家長回饋表 —————————————— 325
・附錄 F　光譜活動說明 —————————————————— 326
・附錄 G　光譜計畫親子活動手冊 —————————————— 330
・附錄 H　相關的文獻 ——————————————————— 372
・附錄 I　光譜計畫中的資源 ———————————————— 374
・附錄 J　光譜網路 ———————————————————— 375
・附錄 K　手冊評鑑表 ——————————————————— 382

緒　論

簡　述

　　光譜計畫（Project Spectrum）是一個九年的研究和發展計畫，根據哈佛大學迦納（Howard Gardner）教授和塔夫特大學（Tufts University）費爾德曼（David Feldman）教授的理論而形成。在這個計畫的第一階段中（1984-1988），我們的目標是發展一個新工具，以便評量學前兒童的認知能力。因此，在史賓賽基金會（Spencer Foundation）的資助下，我們設計了一套課程和評量材料，以供找出兒童在多種不同認知能力上和風格上的優點，這些認知能力的層面比傳統學前教育方案重視的範圍更加廣泛。在第二階段（1988-1989），我們獲得了威廉葛蘭特基金會（William T. Grant Foundation）的補助，讓我們繼續研究是否可以透過光譜計畫的方式，找

出幼稚園和一年級學生在認知能力上的發展情形，特別是對那些學業低成就的孩子們。在第三階段（1990-1992），葛蘭特基金會繼續給我們經費支持，我們開始探討是否能夠藉由找出並且強化學業成就低落的孩子擅長的領域，以改進他的學習成果。於是，我們修改了一些光譜計畫中的活動，並且用於麻州索摩維爾郡（Somerville, Massachusetts）公立學校的一年級學生上。我們同時也得到洛克斐勒兄弟基金會（Rockefeller Brothers Fund）的資助，把光譜計畫中的材料引介到非學校的體系中，例如，兒童博物館和師傅方案（mentoring program）中。

在過去的九年中，許多的研究者和實務工作者已經將光譜計畫的方式用於不同的目的上。它提供給教育工作者一個另類的評量工具和豐富的課程內容架構。平心而論，光譜方式最應該被當作是一種以理論為基礎而發展出來的學前教育評量和實務工具。它的目標很清楚的是要去確認和強化兒童獨特的認知優勢和興趣。經由找出兒童在音樂、肢體動作、機械科學，和其他通常很少被重視的領域能力，光譜計畫提供了一個讓兒童建立起自己價值感的方法，並且可以展現他們的能力。

《光譜計畫：幼兒教育評量手冊》這本書，為光譜計畫第一階段中發展出來的學前教育評量組合提供一個全面性的描述。這個評量組合包含了十五個分測驗，涵蓋了七個不同領域的知識（參見下頁的表格），並且也列出了不同的工作風格，這些工作風格描繪出兒童對於某項任務的處理方式（參見第 301 頁）。我們採用的評量指標，是根據我們對於四歲孩子所做的研究結果而產生。但是，許多光譜評量活動已經成功地用在三歲和六歲的孩子身上，而且計分的標準也可以根據不同的年齡而加以修改。這本手冊最適合學前教育機構的教育主管、教育學院的教授、實習教師、研究者、州政府、市政府教育主管官員，和有興趣擴展自己教學資源的老師們使用。

光譜計畫活動

肢體動作技能
- 創意動作技能測量：
  雙週動作技能課程
- 運動動作技能測量：
  障礙賽

社會技能
- 社會技能分析測量：
  教室模型
- 社會角色測量：
  同儕互動檢核表

語言
- 故事創作測量：
  故事板活動
- 描述故事測量：
  小記者活動

視覺藝術
- 藝術檔案：
  除了各種結構化的活動之外，收集兒童全年度做的藝術作品

數學
- 計算／策略測量：
  恐龍遊戲
- 計算／符號測量：
  公車遊戲

音樂
- 產出測量：
  生日快樂歌
  新歌——「飛到高空中」、「動物歌」
- 知覺測量：
  音高配對遊戲
  歌曲記憶

科學
- 自然觀察者測量：
  發現角
- 邏輯推論測量：
  尋寶遊戲
- 假設—考驗測量：
  浮沈活動
- 機械測量：
  組合活動

工作風格
- 工作風格檢核表

▌理論架構

　　在過去的十年中，許多認知心理學家和發展心理學家，例如迦納和費爾德曼兩人，已經開始採用比傳統方式更寬廣的角度來看待人類的認知發展。他們已經選擇使用較多元化的方式去探討智力，這樣的觀點可以用來解釋人類廣博的技能和理解能力，而不是將智力視為單一的或一般性的認知結構。

　　一九八〇年，費爾德曼（1980, 1994）突破了發展心理學中獨占已久的泛文化發展觀點（exclusive consideration of universals in development），提出了非泛文化發展理論（nonuniversal development）。所謂「泛文化發展」，指的是所有的兒童不論背景和經驗，都必然會有相似的發展情形。相反的，「非泛文化發展」則認為並非所有人都可以自然地或完全地完成發展任務。費爾德曼認為，孩子們會經歷一系列的領域，從泛文化發展層面到獨特的層面，某些個體可能會在某些層面發展良好，而在其他層面則不盡然（參見底下的圖示）。

泛文化　　全文化　　文化　　學科為主　　特殊　　獨特

　　泛文化領域（universal domains）涉及人類與生俱來的發展經驗，例如，物體恆存概念（知道物體在眼前看不見時，仍然是存在某處）。

　　全文化領域（pancultural domains），例如，語言通常不需要經過正式的教導，但是在人類的身上自然會產生。

　　文化領域（cultural domains）指的是某一種文化中，所有的個體都要發

展到一定水準的知識和技能。在美國,重要的例子像是閱讀、寫作和數學。

學科為主的領域(discipline-based domains),指的是在某一個學科上發展出專門知識,例如,法律或化學。**特殊領域**(idiosyncratic domains)所指的是在某一個學科中更細分的專門領域,如法律中的專利法(patent law)和化學中的有機化學,就是學科中的特殊領域。

獨特的(unique)發展則是指超越某個領域的既有成就。例如,發現雙螺旋體(double helix),並且了解它對生命本質的貢獻,這些都是改變我們生物知識的獨特發展成就。

泛文化與非泛文化領域可以形成一系列不同發展品質的階段,讓個體可以從生手變成專家(Feldman, 1980, 1986, 1994)。在泛文化的領域中,孩子對於外在世界與生俱來的探索傾向,促使孩子成長。然而,在非泛文化領域,則需要持續有系統的外在環境協助,才能有所進展(Feldman, 1985, 1987)。因此,老師、學校、同儕、教材、競賽方式、獎賞和某領域所提供的誘因,都必須巧妙地組合,才能產生最佳的發展。

和費爾德曼相同的,迦納認為人類在地球上已經存在百萬年之久,人類具有幾種特殊的、互相獨立的能力。一九八三年,迦納在《心智的架構》(*Frames of Mind*)一書中,提出了他的多元智慧理論(參見 Gardner, 1993)。迦納將智慧定義為解決問題的能力,或者能夠產生某一、兩個文化中受到重視的成品。這樣的定義不同於過去只重視語言和邏輯數學的能力,迦納的定義中包含了作曲、建造橋梁、繪畫或競選公職等能力。

為了確認他所提出的智慧項目,迦納從許多相當廣泛不同的領域中尋找證據,包含探討一些「特殊」群族的認知內涵,例如,奇才(idiots savants)、天才兒童(prodigies)以及自閉症的兒童、腦傷後認知能力的毀損情形,以及在不同種族和不同文化中認知的演化情形。根據他的研究結果,迦納提出了七種不同的智慧:語言、邏輯數學、音樂、空間、肢體動覺、人際和內省智慧。迦納並不認為這些已經包含了人類所有的智慧,他的目的是要建立支持人類多元認知觀點的證據。他認為可能還有更多的

不同「智慧」存在，或甚至有「從屬智慧」（subintelligences）的存在；事實上，迦納在最近已經提出了第八項智慧——自然觀察者智慧，這種智慧對自然世界具有獨特的理解能力（Gardner, 1998）。

根據迦納的研究（1987a, 1987b, Gardner & Hatch, 1980），智慧可以被視為一種心理—生物的特質或傾向（proclivities），在成人的世界中，這些特質或傾向有可能被實現，也有可能被埋沒，這要看所處的文化和環境因素而定。雖然每個人都具備所有的能力，但是，每種能力發揮的程度不同，而造成這種差異的原因包含了基因上的因素和環境上的因素。每一種智慧的發展時間表、訊息處理能力和問題解決的特性，大致上是互相獨立的。但是，每一種智慧並不是單獨運作。社會文化中幾乎每一個角色或任何精密的產品都需要許多技能和智慧的組合。

光譜計畫是根據費爾德曼和迦納的理論所設計，因為兩者之間有許多共通的特性。第一，費爾德曼和迦納兩人都強調重視人類認知能力的多元本質。第二，兩位研究者都重視生物傾向和文化中學習機會之間的互動關係。他們相信人類文化不只會影響，並且會主動建構個體發展的進展內容和程度。最後，兩位研究者都認為認知能力與領域內容息息相關，人們必須在他們的認知能力和潛能被評定之前，有機會置身於各種不同領域的材料和資訊中。

光譜計畫的方式

光譜計畫是特別設計來找出每個人在智慧上的優勢（我們在文章中會混用 ability、strength、intelligence 三個字）[1]。光譜計畫的基本假設是——由於每個人有不同的認知發展，因此每個孩子有自己的相對優勢領域。然而，許多早期的學前教育學者仍然對兒童的成長持有泛文化的發展觀點。例如，一般常見的兒童認知能力非正式評量中，經常會對兒童的情況出現

---

[1] 譯自該書原文。

諸如此類的描述：「會提出問題」、「做完一整個計畫」、「注意力廣度
到達應有的年齡水準」等等。但是，光譜計畫認爲上述這些歷程會隨兒童
在不同內容領域的能力和興趣而有所改變。

　　光譜計畫不是提出另一個測驗，而是提供孩子投入不同領域的機會。
光譜計畫中所使用的材料，得以讓兒童能接觸到不同領域，包括社會的、
肢體動覺的、音樂的、數學的、語言的、機械的、藝術的和自然科學等經
驗。在光譜計畫的評量中，我們特別關心的問題是：「兒童所擁有的優勢
項目並不是傳統學校教育所重視的項目，以至於無法幫助兒童在學習內容
領域時做有意義連結」。我們認爲如果能將兒童的智慧剖面圖描繪出來，
就可以依據她的專長提供她該有的教育經驗、提升她的自尊，並且擴展她
的生命經驗（請注意，爲了行文方便，本文中的第三人稱皆以「她」來代
替）[2]。在我們的計畫中，雖然試著提出一些方法來找出天才兒童發展的早
期指標，但是我們不能斷言這些指標是否就能預測未來的成就，或者，缺
乏這些指標是否就會阻礙未來成爲傑出人物的可能性。

　　許多老師對於光譜評量活動所要測量的東西也早有同感；因此，我們
希望能擴展各種活動，讓老師們能用來引導學生的潛能發展並做紀錄。許
多教室中當然已經有許多課程，不過，只有一些可以用來了解兒童的專長
和興趣。我們的活動材料可以讓兒童確實置身於不同的領域中，尤其是我
們的活動包含了老師們過去不熟悉的領域範圍。我們希望提供老師們一個
架構，讓她更清楚、更系統化地思考那些他們可能會忽略或不知道如何教
的領域。

　　光譜計畫所用的材料可說是一種相當有用的，甚至是一種相當有效的
工具，老師可以依自己的需要來選擇和使用這個工具。老師可以採用光譜
計畫的哲學觀，使用它的架構去結合學習和評量，並且擴展學生已接觸到
的活動範圍。或者，他們可以利用幾個個別的活動，帶領學生進入新的教
育領域。例如，一個對藝術領域比對數學領域熟悉的老師，在採用光譜計

---

[2]　譯自該書原文。

畫中的數字活動時，也可以兼顧她的藝術課程。

老師也可以發現，用來確認兒童能力專長的光譜評量系統，可以和他們現行採用的評量策略互相搭配。以上面我們提到的藝術老師為例，就可以用光譜計畫中「藝術檔案」的方式，記錄她對每一個孩子的觀察。除此之外，她可以從一對一、結構化的評量情境中，獲得更多質的資料；會比她以全班或小組的方式更深入得多。由於老師們有不同的風格和人格特質，他們會以不同的方式進行活動。一般而言，光譜計畫評量活動的結果可用來搭配老師們對孩子的直覺和觀察，而非全然取而代之。除此之外，對家長進行訪談和問卷調查，也可以提供更多有關孩子的訊息（參見附錄 A）。

特色

我們首先以七種智慧作為出發點，選擇了十五個能力領域來做評量，包含樂曲表演和音樂知覺、運用語言創作故事和描述故事、在肢體動覺方面有表達性的動作和運動動作。然後，我們找出每個領域當中的核心能力。例如，在數學領域中，我們認為核心能力是計算、簡單的運算和使用符號的能力、遵守規則以及形成策略。接下來我們根據對四歲兒童的教室觀察結果，進一步修訂每個領域中合乎年齡發展水準的行為。

光譜計畫的評量方式有四項特色：

1. **將評量放入有意義的、真實世界的活動當中。**我們以成人的成熟行為狀態（adult end states）為基準，將重點放在成為傑出人士需要具備的技能上。因此，在語言領域中，我們探討兒童說故事的能力，或者描述經驗的能力，而非背誦文句的能力。不論在哪一個領域，我們總是提供一些材料讓孩子們操作。例如，在唱歌的活動中，我們有黏土做的生日蛋糕；在數學活動中，我們有骰子和小恐龍組成的遊戲板；在社會活動中，我們有教室模型、兒童和老師的人物道具。

　　成熟行為狀態的相關例子包括了記者、數學家、自然觀察者、

機械工程師、歌手、舞者和政治家等。然而，如同我們在前面所提及的，孩子們在這些方面的表現並不能用來預測未來的職業。使用成人的傑出成就做為指標，是幫助我們確定光譜計畫活動中所應用的技能，不僅提供孩子一個有意義的測驗情境，同時這些能力也受到社會文化的肯定。

2. **消除課程和評量之間的界線。**我們不使用傳統智力測驗的方式——在一個小房間進行，面對一個陌生的施測者，使用有時間限制和標準化的工具。我們想盡可能地消除課程和評量之間的界線。以我們的看法來說，我們認為傳統測驗中的兒童觀，過於局限與偏頗。光譜計畫中的遊戲和活動則是根據四歲小孩熟悉和有興趣的原則來設計。例如，不論他們的能力水準如何，尋寶遊戲和教室模型活動讓孩子能夠容易地進入內容領域中。同時，光譜計畫的活動是在孩子熟悉的環境中，用較長的時間來實施，這些情境和課程中進行的其他活動雷同。在評量過程中，老師也可以提供支持和引導，以便讓孩子們在活動中表現出她的最佳能力。

　　當然，某些領域會比其他領域適合做持續性的評量。例如，在視覺藝術中，我們使用檔案評量的方式來評量。然而，即使某項學習任務以結構化的活動方式出現，活動結束後，該活動所使用的材料仍然可以繼續留在教室中，如此一來便可以收集到豐富的日常資料，觀察到孩子記住了什麼，並且如何根據她已經學到的東西繼續發展。把材料留在教室中也提供了活動的延續性。老師可以看到孩子如何使用材料去教別人，以及發明新的玩法。我們希望所有的光譜活動將來能夠變成課程的一部分。

3. **重視成就表現的工作風格。**我們從孩子參與光譜活動的觀察中很快地發現：我們需要在評量程序中加上另一個新的層面，以便能更明確地呈現孩子們處理不同領域的方式。因此，我們設計了一個「工作風格檢核表」，在每一個活動中都可以填寫這個檢核表。這個檢核

表的結果可以描述出孩子和活動材料之間，以及和內容領域之間的關係（參見第八章）。工作風格包括孩子自信心的程度、持續力和注意細節等能力。這些訊息可以幫助老師針對特定的領域了解孩子的工作風格，而非只是一些籠統的、沒有領域分類的資料。

4. **使用智力公平的測量方式。**光譜計畫的測量方式是透過各個領域作為媒介，直接針對孩子的能力加以評量，而非使用語言和邏輯作為評量工具。因此，音樂評量是採用唱歌和彈奏樂器為評量方式；在機械領域則是拆解和組合簡單的機械為主。有些材料在多個領域中都會用到，例如，教室模型可以用在語言及社會技能方面。然而，如果孩子在某個領域中，卻表現另一個領域的行為時，我們會特別記錄下來。這樣的訊息對於決定什麼是孩子的特定專長，有非常重要的參考價值。

如何使用這本手冊

這本手冊提供了十五個評量活動的詳細步驟說明，以及理論基礎的解釋，因此，本書涵蓋了在教室中實施光譜評量活動時需要的所有資訊。然而，很少老師有足夠時間去做我們所提供的每項一對一方式的評量。因此，我們希望你可以調整書中的活動實施程序，以符合你的教學需要。

這些活動的形式是由光譜計畫的第一期計畫所形成的，大部分的活動是以一對一評量的研究模式為主。在這個階段中，我們的研究學校是塔夫特大學的實驗學校：艾略特—皮爾森兒童學校（Eliot-Pearson Children's School），位於麻州梅德福特市（Medford）。從一九八四年到一九八六年，我們開始設計、測試並且修訂了大部分的評量活動。從一九八六年到一九八八年，我們在兩個班級中實施這一套評量活動，共計有三十二個四歲的孩子和七個三歲的孩子參與這套評量活動。這些孩子主要是來自白人

中、高收入的家庭。通常一般的半天制學校一週上課十五個小時，托兒所和公立的幼兒學校上課的時間可能更長，不過艾略特─皮爾森兒童學校和其他學校不同，它一週只上課十小時。我們的評量時間表安排也反映出了這樣的學校情境。

在此，我們想建議三種使用本書的方法──當然，使用本書的方法不在此限，可以有更多種方法：

研究：這是我們用來發展這些評量活動時所採用的模式。這個方法也可以讓其他研究者用來研究兒童的認知發展，或者讓老師獲得豐富的資訊。在我們使用的三種方法中，這種方法為每一個孩子提供了最細膩的資訊，但是這也是最花費心力的方法。這個方法需要有一個成人進行評量工作，另一個成人做觀察者。如果沒有辦法有兩個人，許多評量活動可以用攝影機或錄音機記錄下來，然後請評量工作人員來評分。所有孩子都參與每一個活動。除了我們的評量活動之外，光譜領域量表（Spectrum Field Inventory）（Adams, 1993）也是一個系列性的整體評量工具。這套量表由六個領域組成──社會理解、數學、音樂、藝術、語言和機械科學──整套評量分為兩個階段施測。

彈性選用評量：除了對每一個孩子個別實施所有的評量活動之外，老師也可以針對一些篩選出來的學生實施幾個特定選擇的測驗。當老師認為某個孩子可能在某個領域上有特殊才能時，就可以採用這種方法。或者老師想利用結構化的整體性評量，為平常的觀察增加一些訊息時，也可以採用這種方法。另外一種方式是為一小群學生同時進行某種活動，這個方法可以在角落活動中進行。

觀察的架構：每一個光譜評量活動，或者從活動中衍生出來的想法，都可以促進教室中已經實施的活動或課程。當孩子們接受過光譜活動和其他教室中的一般性活動後，光譜計畫的活動和領域可以用來組織我們對兒童的非正式觀察。老師可以把每天所做的軼事觀察放入兒童的個人檔案紀錄中。這本書可以作為專業發展的工具──它提供一些新的方式，由兒童

參與有意義的任務中，進行特定領域的觀察。

老師們不僅可以用文字記錄學生的表現情形，也可以用錄音或錄影來記錄學生在唱歌、說故事、對話，以及其他教室活動的表現情形。錄影記錄的方式也可以用在藝術領域的活動、發現角活動、堆積木活動、團體活動和戲劇表演活動。我們鼓勵孩子們一起看錄影帶，回想他們參與活動的情形。如果資源許可的話，也可以複製有關的錄音或錄影帶送給家長們。

本書的組織

這本書中包含了七個領域的章節，並且有一章專門討論工作風格。每一個領域的章節內容中，分為幾個部分討論每個評量活動（例如，在數學領域的那一章中，分為恐龍遊戲和公車遊戲兩部分）。每一章都先有一段前言，介紹每一個領域在我們文化中的角色，也針對兒童在該領域中能力的發展情形做一些精簡的說明，並且引述一些相關的研究。我們也描述有關兒童在該領域的能力差異情形，以及常見的兒童教育活動與評量方式。然後，每一章接下來會有一段稱為「領域活動的概念化」的內容，這部分主要說明每一個領域的能力成熟情況——這是我們用以設計評量活動的基準，在這段內容中我們也會敘述哪些類型的技能在該內容領域中是不常見的能力。

在評量活動的部分，共分為五個小節：「目的和活動介紹」、「材料和情境佈置」、「程序和進行過程」、「計分」和「初步的結果」。除了「障礙賽課程」和「發現角活動」之外，其他所有活動都有初步的結果報告，這些結果大部分是從一九八六至八七年或一九八七至八八年，或者兩個年度中的結果所產生的。這些結果只是提供描述性的資料，記錄參與研究的兒童對我們的材料和活動呈現出的各種反應，而非完整的或者是診斷性的資料。每一章中大部分都有一段「對這個領域的建議」作為該章的結論，在這部分中也包含了一些由光譜研究小組成員另行研發的其他活動。

老師們可以直接使用這些由我們提出的活動，或者加以修正，或者從中獲得靈感，幫助他們發展出自己的一套領域活動。

在「程序和進行過程」中，大部分的內容是用來作為「鷹架」的功用。我們將「鷹架」界定為成人提供的協助，以便支持兒童參與光譜活動（Vygotsky, 1978；引自 Wertsch, 1985）。然而，每個領域提供的協助有所不同。我們所提供的協助不僅是為了要了解孩子能自己做到什麼事，也想要了解孩子在定量的協助下能做到哪些事。一個孩子所需要的協助程度，在每個領域差別很大，同樣地，在定量的協助下，孩子能完成的事情也大不相同。如果沒有提供鷹架給孩子，我們無從得知這些訊息。當我們知道孩子在獲得協助的情況下能做到哪些事情時，老師可以應用這些訊息去提供學生合適的學習任務和指導。在某些活動中，如果孩子需要我們提供「鷹架」協助，在計分時會酌減分數（例如，公車遊戲），然而在其他活動中，我們都把「鷹架」當作是一種「引導」，鼓勵孩子投入活動中而且不影響計分（例如，故事板活動）。

活動進行的程序和計分是否要嚴格遵循我們所規定的方式，得要看你採用這些活動的目的而定。如果是做研究，那麼每一個孩子的施測和活動的進行程序，必須穩定一致，並且提供給孩子的任何協助都必須系統化地實施，同時也記錄下來。然而，如果你的目的是介紹孩子進入一個他們從未探索過的領域，或者是去找出他們從未被發現的長處，那麼進行的程序可以比較有彈性。

🏵 使用本書的方式之一

你可以先瀏覽過書中的所有小節，然後仔細閱讀你最感興趣的領域。如果你能和另一位老師一起練習使用一些活動，或者找一個或幾個孩子來試試看，請另一位老師做觀察，或者兩種方式都做做看，都是不錯的想法。一般而言，我們估計你可能需要花大約一年的時間來熟悉使用光譜計畫的

活動。

　　如果你希望進行結構化的評量，我們建議你先做好一些簡短的「進行過程」提示卡。這些卡片可以包括準備的情形、表格和指導語的關鍵字，以及不同活動任務的「引導」用語。如果你希望所有孩子都能參與活動，那麼我們建議你準備一份表格，寫上志願先做的孩子名字，然後給那些沒有寫在名單上的孩子選擇權，看看他們要現在和同學們一起做，還是晚一些時候再做。

　　除非有不得已的因素，不然你可以自由地在任何一個時間點上終止評量的進行，並且進行其他你認為合適的活動。例如，有某個孩子完全不了解活動的要求，比如說恐龍遊戲，或者完全不知道如何玩遊戲板之類的遊戲時，你可以改成只用一個骰子來玩。同樣地，當某個孩子在拆組食物研磨機時神情茫然，即使你提供了引導協助，仍然沒有太多幫助的話，那麼你可以放棄該項評量，就只是和孩子一起動手操作，體驗拆解和組合物品的過程。

🏵 解釋分數

　　在每一個領域，我們都針對活動的性質，提出一些重要的或核心的構成能力。對老師們而言，在檢視孩子的得分時，很重要的一件事情是：不僅要注意孩子的總分，也要關心每一個計分類別的得分。一個孩子可能和別人有相同的總分，但是擁有的是不同的能力。

　　例如，在恐龍遊戲中，孩子可以從「理解規則」、「計算」、「策略」和「說明理由」等項目上來得分。某個孩子可能在策略推理上頗在行，可是不善於計算。因此，孩子們在活動上所得的總分並不是最重要的，或是對老師最有用的訊息；這些分數只是作為起點分數來參考。

　　我們在每個領域中找出的核心能力可以提供老師一個分析的架構，幫助老師整理他們在教室中對孩子們的觀察。把孩子們在光譜活動中表現的

情形，和老師們平日的非正式觀察互相搭配起來，是一件非常重要的事。有一些光譜計畫的活動包含了系統性的檢核表，可以作為長期觀察孩子的工具，例如，在社會和自然領域中的檢核表。在光譜活動中，我們也可以得到一些附帶的訊息，也就是孩子們理解和遵循規則的能力，以及他們的一般語言能力。

在解釋光譜評量活動中所得的分數時，必須非常謹慎：光譜活動只實施於數量規模小，並且同質性高的群體上，同時分數並沒有常態分配。孩子們在活動上的表現只是反映出他們在某一特定時間、某一特定情境下的能力、興趣和經驗。

我們很認真地提供給家長有關孩子的真實分數。我們透過文字說明的剖面圖和家長座談的方式，將光譜活動的結果報告給家長。

安排一整年的評量工具組合

學校老師可以自己選擇要用哪一項光譜活動，以及活動的順序。然而，如果你希望能對光譜活動做一整年有順序的規畫（參見附錄 B 的評量行事曆範例），那麼你要記住幾件事情：

1. 要讓每一個孩子都能參與在一個活動中，大約要花兩個星期的時間，不過，這段時間的長短會因為學校上課時間的長短、班級的大小、教師的人數和活動的性質，而有所改變。
2. 因為學校開學後的第一個月，通常用來熟悉新環境、新的老師、同學和基本的教室規則，因此，在我們的行事曆範例中，我們列出的活動是：開始為孩子建立藝術活動檔案（art portfolio）和介紹發現角。一直到十月以後，才開始做第一個結構化的活動。
3. 我們推薦你用恐龍遊戲作為上學期第一個結構化的活動，因為大部分的孩子都喜歡這個活動。恐龍遊戲也不像第二個數學活動──公車遊戲──那麼難，公車遊戲等到下學期春季中期或末期時才拿出

來介紹給孩子們。在上學期的時候，也是介紹一些持續性活動很好
的時機，並且讓它們成為課程中常態活動的一部分（例如，創意肢
體活動和週末新聞活動）。

4.在許多活動中，例如，組合遊戲和故事板活動，在真正的評量進行
之前，有關的活動材料應先介紹給孩子們。同時，許多活動會產生
不同的後續活動（例如，孩子們自行設計他們自己的故事板，或教
室模型、玩家家酒的遊戲）。透過介紹相關的準備材料和後續活動
材料而產生的連續性和經驗，對於評量的歷程非常重要。

5.為了讓孩子有時間去形成他們自己的習慣，以及和同學之間的情誼，
我們建議在學年中間的時候才使用教室模型活動。這樣做會讓你有
時間去形成班級中真正的「社交圖」，並且可以將社交圖的情形和
孩子們在教室模型活動中的反應互相比較。

✿ 光譜剖面圖

每個孩子在活動中累積出來的所有資料，形成光譜剖面圖。這個剖面
圖在一學年結束時用文字報告的形式呈現出來。在這份剖面圖中，包括了
從每一個領域中搜集到的正式和非正式資訊；有的來自光譜評量活動，有
的來自教師的教室觀察結果。光譜剖面圖是對孩子的智能優勢情形做一個
綜合性的描述，提供家庭、學校和更廣泛的社區活動作為參考。

為了使剖面圖的書寫更容易進行，你可以讓每個孩子有一個大資料夾
或檔案夾。這些資料夾和檔案夾的內容，可以包括分數表、觀察紀錄表、
軼事紀錄、工作風格的資料、孩子的書寫作品和美勞作品、手工作品、照
片和錄影或錄音帶。家長的問卷資料和訪談資料也可以放在裡頭。

剖面圖真正關切的核心是每一個孩子的情形。因此，剖面圖一開始便
是確認孩子個人的專長和興趣。因為光譜評量並沒有常模資料，因此，我
們只有在孩子非常明確地顯示出某項優異的能力時，我們才會尋求進行年

齡常模的比較。剖面圖原先只是要確認孩子的專長，不過，從一九八六至八七年的家長反應中發現，家長希望能了解更多有關孩子能力發展的情形。因此，在剖面圖的後半段當中，我們也針對孩子在光譜活動中的表現，做了更多討論（參見附錄 C 中光譜剖面圖的範例）。下列是我們對於書寫剖面圖的建議：

剖面圖的第一個部分，我們敘述孩子擅長領域的能力水準（例如，說故事），並以孩子們在活動中的表現作爲具體的例證，指出孩子做到的領域核心能力（例如，孩子使用說故事的聲調和有表情的對話方式，並且附上一小段孩子的故事內容）。只要是可以取得資料，我們也會附上教室中的觀察資料。如果合適的話，我們也會對不同領域做一些比較（例如，比較孩子在故事板活動中說出的故事類型和孩子在教室模型中所說的故事，或者比較孩子的唱歌能力和肢體動作技能）。另外，我們也會寫出孩子是否會在其他領域表現出她的專長（例如，她是否會用唱歌的方式來說一小段故事，或者，在創意肢體活動中用到故事板活動裡的人物角色時，她是否會做出更有創意的動作）。我們也在剖面圖的第一部分中，寫出孩子的能力或興趣（或者，兩者都包括在內）是否在一整年中有任何的變化。

剖面圖的第二部分描述孩子的工作風格——特別是她在各領域中參與活動的方式是否維持一致，或者依內容領域而有所不同。有些孩子只在他們擅長的領域中表現出省思的能力，並且注意到細節（參見 Krechevsky & Gardner, 1990）。在第二部分中，我們會討論有關學習情境的問題：孩子是否比較喜歡結構化或非結構化的工作任務？她是否喜歡獨自一人做事，或一對一，或在小團體中做事？

在剖面圖的第二部分，我們也提出一些活動建議，讓孩子可以在家裡或者社區中進行。我們也建議一些方法，讓孩子的專長和比較有困難的領域可以結合起來，例如，如果孩子擅長說故事，但是在社會行爲上較有困難，我們建議她和其他孩子一起說故事，或是把故事內容用戲劇演出來。我們相信家長必須參與孩子的教育。因此就孩子擅長的領域，提供豐富的

資源，對於孩子們而言是很有意義的，但是家長和老師不能只是重視專長，而排斥其他經驗。

我們把剖面圖寄給家長，連同一份說明的信函（參見附錄 D）、剖面圖回饋表（參見附錄 E）和相關資源的資料，放在一個郵包中一起寄出去。在信函中我們敘述光譜剖面圖的用法，同時也提醒家長，剖面圖只是反映出孩子在現在的教室中所顯現出的能力，不能拿來作為診斷性的資料。另外也很重要的是，要讓家長知道，如果我們沒有討論到他們的孩子在某一個領域中的表現，並不意味著孩子在那一領域表現較差，而是孩子在該領域並沒有特殊的專長顯現出來而已。因為光譜計畫是為了發現孩子的專長而設計的，因此不能把它當做孩子弱點的診斷工具。然而，如果孩子在某一領域有特別顯著的困難時，我們會加以補充說明。

對於參與一九八七至八八年的光譜計畫的家長，我們也寄出了一份簡短的光譜活動說明（參見附錄 F）和一份親子活動手冊（參見附錄 G）。在活動手冊中，包含家長可以利用簡單取得、便宜的材料在家中進行的活動。這些活動依照領域分類。例如，數學活動包括估計和計算的遊戲；科學包括種豆子的實驗和組合活動；藝術方面則包括一些繪畫和三度空間的藝術活動。我們在手冊的後面附上了當地社區資源的資料，也按照領域分類資訊（這個表當中所列的訊息只是參考性質，因為這些訊息是在一九八八年編輯的，如果你所在的地區是在波士頓城之外的話，便需要加以修改）。你可以根據你自己的課程，以及社區資源的情形，寫出合適你的手冊。

❀ 本書的評鑑表

對於想更了解光譜計畫，或者想自己進行這個方法的讀者，我們提供了一系列可參考的學術性文章（參見附錄 H）、其他資源和服務的說明資料（參見附錄 I），以及參與光譜計畫的老師、行政人員、研究者的名單，

他們會願意和你討論他們的經驗（參見附錄 J）。

　　我們歡迎本書的讀者和使用者給我們回饋，以便讓我們可以修正未來
的內容，並且提供更多的補充資料。請使用附錄 K 的手冊評鑑表，或者寄
信到光譜計畫來，我們的地址列於下：

Project Zero

Harvard Graduate School of Education

323 Longfellow Hall

Cambridge, MA 02138

U. S. A.

第 1 章

肢體動作領域

✿ 前　言

　　肢體活動是所有兒童正常發展中很重要的一部分。
兒童使用他們的身體去表達他們的情緒和想法，探索運
動技能，並且去測試他們能力的極限。在生命的第一年，
當嬰兒更能控制自己的動作和想表達的想法時，她的反
射動作逐漸發展成爲簡單的、目標導向的行爲。當幼兒
更能了解自己的身體，並且開始去探索她能做些什麼時，
精細的和大肌肉的動作技能開始快速發展。兩歲大的孩
子喜歡走到和跑到自己喜歡的地方，喜歡爬沒有爬過的
梯子，或者，跳過矮柵欄。三歲的孩子也喜歡相似的活
動，而且體能更好，很喜歡騎腳踏車、溜滑梯，並在不
同狀況下提升他們的攀爬能力。到了四歲時，孩子們通
常很喜歡做一些冒險動作。他們會試著從不同的高度跳
下來、翻滾，並且試著平衡自己的身體。

　　通常學前教育環境都會重視大、小肌肉活動技能的學習。在遊戲場中，孩子們可以跑、盪鞦韆、平衡自己的身體、爬行和滑行。在教室中，孩子們可操作不同的小物件，例如，珠子和拼圖，以促進他們的精細動作技能發展和手眼協調。然而，許多學前教育的方案中，並沒有以規律性的課程方式，提供孩子正式的肢體動作課程或舞蹈的時間。

　　從評量的目的來看，傳統上一直將肢體動作領域視為一種泛文化的、具有階段形式的發展，而非單獨將一個孩子的能力成長描繪出來和加以比較高低。過去在這個領域上的測量，通常是由於擔心孩子們可能在發展上有落後和異常的情形下才進行。一般而言，孩子們要做的是一系列標準的肢體動作，例如，跳、閃躲，或平衡身體，以便知道她所達到的發展水準（例如，參見 Folio & Fewell, 1974；Haines, Ames, & Gillespie, 1980）。在上述的測量過程中，孩子沒有機會表達自己的想法或做選擇，評量編製者也未考慮孩子們的表達能力，或者對動作順序有創新的做法。雖然，Laban（1960）等專家已經發展出一些相當優良的記錄系統和說明系統，用以描述孩子們在創意舞蹈和動作肢體技能上的發展情況，但是，這種系統通常又太技術性並且太精細，以至於學前教育的老師難以使用。

　　光譜計畫中的肢體動作領域不僅關心孩子的創意能力，也關心運動上的能力。我們發展了一系列的肢體動作活動，著重了解孩子們在節奏感和表達能力上的敏銳程度，以及他們對於身體的控制與覺察。這個課程讓老師可以在一個有計畫的情境下，長期觀察孩子的能力。在春季時，我們加入戶外障礙賽活動（outdoor obstacle course），以了解孩子們的運動能力，包括孩子們執行有目標導向的肢體動作的能力。在一年的時間中，經由光譜計畫的活動，孩子們可以顯現出不同肢體動作風格，並且表現出他們在美感上、運動上或戲劇上肢體動作的偏好情形。

✿ 肢體動作活動的概念化

　　我們採用成人在肢體動作方面不同的傑出成就形式，形成活動設計的概念。成人的許多角色，包括舞者、運動員、小丑、女演員、手工藝匠和機械師等，都是我們的例子。例如，舞者透過空間、平衡感、時間和力氣的運用，在音樂聲的陪襯之下，巧妙地舞動他們的身體；而運動員則是結合了優雅、力量、時間、速度和團隊合作，在不同的運動中產生傑出的表現；而小丑需要有敏銳的觀察力，才能模仿並成功地再創作出不同的戲劇情境；機械師則使用空間能力和精巧的動作技能來操作工具和機械設備。由於靈巧的動作技能包含了物件的操作，這些技能在我們其他的一些活動中也會用到（例如，組合活動、音樂知覺活動），因此，我們在肢體動作技能領域課程中主要是以大肌肉的動作技能為主。

　　在我們的活動中，障礙賽所需要的技能，幾乎是每種運動都需要的。障礙賽提供孩子發展動作策略的機會，並且預測接下來要執行的複雜動作或組合動作。為了成功地完成障礙賽，孩子需要表現出協調能力、敏捷度、速度、平衡感和力量，以適應不同種類的挑戰。

　　在創意肢體動作部分，我們重視比較有創意的、舞蹈性的肢體動作，尤其著重在動作的韻律感和表達能力兩方面。孩子隨著音樂，用他們的身體探索多種不同的意象和主題，在這樣的情況下，觀察者可以注意觀看孩子的肢體動作品質（她如何做肢體動作），而非重視動作的數量（她的動作多快和跑多遠）。另外，觀察者也可以從節奏（快或慢）、品質（抒情式的或平鋪直述式的），或身體的使用（用全部的身體，或者只使用身體的一部分或某幾個部分）這幾個層面來觀察，發覺孩子是否偏好用某些動作形式來表達她自己。

　　在評量的情境中，肢體動作領域有兩件主要的挑戰。其一，肢體動作在本質上是「瞬間消逝的」──當孩子做完了一個舞蹈動作或運動動作後，

就不再有任何具體可見的東西可收集了。理想上來說，記錄一個孩子的行為表現，應該要盡可能隨時用錄影機拍攝下來，但是，我們知道這並不是許多學前教育教室中可以做得到的事情，因此，比較務實的做法是在動作完成之後立即填寫觀察記錄表（參見表1和2，第39～41頁）。

　　第二個挑戰是，許多孩子和成人對於獨自一人在眾人面前做肢體動作或跳舞都很退卻。因此，這種活動可能無法像其他領域一樣使用個別測量的方式。在團體測試的情境中，確實可以提供受試者比較自在的情境，但是它也讓孩子能力的評量變得更為複雜。

　　如果能夠有錄影的設備，老師可以重複多次觀看錄影帶，每次把焦點放在不同孩子身上。如果沒有錄影設備的話，在第一次的肢體動作活動結束後，老師可以試著先找出某個表現特別突出的孩子，然後，使用觀察表和肢體動作評分標準為指引，就可以進行較深入的觀察了。

▋創意肢體動作課程

🔳 目的和活動介紹

　　創意肢體動作課程是用來發掘孩子在舞蹈和創意動作方面的專長表現。這個部分有五個主要項目：「**節奏感的敏銳程度**」（sensitivity to rhythm）指的是孩子能隨著穩定的或變化的節奏來做動作，並且有能力去設定自己的節奏，以及調整自己的節奏來達到自己所要的效果；「**表達力**」（expressiveness）指的是孩子能夠從動作中使用不同的手勢和身體姿勢來表達各種情緒和影像，以及她有能力反映出各種樂器或音樂的旋律和音色，例如，抒情式的或進行曲式的音樂；「**身體的控制**」（body control）指的是能操控或運用自己的身體，有效地執行某種指定的動作，例如，要求孩子們做

出瞬間靜止或平衡動作。此類別中也包括單獨使用身體某部分和做出特定的動作。

除了動作的執行外，「**提出肢體動作的新點子**」（generation of movement ideas）也是舞蹈藝術中很重要的一項成分。擅長這個項目的孩子可能會立即對各種動作指令做出回應動作（例如，要求孩子在團體中表演出「時鐘」的樣子）。這些孩子也可能願意主動多做一些動作表演或不一樣的動作，例如，教同學張開雙臂，做出像是雲朵在空中飄浮一樣的動作。不過，值得注意的是，這個領域的能力不一定和動作執行的能力有關。

「**對音樂的反應**」（responsiveness to music）結合了節奏的敏銳程度和表達力。有一些孩子對於音樂比對語言或影像更有反應，隨著音樂來表演動作，比針對某個影像來表演更具有開放性。這個項目可以分別找出哪一些孩子特別能對不同音樂做出不同反應，而另外哪些孩子不論播放何種音樂都只重複做一種動作。

在觀察孩子的肢體動作時，下面所列的三個層面是值得老師們特別注意的事項：

1. 身體的覺察（能夠知道身體的各部分、使用身體的不同部分，以及了解各部分的功能，例如，肩膀、臀部、手指等等）；
2. 動作的記憶（能重複做出自己或別人做過的動作）；
3. 空間的使用（能探索所有可用的空間，使用不同層級的空間以及區域）。

我們在這個課程中所採用的每一個活動，都盡量避免性別刻板印象，並且讓老師和學生都覺得有趣而無威脅感。例如，我們使用「老師說（Simon Says）」這個遊戲，了解孩子們在控制身體、獨立運用身體各部位，以及針對某項主題或影像做出肢體動作的反應能力。我們在每一個階段結束時，都以一段音樂旋律作為結束；這樣的方式不僅讓活動有一種整體的連續感，同時也提供機會讓我們了解孩子如何跟隨變化的節奏來搭配動作，並且針對不同的音樂旋律做出不同的反應。

　　這項肢體動作的各項活動階段，每次最好不要超過八到十個小孩，時間大約二十分鐘。在每次活動階段中，我們建議老師結合使用「半結構式」和「開放式」的活動，以及讓教師和孩子輪流提出想法來讓孩子做動作。

材料和情境佈置

　　肢體動作的活動最適合在清楚標出範圍的大型空間中來進行，在這樣的空間裡，孩子們可以自由活動。如果沒有這樣的空間，可以把教室中的課桌椅等物件移到旁邊去，以便能提供孩子一個範圍清楚、安全的空間。為了避免不必要的混淆和評量上的限制，在第一次活動時就要說清楚所有的安全規則。我們也可以發給每位孩子一塊方形地毯，滿足孩子們擁有自己一塊空間的慾望（或者，在地板上用膠帶圍出一個方形）。這樣的空間可以變成孩子獨有的和安全的空間，讓他們能自由自在地來回活動。

建議準備的器材設備

1. 錄音機，以及各種不同音樂曲目的錄音帶。例如，加勒比海地區的即興歌曲（Caribbean calypso）、倫巴歌曲（rumba）、印地安人的瑞加歌曲（raga）、印尼人的加美隆音樂（gamelan）、阿帕拉契人的樂器演奏曲等。
2. 各種不同的樂器。例如，音鐘、小鈴鼓、鼓、三角鐵、木琴等。
3. 各種用來引發肢體動作的有趣物品。例如，小型玩偶和特殊的動物（故事板中的絨毛人物或塑膠恐龍動物）、洋娃娃（衣衫襤褸的娃娃、裝有發條的娃娃）、陀螺、溜溜球、圍巾和碎布等（薄紗、網狀花邊、毛料）。
4. 可供拋擲的物品或可做某種遊戲的物品。例如，氣球、呼拉圈、沙袋和鏡子。
　　如果有錄影機的話，將會有助於評量的進行，但錄影機並非必需品。如果使用錄影機的話，必須放到一個高度上，所有孩子在小組中的活動情形才可能全部拍到。

🏵 程序和進行過程

　　肢體動作活動在學校開學之後的第二或第三個月時開始進行。在一學年之初，你可以在團體時間、音樂課或戶外活動的時間帶入肢體活動，並且介紹基本的肢體動作概念和活動。你可以和孩子們玩簡單的手指和手的遊戲，和孩子討論掛在室外的旋轉吊飾和風鈴的動作，並且說明有關「平衡」和「節奏」等語詞的意義。你可以向孩子們解釋這些概念，並且鼓勵他們對於每一個語詞想出自己的例子。這兩項教學工作是肢體動作課程中很重要的部分。

　　如果每個孩子都做了充分的準備，並且了解肢體動作在不同情境下的重要性，那麼肢體動作活動課程便能進行得非常順利。就算是非常簡單的動作，也能增加孩子體會出自己的表情和動作的意義。

　　在第一個階段中，我們介紹孩子們去認識肢體動作領域，並且告訴孩子們在這個特別準備給他們的空間中，他們將要做些什麼肢體活動。我們也向孩子們說明每週或雙週課程中要學的東西，以及各種必須遵守的安全規定。每一個階段開始，首先都讓孩子們坐在屬於他們自己的小方塊地毯上，大家一起圍成大圓圈。我們告訴孩子們，他們可以選擇是否參與活動，以及什麼時候他們想參與，我們也有一個地方提供給那些只想看別人表演的孩子們坐。這些孩子們可以當「安靜，並且細心觀察的觀眾」。最後，告訴孩子們，你會很認真地聽他們的想法，並且要求他們也要同樣認真地聽你的意見。

　　在一開始的幾個活動時段，主要的目的都是要孩子熟悉肢體活動的空間，並且幫助他們自在地在團體中做出肢體動作。你可以試用一、兩個下面的簡單活動：

　　1. 敲打小鼓或鈴鼓，或者用兩種樂器敲出不同的節奏，並且要求所有穿藍衣服的小孩跟著節奏作動作，然後換成穿紅衣服的小孩做動作，

再來是穿綠衣服的小孩。

2.和孩子們玩幾回「老師說」的遊戲。你可以玩的肢體動作包括：「很慢很慢地舉起你的手來」、「讓你的身體像球一樣的轉動」、「向蛇一樣的行走」，或者「用各種方法活動你的手臂和腿」，你也可以請孩子們提出一些點子來做動作。

一般而言，雖然你可以在一開始時示範一些肢體動作給孩子們看，但是這樣的示範只做一到兩次。這樣你才可以減少成人的影響，並且降低孩子們只是一味模仿的可能性。

在創意肢體動作課程中的主要活動，包含了「老師說」、「魔鏡，魔鏡」、「鼓和音鐘的遊戲」（參見第 34 頁）、「同時活動身體的不同部位」、「對不同的音樂、道具和以口語提出的影像做出回應動作（例如，走在鋼索上或在冰上行走）」。每一個活動都以兒童隨音樂自由舞蹈做為結束。這樣做可以讓孩子們自由地去做他們想做的動作，並且老師有機會坐下來觀察小孩。你應該選一些不同文化和種族的音樂，而不是只用一些傳統的西方音樂。這些音樂的節拍應該是比較平穩和固定，對孩子們而言不至於太難的，不過還是可以有幾個不同節奏變化的樂曲。這些樂曲的範圍，可以包括即興歌曲、印尼人的加美隆音樂和秘魯音樂。

如果孩子們在跳舞時太過興奮了，你可以把音樂關掉，讓他們有一到兩分鐘的時間回復平靜，並且重新說明重要的規則要求，然後再播放音樂。你也可以先訂下一個規則，那就是音樂聲一停，小孩子們所有的動作就要停住，或者老師敲一聲鼓的時候，動作就要停止。

在團體中會有一些社會互動，對某些小孩來說，經常就會因而分心，而不容易專注於肢體活動上。你可以利用每個人的小方塊地毯來規畫活動的進行。另外，「老師說」這個遊戲也可作為你管理孩子的方法，因為你隨時都可以說：「老師說：『停』！」當輪到某些較無變化的孩子提出動作的想法時，她也許只是說：「跑一跑」。你可以要求她多加一點不同的

變化進去:「你可以讓『跑』這個動作變出一些不同的花樣喔!」「你可以像老鼠一樣地跑嗎?」或者「像大象一樣?」或者「像蝴蝶飛一樣?」另外,你也可以叫小孩子們「盡可能走得愈慢愈好」,這是一個很有用的方式,不僅可以把小孩子們的速度降下來,也可以觀察他們。

最後,當音樂聲停止的時候,可以用鼓聲,或老師說「停」這個字,讓孩子們停止動作,這也是一個管理學生的有用方式。你最好在每個活動階段中使用相同的「停止訊號」,以免你經常都要提醒學生訊號的意思。

活動行事曆

我們在這裡所提出的課程安排，只是實踐我們想法的一種方式。你可以修改這些活動，以符合你的興趣領域、教學風格和課表。同時，如同「發現角」活動一樣，由於你所居住的地區因素，某些活動可能不適合你用。

九月

1. 在「兒歌時段」，介紹手指、手和身體的活動，請孩子發表他們自己的動作想法。

2. 讓孩子透過歌曲和討論，開始去認識身體主要的部位。兒童可討論並且表演身體和各個部位的功能，例如，手和手指頭可以做哪些事情？

3. 進行一段肢體動作介紹活動，說明肢體活動領域和它的運用。

十月

1. 介紹兩個基本肢體動作概念

　　「空間的使用」（use of space）指的是使用高、中、低不同層次的空間。詢問孩子有關的例子：哪些東西是位在接近地面上的位置或低層次的空間（例如，爬行的嬰兒、香菇、某些動物）。孩子們可以用熟悉的肢體動作，例如，步行，來探索不同層次的空間。你可以叫孩子們走到高的地方和低的地方。

　　「方向性」（directionality）指的是「向上移動、向下移動、在上面移動、鑽到下面、繞著轉和穿過」等動作。你可以透過高／低、上面／下面這樣的對比方式，介紹上述的名詞（當孩子了解較極端的對比之後，再介紹細部的變化，比較容易讓他們明白）。在地上用膠帶貼出一個方格，讓孩子來探索「方向」的意義。讓孩子在這個方格中自由移動，或者跳進、跳出方格。你可以進行一個「音樂方塊遊戲」：當音樂聲一停時，叫孩子坐在「方格子的頂點」或「方格子的外面」。你也可以用圓圈架或椅子替代地板上的方格，讓孩子可以上下爬動。

2. 如果你的課程正在進行任何有關「豐收」或「萬聖節」的活動，在這段肢體活動結束的時候，正好可以融入這些主題。你可以選用一些新的歌曲或選擇一些背景音樂，引導兒童表演農夫收割玉米、美國原住民族舉辦

（續下頁）

（承上頁）

豐年祭的舞蹈動作，或者鬼魂和南瓜的舞蹈等（運用燈光，表演出鬼魂的詭異動作和南瓜圓滾滾的笨重樣子）。

十一月

1. 向孩子們介紹肢體動作的節奏（rhythmic components）。和孩子們一起討論有關節奏的觀念：節奏是用身體掌控時間或做出穩定的動作。要求學生去想想看哪些東西會像鐘擺、汽車擋風玻璃的雨刷和節拍器一樣產生穩定的擺動。如果能拿一些東西來展示給小孩看的話，效果更好。

2. 使用「鼓聲」或其他打擊樂器來幫孩子學習掌握節拍。在孩子們坐著時，他們可以隨著舒緩的、中速的節奏，活動他們的手臂、頭和身體的其他部位。你可以給孩子們多一點動作難度挑戰，也就是告訴他們，只要鼓聲一停，他們就要立即停住他們正在做的動作。你也可以叫孩子們閉上眼睛來做肢體動作，這樣可以幫助他們集中注意力到聲音的節奏上。這也可以讓孩子少去跟隨別人的動作，或者只是看老師擊鼓的動作。

　　觀察焦點：對於韻律的敏銳程度。

3. 獨木舟之旅

　　要求孩子們坐下來，每一人之間要有足夠的活動空間。問孩子們是否曾經看過獨木舟或小船。老師示範划船的動作，告訴孩子划槳時保持穩定、有節奏的動作是一件很重要的事。並且告訴他們，有時人們會一邊口中喊著「一、二、三」，以便讓所有划槳的人一起保持同樣的節奏。當所有孩子準備好用手臂來做划船的動作時，用鼓敲出一段穩定、中速的節奏。仔細觀察哪些孩子似乎可以跟得上節拍、調整他們的動作去配合節奏，或者兩種情況都有。當你放慢或加快節拍時，孩子們對於節拍的時間感會更加明顯。例如，注意觀察是否有些孩子會修改他們動作的幅度來讓他們跟上比較快的節拍。

　　這個活動也可改成其他方式來做，例如，划船比賽、鋸樹木，或讓兩個小孩子一組來扮演兩人一起鋸樹木的動作（這個時候，兩人的動作是相反的形式）。

　　觀察焦點：對節奏的敏銳程度、身體的控制。

（續下頁）

（承上頁）

4. 介紹平衡動作。給每個小孩一個沙袋，讓孩子們練習如何把沙袋平衡地放在身體的不同部位：膝上、手肘、頭、肩膀。

5. **走鋼索的人**

   詢問孩子們是否曾經看過走鋼索的人。如果沒有的話，說明或示範給孩子們看走鋼索的人如何在細長的空中鋼索上平衡地行走。在地板上先用一條膠帶貼出一條長線，然後，在幾吋遠的距離兩邊貼上平行的線。要求小孩子們像走鋼索的人一樣在線上行走，或者以任何方式行走，只要他們能保持走在該條線上。你也可以在此活動進行時放一些背景音樂。

   觀察焦點：身體控制、表達力。

十二月

1. 介紹「表達意念」的肢體動作（expressive movement）和意象的使用。和孩子討論我們的身體如何幫助我們表現出我們的感情和思想。你可以示範幾個情緒或意象讓孩子們看（最好是示範對比性的動作），也可以播放一部有關模仿表演的影片給學生看，影片中展現出如何使用肢體動作來描述影像、心情和經驗。或者，你可以播放舞蹈的影片，並且隨後問孩子們，影片中的舞者如何表現影像和情緒。

2. 玩「老師說」的遊戲，使用下列的例子：
   ——僵直的（機器人、錫製的人偶）
   ——邋遢的（衣衫襤褸的洋娃娃、稻草人）
   ——彎彎曲曲前進的（蛇）
   ——會飄浮的（氣球、羽毛、肥皂泡）
   ——有延展性的（橡皮圈、太妃糖）
   ——跳動的（爆玉米花、青蛙跳）
   ——有彈性的（彈簧床、螺旋圈）
   ——根枝糾結的（傀儡）
   ——滑順的（滑板）
   ——會轉動的（旋轉木馬、轉軸）
   ——機械玩具上緊發條，跑動，然後發條鬆了，停下來
   ——逐漸熄滅的燭火

（續下頁）

（承上頁）

你可以先讓孩子們做一些相當熟悉的動作和影像，然後才開始進行「老師說」的遊戲。同時，如果孩子們可以一直待在他們的空間位置上，那麼遊戲也會比較容易進行。盡可能使用孩子們自己提出來的影像來做動作。

　　觀察焦點：表達力、肢體動作的創意、身體控制。

3.拿出一些能激發思考的物品或道具，這些物品可以反映出不同的動作和影像，而且是你和孩子們也曾經討論過的。例如，具有延展性的布料、氣球、圍巾、衣衫襤褸的洋娃娃、陀螺、溜溜球和故事板中用的人物（動物）。使用這些東西來展示肢體動作，並且可以就「邋遢的」、「有延展性的」等字眼提出具體的例子。要特別注意的是，如果太常依賴使用這些道具的話，可能會讓一些孩子分心。

　　觀察焦點：表達力、肢體動作的創作。

一月

1.繼續和孩子們進行表達性肢體動作的探索活動。使用的主題和影像最好能配合孩子們的經驗。孩子們此時可能還是會談論有關節日、禮物，或冬天和戶外運動等等。所有這些話題都能提供豐富的題材讓孩子們去探索。你也可以從家庭旅遊活動和外出活動中找出一些點子。例如，「做出你在很深很深的雪地中行走的樣子」或「做出你走過一個結冰的湖面上的樣子」。到動物園參觀，也是讓孩子學到不同動物走路方式的好機會。

　　如果要採用孩子們的想法來做肢體動作，你最好要對孩子們的能力有某種程度的放心。你可以體驗看看自己對於不同的活動形式喜歡的程度如何，並且記住，每次你都要準備好幾個自己覺得喜歡的點子讓孩子們做。

　　這裡有幾個「影像」的實例，你可以讓孩子們試一試：(1)走在不同的地面上（走過很深的積雪、在光滑的冰上滑行、蹣跚地走過濕黏的泥地、走在很熱的沙地上、滑下小山坡）；(2)把自己當作是一個逐漸膨脹的氣球，在風中飄浮起來……然後，氣消了，從空中落在地面上；(3)想像自己是馬戲團的演員（變把戲的人、小丑、空中走鋼索的人、跳彈簧床的人）。

（續下頁）

（承上頁）

　　觀察焦點：表達力、肢體動作的創作。

2. 在一月的時候，通常有許多天會待在室內，因此是一個在室內作小型障礙賽課程的好時機（如果有場地的話），或者至少提供一些半結構性的大肌肉肢體動作活動。你可以用呼拉圈設置一個簡單的、兩步或三步跳圈子的活動、放一些圓錐體讓孩子們繞圈子、放一些平衡木讓孩子們走，或設一些隧道讓孩子們爬行。如果你有合適的墊子鋪在地上，並且有足夠的成人幫忙的話，你可以試做一些簡單的翻滾動作，例如翻筋斗、後翻、側翻筋斗（參見障礙賽課程，第43頁）。

　　觀察焦點：身體控制、動作記憶。

二月

1. 魔鏡魔鏡

　　向孩子們說明你要做一些動作，而孩子們是你的魔鏡，會做出和你一樣的動作。你可以試著慢慢擺動一隻手臂、略微傾斜你的頭、側身彎向一邊、踮著腳尖走路、做出奇怪的形狀或姿勢，例如，手臂和腳盤繞起來。仔細觀察看看哪些孩子可以在肢體的姿勢和動作品質上學得很好。如果孩子們很喜歡這種活動，你可以繼續延伸這個活動，先做出一個姿勢，然後回復到原來的靜止姿勢，然後，要孩子們把你做的動作做出來。另外一個更高難度的延伸活動是讓孩子們兩兩配對，當彼此的鏡子。

　　觀察焦點：動作的記憶。

2. 凝固和融化

　　讓所有孩子擺出一個「凝固」住的動作姿勢。當孩子都做到了之後，讓他們開始慢慢融化。當每一個人都融化後，鼓勵孩子們再做出和原來一樣的動作姿勢。要特別注意哪幾個孩子可以維持同樣的速度、身體控制和表達的意味。在動作記憶和回復到原來的動作兩方面，孩子們會有許多個別差異出現。

　　觀察焦點：身體控制、動作記憶。

3. 鼓和音鐘

　　敲打鼓和音鐘兩種樂器給孩子們聽，請孩子們注意聽兩種樂器所發

（續下頁）

（承上頁）

出來截然不同的聲音。請一個孩子當作是「音鐘」，另一個孩子當作是「鼓」。要特別注意的是，男生可以當作是「音鐘」，女生可以當作是「鼓」。請孩子們仔細聽你輪流敲打兩種樂器，並且變化節奏的快慢。當你敲擊其中一種樂器時，扮演那個樂器的小孩就做動作，改敲打另一個樂器時，他們就停止，改由另一個樂器小孩做動作。

　　觀察焦點：對於韻律的敏銳程度、表達力。

三月

1. 讓孩子們接觸不同民族或部落的舞蹈。講故事、看影片和示範表演這些都是在團體時間內可以做的活動。向孩子們說明這些舞蹈如何表達真實的事件，以及這些舞蹈對於不同族群的重要性。這個活動和戲劇、模仿很類似，並且可以幫助孩子們理解——動作是傳達經驗、感情和故事的重要媒介。

2. 進行過上面第一個活動後，鼓勵孩子們去創作舞蹈來表達自己的一個重要經驗。如果孩子們沒有辦法做到，你可能需要用三或四個步驟示範出一個故事或事件的表現方法。你可以拿一首兒童很熟悉的歌曲，並且把它的部分歌曲變成舞蹈。這個活動也可以變成「猜猜看」的遊戲來做，讓孩子們猜猜看你所表演的舞蹈是歌曲或故事的哪一部分。

　　另一個做法是，你可以準備一張紙，上面寫著幾句故事。例如：「有一天有一個小孩在散步。突然，他發現了一個很棒的玩具……」。或者，用這樣的故事：「有一個小孩正在結冰的湖上溜冰，當他正在冰上做一個大轉彎的動作時，天空開始下雪了……」。然後，讓孩子們把故事的結果表演出來。

　　觀察焦點：簡單的編舞（肢體動作的創作）、表達力、動作記憶。

3. 教孩子一個簡單的三、四個步驟組成的連續動作或舞蹈，最好能有歌曲作為背景音樂。兩天後，請孩子到活動空地上或遊戲場，請她把你教她的舞步再做一次。你可以示範第一個動作或開始的姿勢（請注意：這是難度較高的活動）。

　　觀察焦點：肢體動作記憶。

（續下頁）

（承上頁）

在接下來的活動中，你可以鼓勵每個孩子去發明自己的舞蹈，三到四步舞蹈動作即可。然後你可以把這些舞步摘記下來。幾天後，詢問孩子是否還記得自己的舞步或其他孩子的舞步。

觀察焦點：肢體動作的記憶。

4. 如果要有更具挑戰性的節奏活動，可以在每個活動結束時，播放各種不同節奏型態的音樂錄音帶。請孩子們注意不同音樂的節奏。注意觀察孩子們對於節奏的不同敏銳程度。

觀察焦點：對於節奏的敏銳程度、對音樂的反應。

四月

這個月主要是著重戶外障礙賽活動所需要的基本動作技能（例如，平衡、敏捷、動作的效率、協調和掌握時間——參見障礙賽課程活動，第43頁），以及孩子們在操作及處理物品上的技巧。

1. 在遊戲場上，放置一些輪胎或呼拉圈，讓孩子們可以丟球或丟沙袋。要求小孩們從不同的距離來投擲球。他們也可以用一隻手或雙手，或者用舉高拋球或低手擲球的方式。注意觀察孩子們的手眼協調程度。

2. 和孩子們玩「老師說」的遊戲，指令中可以穿插複雜的肢體動作。例如，傀儡娃娃、手和腳交替做動作、同時扭動自己的上半身並且要擺動一隻腳等等。你可以在一開始示範一些動作給孩子們看，然後讓孩子們嘗試自己的想法。

觀察焦點：身體控制。

3. 先讓兩個不容易破的氣球飄在半空中，然後兩個小孩一組，要他們想辦法盡可能讓氣球浮在半空中。注意觀察孩子們在手眼協調上的能力差異。

計分

在肢體活動開始之前，先閱讀計分的類別和定義（參見表 1，第 39 頁）。先用前幾個活動來讓自己熟練計分方式，然後開始使用觀察表（表

2，第 41 頁），配合著計分的類別來做觀察。盡可能在每一階段活動結束後就寫完觀察表。表 3（第 42 頁）是整年度觀察結果的摘要表。

使用觀察表時，在空白欄的地方寫下今天活動安排的順序。如果某個孩子在某個項目表現特別優異，就在名字旁邊做個星號「＊」。如果那孩子的表現非常傑出不同，就標上兩個星號「＊＊」。並且在說明欄的空格中，寫下你觀察到哪些具體的行為，讓你給與「星號」的評價。下面是一些說明的例子，說明孩子有哪些優異的動作和風格。

節奏：提娜能隨著節奏的不同改變肢體動作。開始的時候她的動作配合著中速的鼓聲，然後，當鼓聲愈快時，她也隨之增快她的動作速度。

表達力：山姆對於故事的主題和影像非常有反應，尤其是使用故事板中的角色人物時。當出現恐龍外出尋找食物的情景時，他就用四肢在地上行走，表現出覓食的行為動作，四處嗅聞，並且轉頭四處尋覓。

身體控制：雪倫一聽到音樂聲停止，就立刻停住她的動作，並且很細心地維持住她所做的姿勢。

提出肢體動作的新點子：瓊安提出「小孩子像是個時鐘」的新點子，而且教所有的孩子做出僵直的走路樣子，好像腳沒有膝蓋一樣。

對音樂的反應：班傑明的動作隨著音樂的播放，愈來愈有趣和多樣化。他很有效地使用不同高、中、低層次的空間，擺動、扭動他的手臂，時而高舉過頭，時而低垂到地上。

進行計分時，請記住「對音樂的反應」這一項是描述只要在音樂一播放時，就特別有表現力和節奏感的孩子。因此，它可能會和「表達力」與「節奏的敏感度」兩項有些雷同。

✿ 初步的結果：一九八六至一九八七

從一九八六至一九八七年所得到的肢體動作資料中，孩子們的能力剖面圖顯示了各種不同能力水準和能力之間的結合。十九個孩子中，有三個

人能在幾個不同的領域中有傑出的表現，有五個孩子只在一個單一的領域有傑出的表現。最主要的不同在於孩子們是否能自創動作，或者他們要等其他孩子開始做之後才跟著做，基本上是模仿別人的動作。另外有些差異來自於孩子們提出動作表演點子的能力。有些孩子只是按照老師的指示來做，但是有些孩子會自己想出各式不同的肢體動作點子，例如，「做出沒有手肘時走路的樣子」。

有一些孩子喜歡某一種動作，例如，翻筋斗，或者模仿熟悉的芭蕾舞蹈姿勢和行走的樣子。有一個孩子對於音樂和樂器演奏有明顯的反應，這需要特別有節奏感才能做到。其他孩子對於動作的快慢，則各有不同的偏好。有一個女孩特別難以了解音樂何時會結束，總是無法在樂曲終止時完成她的舞蹈動作，但是她對節奏的差異和音樂的表情卻十分敏銳。

有一個男生的身體控制方面相當笨拙，而且也無法配合節奏的改變、掌握時間感，但是對於「老師說」遊戲中所提出的動作要求，總是有立即的、富於原創力的動作表現。然而，其他孩子可以有效地控制身體，並且在動作中表現出信心和敏捷，但是他們的動作沒有什麼變化，而且也很不願意去嘗試不同種類的動作。在自由表達的活動時，這些孩子比較不能像在結構式的活動中一樣，發揮他們應有的表達力。最後，有一個孩子只要是能夠一邊說話或跟隨著音樂哼唱，他就能跟隨著節奏來做動作。

從我們在教室中的觀察看來，某些孩子很明顯地將肢體動作當作是一種表達的方法，例如，有一個孩子在教室的活動中從事堆積木和戲劇活動時並不是很有信心和投入，但是在肢體活動中他卻展現充分的信心和能力，而且這些信心顯現在每個肢體動作的活動中。

表 1：創意肢體活動計分標準

對節奏的敏銳程度

　　能夠使動作配合平穩和變化的節奏（以樂器或錄音帶來產生不同變化的節奏），或者有能力調整自己的節奏。

　　孩子們試著配合節奏來做動作，而非不了解或不理會節奏的變化。孩子們可以透過肢體動作來找出自己的節奏感，並且調整自己的節奏，以便得到所想要的效果。請記錄下來孩子是否使用身體的某部位，例如，擺動手臂，或者隨時活動整個身體。

　　主要活動：獨木舟活動、配合打擊樂器做動作、鼓和音鐘、聽音樂自
　　　　　　　由舞蹈。

表達力

　　能夠透過動作來表現情緒或意象。可以用口語、道具人物，或音樂來引導孩子做出具有表達力的動作。

　　孩子通常會喜歡用手勢或身體動作來表達她自己的想法。孩子能生動地對口語意象做出反應、對不同樂器的音樂表情和聲音品質作反應，或對兩種樂器做反應，例如，鼓和音鐘。孩子也可以對不同的樂曲有多樣化的反應，用她的動作來詮釋音樂的質感。

　　主要活動：走鋼索的人、老師說，根據語文的主題、意象和道具來做
　　　　　　　動作，鼓和音鐘、簡單的編舞、聽音樂自由舞蹈。

身體控制

　　能夠穩定身體，並且能分別獨立地有效使用身體的各部位，達到所想要的效果，例如，停止、平衡、融化等等動作。

　　孩子能夠有效地規畫、安排動作順序，並且執行動作；動作看起來不是隨機的或不連貫的。孩子能夠精確地做到成人或其他孩子所提出的動作點子。請試著找出哪些孩子能在你要求停止動作時就能停止，並且要留意兩件事：身體覺察（有能力去確認並使用不同的身體部位，例如臀部和肩

（續下頁）

（承上頁）

膀，並且了解它們的功能），與動作記憶（有能力重複做出自己和他人的動作）。

　　　主要活動：障礙賽、獨木舟活動、凝固和融化、老師說、魔鏡魔鏡，
　　　　　　　　使用球、沙袋和氣球。

提出肢體動作的新點子

　　能夠提出新奇的動作點子，或者對某一個想法提出延伸想法，例如，建議班上同學用高舉的手臂做出像雲飄浮在空中的樣子。在這一個項目中，動作的執行並不一定是必要的。

　　孩子能對某些想法和意象立即產生原創性的詮釋。

　　　主要活動：老師說、簡單的編舞。

對音樂的反應

　　能夠對不同種類的音樂做出不同的反應（結合對節奏的敏銳感和表達力）。

　　特別注意孩子是對音樂的節奏有反應，還是對音樂的表情有反應，或是兩者都有。並且你也要特別注意觀察孩子們在「空間使用」的能力：能夠很自在地探索四周的空間、使用不同層次的空間，並且很輕巧地、流暢地做動作。找找看是否有孩子能夠在共享的空間中知道別人的存在，或者在空間中做各種身體活動的試探，例如，轉動和旋轉。

　　　主要活動：隨音樂自由舞蹈、隨著樂器聲音做動作。

表 2：創意肢體動作觀察表

日期 ＿＿＿＿　　觀察者 ＿＿＿＿

活動順序 ＿＿＿＿						
兒童姓名 （年齡）	對敏銳節奏程度的	表達力	身體控制	提作出的肢新體動子	對作回音的樂應	說明和觀察

* ＝表現優秀

** ＝表現特別優秀

表3：創意肢體動作摘要表

兒童姓名＿＿＿＿＿　　年齡＿＿＿＿＿　　觀察者＿＿＿＿＿　　期間＿＿＿＿＿

日期	活動順序	表達力		身體控制	提出作的新體點	對作回音樂應	說明和觀察
		對敏銳的程度					

＊＝表現優秀
＊＊＝表現特別優秀

▍障礙賽課程

❖ 目的和活動介紹

　　戶外障礙賽的特色在於一些引發孩子們運動肢體動作能力的活動項目上。這個課程讓老師可以評量孩子的「最佳運動潛能」（motor fitness），或者，孩子在不同的動作任務上表現的品質水準。

　　要觀察的技能領域包括了「爆發力」（power）、「敏捷度」（agility）、「速度」（speed）和「平衡」（balance）。各項技能領域的定義是根據葛拉福（Gallahue, 1982）的著作《兒童的發展性動作歷程》（*Developmental Movement Experiences for Children*）來訂定的。

　　爆發力：指的是孩子「能夠在瞬間釋放出最大的力量」（p.33）。「爆發力」通常是「強度」和「速度」的結合。在障礙賽中，我們用「立定跳遠」和「跨欄」兩項活動來評量。

　　敏捷度：指的是「能夠在不同方向上做出連續性的移動，並且以最快的速度在不同地點移動」（p.33）。它包含了「在身體的位置和動作的方向兩方面上能夠快速並且正確地移動」（p.34）。在障礙賽跑和跳欄兩項中，都可以評量「敏捷度」。

　　速度：指的是「在短距離中能用最短的時間從某一點移動到另一點的位置上」（p.32）。這項測量包含了反應時間和移動時間。障礙活動課程中的最後一站──短距離賽跑，就是評量這項能力。

　　平衡：指的是「在靜態及動態的動作情境下，能夠抗衡地心引力的牽引，維持一個人的穩定感」（p.33）。它包含了對身體姿勢的修正能力。靜態的平衡是在靜止的狀態中移動身體；動態平衡是當身體在活動過程中，

仍可以保持平衡。在平衡木上行走和跳躍動作這兩項活動，可以評量孩子們的動態平衡能力。

我們在這裡所提出來的項目，並沒有包括全部的動作技能。然而，如果要採用更廣泛的肢體課程，恐怕相當困難，並且難以執行與計分，特別是以一大群小孩子為對象時。我們也希望孩子們覺得這個課程有趣，並且樂於參與。因此，我們用了四個主要的技能領域，搭配活動站，組成一系列的障礙賽課程。課程中結合了肢體動作的基本要素，但是並不需要特別昂貴的設備。這個課程大概只要小孩子花十分鐘時間就可以完成。

在障礙賽課程的每個活動站，我們選出一個我們認為最能正確代表某個技能領域的活動。然而，老師們還是可以自由地用他們自己的想法設置不同活動站，以評量不同的技能。雖然每一個活動站可能包含了一個以上的技能項目，但是為了便於計分，在每一個站，我們只著重一或兩個技能領域。在觀察表中的說明欄裡，你可以寫上其他你所觀察到的內容。

理想上來說，孩子們運動動作能力的評量可以在不同的時間和不同的情境下來做。許多技能（例如，平衡、敏捷度、協調和優雅）可以在創意肢體動作或運動肢體動作領域來評量。然而，有些孩子可能只在其中的一個領域上表現得較好。

在光譜計畫中，障礙賽課程讓我們觀察到孩子如何回應不同種類的挑戰，例如，在不同的活動站中調整動作技能。除了障礙賽課程之外，我們也推薦你觀察孩子們在結構性較少的情境中活動的情形，例如，在遊戲場上玩、玩娛樂性遊戲設備，或者玩遊戲時（參見表7，第59頁）。

光譜計畫的障礙賽課程

立定跳遠 ⟶ 平衡木 ⟶ 障礙賽跑 ⟶

短距離賽跑 ⟵ 跳欄 ⟵ 從高處跳下來 ⟵

✿ 材料和情境佈置

　　光譜計畫中的障礙賽課程有六個活動站。這個課程的設計相當簡單，但是對於學齡前的孩子來說，仍然是具有挑戰性的活動。你可以按照你的需求增刪活動站的數目、設備，或兩者都可以。

　　這個障礙賽的課程最好是在遊戲場上來進行。如果沒有遊戲場，你可以使用體育館或利用進行肢體活動的教室空間來做。為了安全的考慮，在進行這項活動時，最好有兩個大人在場。其中一個大人可以監督小孩，另一個人則可以做觀察和計分工作。如果能有兩個以上的成人在場，那麼可以使活動進行更迅速，並且確保每個孩子都能得到適當的示範。你也可以利用幾天的時間或幾個星期的時間，來進行這個活動。每次只讓幾位小孩進行這個活動，或者你也可以和另一個老師合班一起上課，協同分工去負責監督孩子、計分、和等待中的孩子玩遊戲等。訂定安全規則的小技巧有：在課程開始前，向全部的孩子說明安全規則、確定每一站之間有足夠的空間、經常檢查每項設備，以確定它是穩固而且安全無虞的。

　　假如你有錄影設備，那麼把孩子們進行這項活動的過程全部錄影下來，將會非常有助於計分，特別是只有一個大人在場進行活動時（錄影器材可以用角架固定住）。

　　你也可以選擇如下頁和前頁下方所示的圖形來執行光譜課程，或者改變這個課程活動，以配合你的設備和空間需求。為了避免混亂和碰撞，最好將你的課程活動安排成圓形、方形或馬蹄形的樣子。如果把活動排成「8」字形的樣子，孩子們可能會亂成一團，直線形則會讓孩子們有空間去四處遊蕩。最簡單的形式就是排成圓形，一站接著一站往下走，最後又回到原點來。馬蹄形（如下頁所示）可能是最有效的方式，如果將最後一站安排為短距離賽跑，效果最好。

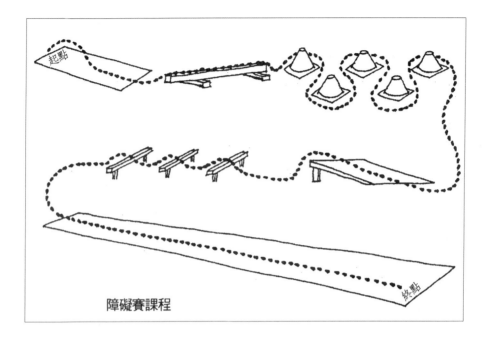

障礙賽課程

　　從設備上來說，立定跳遠可以用長布尺黏貼在地板上來標示跳躍的距離長度。平衡木可以用膠帶、絲帶，或者在地板上用粉筆畫線、用細長的木片來圈出範圍。平衡木的底座可以用任何安全的、高度相等的材料來做支架。在障礙賽跑上，孩子們可以在一些牢牢固定住的大積木、輪胎，或椅子之間來賽跑。跳板可以用一大塊面板，底部穩定地固定住，在另一邊則要安全地架出一個高度。跳欄則可以用積木、絲帶或竹棒來做。

程序和進行過程

　　障礙賽活動課程在春季時開始進行，最理想的地點是遊戲場。我們一直等到春天才進行這項課程，因為這樣可以給孩子們充分的時間去熟悉遊戲場中所佈置的情境和器材設備，並且給孩子們時間去練習評量中所要測量的技能。只要孩子們已經熟悉遊戲場中所安排的情境，你就可以開始進行一些非正式的觀察。

　　就像是創意肢體活動一樣，如果孩子們覺得這個肢體活動是重要的，那麼障礙賽課程的進行便愈順利。這個課程可以加入一些戶外的肢體遊戲或其他結構化的遊戲；利用遊戲場中的設備和孩子玩一些有挑戰性的肢體活動，也可以豐富這個課程的內容。

　　在你介紹整個障礙賽課程內容給孩子們之前，我們建議你先介紹個別的活動或相關的活動。這樣做可以讓孩子們在評量之前，對相關的技能領域有一些經驗和信心。在評量時，孩子們可以六個人或更少人成一組，並且對孩子們說明下面這一段話：「今天我們要做一些活動，名稱叫做障礙賽課程活動。當我們要通過這些活動時，我們要做不同的動作。我們得要跑步、跳及在平衡木上平衡身體。最重要的事情是，請記住，這不是一個比賽。有些時候，你要盡力跑快一些，有些時候你可以慢慢地做。你只要小心注意安全，然後快樂地去玩。」

　　接著，在孩子們的注視下，你緩慢並仔細地示範每一個該做的動作，並且解釋每一站要做什麼動作。評量活動正式進行之前，要先檢查孩子們是否了解你的示範，你可以叫孩子們重述一次你要他們在每一站做些什麼動作。如果當時只有一個大人在場，你最好示範全部的活動內容一到兩次，依全體學生的程度而定，然後帶所有學生，每次以一個站為主，通過該站之後，再進行下一站，直到全部完成。如果有一個小孩需要你對某一個活動站重新示範一次，你得把這個額外的指導過程寫在觀察紀錄表上。

　　如果你是做一個比較正式的評量，你需要考慮到有些孩子可能會在你示範之後，很快地做完整個活動，但是有些小孩則需要花一段時間才能完成。當然，排在後面的小孩會比較占便宜，因為他們可以觀看前面的孩子怎麼做。所以在正式的評量時，分組最好不要多於三人。你也可以叫所有孩子進行這個課程活動兩次，但只記錄他們第二輪的分數或使用他們的較佳分數。

　　在每一個活動站中，清楚和正確的示範是非常重要的。年齡小的孩子會想用她自己的方式來使用材料和設備，例如，有一些孩子可能喜歡從低

欄下面爬過去或踩過去，而非跳過去。在實際的評量之外，可以鼓勵孩子們，並且也應該鼓勵他們自己決定去玩課程中所有的活動（只要在安全許可的範圍下）。然而，為了評量的正確性和安全性，正確動作的示範非常重要。如果有某個孩子真的改變了某個活動，不論是肢體動作上的或語言上的，都要在觀察表上記錄下來。

障礙賽中的活動站

光譜計畫中的障礙賽活動是根據葛拉福（1982）的研究所形成的。在光譜計畫中，這六個活動排成一個像是馬蹄形的形狀，當然，你也可以把這些活動站排成不同的圖形。

第一站：立定跳遠

在障礙賽活動中，第一站是立定跳遠的主要原因是它需要比較多的說明和示範。首先請孩子都在起跳線之前站好。

說明並示範如何在跳躍之前蹲下身來、你的雙腳在跳之前和之後應該要靠在一起，並且使用你的手臂和軀體來向前推進身體。在跳躍之前，膝蓋要彎曲，跳完之後，膝蓋伸直。

示範如何將手臂向後擺動以便形成向前跳的動力，然後將手臂擺向前。向孩子們強調跳遠是要往前跳，而不是要往上跳。

主要重點：爆發力。

第二站：平衡木

我們選擇平衡木做為第二站，因為孩子在這時還不會因為任何一站的活動而過度疲倦或興奮，因此無法全神貫注在平衡活動上。

示範出必要的技巧給孩子們看，並且告訴孩子如何一步一步慢慢地走過平衡木。必須要強調並且清楚示範的是：交替使用雙腳、行走的時候向前看，並且使用身體的不同部位來維持平衡。當你使用一個有高度的平衡

（續下頁）

（承上頁）

木時，要在一旁仔細注意孩子的安全。

　　主要重點：平衡。

第三站：障礙賽跑

　　此時，孩子們已經可以開始做賽跑的活動了。用五個障礙物（我們用的是三角錐）排成一排，當做一個活動站。

　　告訴孩子跑得愈快愈好，要盡量靠近三角錐來跑，但是不能碰到它們。首先，示範一個成功的跑法：面向前、輕快地跑、盡量貼近三角錐、適當地擺動雙臂（不會太拘謹，也不會太誇張）。注意提起你的膝蓋來，雙腳拇指著地。向孩子們強調這項賽跑要盡量跑得快，也要盡量貼近三角錐。

　　在平衡木上做完謹慎細心的動作之後，越過障礙物來賽跑的活動可以給孩子鬆懈一下的機會。

　　主要重點：敏捷程度。

第四站：從高處跳下

　　這個從高處跳躍下來的活動是障礙賽跑和跳欄活動之間的過渡階段活動。因為大部分的孩子都會覺得從高處跳下來是一個很有趣的活動，並且很容易做到，因此這個站最適合放在活動的中間來做。到這一站的時候，你應該能注意到每個孩子將障礙賽活動當作一個完整的活動，並且可以看到孩子如何處理不同的活動站所帶來的挑戰。

　　如果需要的話，放一個墊子在孩子跳下來的地方。讓孩子先跑上一個高台上（一個架高約兩呎的平台），然後跳下來，雙腳靠攏，膝蓋彎曲著地或跳到墊子上。強調這個活動是要雙腳一起著地，不能搖搖晃晃或跌倒在地。示範如何用手臂來平衡身體。

　　主要重點：平衡。

第五站：跳欄

　　從高處跳下的活動很輕鬆地就可以和跳欄活動連接起來。跳欄可以用

（續下頁）

（承上頁）

三或四個低欄組成，這些低欄可以用塑膠的材質和竹子做成。這些低欄大約有半呎到一呎高。這些低欄的橫桿要輕巧地放在欄架上，以便讓孩子在跳過低欄時，即使撞到橫桿也可以通過。

　　向孩子們說明在這個活動中，他們要用跑的並且跳躍過橫桿，但是不要碰到橫桿。每一個低欄大約相距三呎遠，讓孩子有足夠的空間來著地、跑幾步，然後準備跳下一個低欄。

　　這個活動站特別需要合適的示範，因為孩子們可能會自己發明一些跳過低欄的方法。在示範這個活動時，先像第三站時一樣示範如何跑步，然後跳過每一個低欄。如果有某個孩子不敢跳或不想跳，你可以問孩子是否想要用不同的方式來跨過低欄。

　　主要重點：爆發力和敏捷程度。

第六站：短距離賽跑

　　在最後一站時，一個合適距離的賽跑會讓孩子有一種完成活動的感覺。讓孩子盡量快跑通過大約二十碼的距離，跑到一個柵欄邊或終點線上。要確定孩子不會跑到一個不安全的地方，你可能要設計好免得讓孩子跑過頭了。示範用平穩的大步伐跑步的方式：輕快地跑、身體略微向前傾、擺動手臂和腿、提起膝蓋，並且雙腳拇指著地來跑。

　　主要重點：速度。

第二類活動站設計

　　你可以自由決定是否要做第二階段的活動。第二階段的活動站由三個站組成：平衡木（II）、跳格子和丟沙包。第二階段的活動可以用下列的方式進行：

第一站：平衡木 II

　　要求孩子用向後走或者是側走的方式走過平衡木（或者是在地上畫出的一條線）。示範用腳背接著腳背慢慢走的方式，側走通過平衡木；向後走平衡木的方式則是用腳尖接腳跟的方式。如果孩子是用向後走的方式走平衡木，告訴孩子不要向後去看終點，而是要面向著他們開始走的起點。向後走或側走平衡木比向前走平衡木難度高很多，因此，你要謹慎地看著孩子，隨時提供你的手來保護他們。

　　主要重點：平衡。

第二站：跳格子

　　在步道上或遊戲場上畫出一個跳格子的圖形。在方格子內畫出一隻或兩隻腳的圖形，讓孩子了解他們可以放幾隻腳在方格子裡。當你做動作示範時，強調要使用手臂和身軀來維持平衡，並且要跳在方格子中。你也可以用其他的跳格子活動來代替這個活動。

　　主要重點：敏捷度。

第三站：丟沙包

　　給孩子三個沙包，要求他們一次丟擲一個沙包，丟進兩個距離不等的籃子裡或線上。你可以示範如何丟進兩個籃子中：兼顧距離和精準度。把籃子放在不同的距離可以形成不同的難度挑戰。

　　主要重點：爆發力和手眼協調。

✿ 計分

　　在每一個活動站中提供合適的示範對計分的精確性來說非常重要。參考障礙賽活動計分標準（表 4，第 54 頁），讓你自己在進行真正的評量之前就能熟悉計分的標準。

　　在孩子進行活動時，使用障礙賽活動的觀察表（表 5，第 57 頁）來評量孩子。每一站的文字補充說明可以寫在觀察表的右邊，並用星號來標出特別優秀的表現。一般性摘要欄中可以寫下孩子在每一站之間表現轉變的情形，以及她整體表現的方式和肢體動作的品質。孩子的肢體動作是否流暢並且有效？她是滿懷信心還是猶豫不決？她的動作看起來是細心規畫過的，還是急就章的？如果可能的話，寫下一段文字，記錄你對孩子整體表現的印象。

　　使用障礙賽活動摘要表（表 6，第 58 頁）來整理全班的情況。這個表也可以加以整理，呈現出在活動中重視的特定技能，例如，平衡和速度，而非只重視個別站上的表現。

　　有關遊戲場的觀察方面，可以先觀察孩子在遊戲中的情形，注意看哪些活動最能吸引他們參與，以及展現出哪些能力來。表 7（第 59 頁）提供一個觀察表的範例做為非正式的遊戲場觀察之用。你也可以根據某個特定的設備或個別活動來組織你的觀察結果，並且指出在每個活動中所引發出來的特定動作技能。

　　另外，更一般性的觀察可以觀察下列活動：移動性活動（例如，跳躍、滑行）、穩定性活動（例如，扭轉、擺動、伸展）和操作性活動（例如，丟擲、接球、踢球）（參見 Gallahue, 1982）。此外，可以考慮的技能領域包括手—眼或眼—腳協調、時間感、動作記憶和提出新的動作策略等。

對這個領域未來的建議

　　光譜計畫中的障礙賽活動涉及了幾個動作技能，如同我們在上一段中所說的，老師們可以考慮的其他能力，包括身體的覺察和控制、彈性、空間使用、協調性（身體、手—眼、眼—腳）、優雅度和時間感。老師可以將這些活動統整到障礙賽活動中，或是在遊戲場上提供相關的活動。許多肢體動作的遊戲和活動——特別是球類活動——會用到上面談到的所有技能。

　　老師可以在一年之中輪流使用障礙賽活動的各種變化形式，孩子們也可以參與活動設計的過程。一些較簡單的變化包括了改變活動站的順序，或者加入背景音樂。如果能夠有一張墊子會非常有用，因爲孩子們可以在上面翻筋斗、跳躍，或者表演任何他們想做的動作。孩子們也可以爬行穿過各種器材，例如，呼拉圈、輪胎、木籠笆。在平衡木的項目上，也可以給孩子們增加許多不同的挑戰，例如，用腳尖行走、每走一步就要把一隻腳伸到平衡木旁。另外，向上提升高度或向下降低高度的斜坡，也是展現平衡感的另一個方法。

　　在遊戲場上，盪鞦韆和爬竿也是讓孩子展現爆發力和協調度的好機會（例如，利用擺動的力量和協調手—腳的力量，把鞦韆愈盪愈高；在直竿上愈爬愈高）。其他在遊戲場上常見的活動，包括爬行、拉東西、推東西、滑行、丟擲球類、踢球、捉迷藏、倒掛身體、跳躍、奔馳和翻筋斗等。準備一張墊子或一些厚軟材質的東西，讓孩子可以在立定跳遠或高處往下跳躍時使用。最後，平衡的活動也有許多種類和變化：例如，用腳尖站立、閉上一隻眼睛單腳站立、在彈簧床上彈跳（需要謹慎地監督孩子活動），以及一面行走，一面把物品保持平衡狀態（例如，一邊行走一邊滾輪胎，或者用一隻手平衡沙包）。

表4：障礙賽課程計分標準

1. 立定跳遠

1 = 身體尚未準備好做跳躍的動作；沒有使用手臂去推動身體向前；跳完之後下半身沒有完全舒展開來；雙腳沒有靠攏；只是做出跨出步伐的動作而非跳躍的動作；跳出的距離很短

2 = 有完成跳遠的動作，但是身體沒有完全做好跳遠的準備動作；起跳之前蹲屈的動作過於誇張或不足；跳出去之後失去平衡，著地時雙腳搖搖晃晃，或者兩種現象都出現；沒有完全使用手臂去推動身體向前；跳出中等長度的距離

3 = 做出相當具有力量的跳遠動作；使用手臂和身軀去推動身體向前；起跳之前和之後雙腳有靠攏；跳出夠長的距離

2. 平衡木

1 = 很難維持平衡；經常從平衡木上滑下來或掉下；需要扶住成人的手；似乎很猶豫，並且只做一點動作就停止；只是拖著腳步慢慢走，身體很僵硬

2 = 維持身體平衡有點困難；嘗試做一些動作，但是得想辦法保持平衡；會從平衡木上跳下來以避免跌下來；步履不穩；交換腳步或拖著腳步慢慢走，或者兩個現象都有

3 = 一面向前走一面保持平衡；向前直走毫不猶豫；向前看；交換腳步；身體相當輕鬆

3. 障礙賽跑

1 = 在開始繞著障礙物跑之前顯得猶豫不決；無法盡量靠近障礙物跑，並且撞倒了障礙物，或者兩種情況都產生；手腳的控制不佳；改變方向很猶豫和緩慢

2 = 以中等的速度繞著障礙物跑，有一些猶豫；盡量靠近障礙物跑但是會碰到或撞倒障礙物；手腳的控制有一些不理想

3 = 快速繞著障礙物跑，毫無猶豫；盡量靠近障礙物跑而且沒有碰到或撞倒障礙物；四肢貼近身體；用身體的位置和方向做出迅速和正確的轉彎

（續下頁）

（承上頁）

4.從高處跳下

1＝不能從平台上成功地跳下來；沒有雙腳同時著地；誇張地用手臂保持平衡；著地時失去平衡、蹲下身來，或把手放到地上來維持平衡，做出某些或全部這些動作

2＝成功地從平台上跳下來，但是腳步搖搖晃晃；跳下來之前沒有猶豫；一隻腳可能落在另一腳後；著地時可能失去平衡

3＝成功地從平台上跳下來，雙腳從頭到尾都靠攏；跳下來之前沒有猶豫；使用手臂去控制平衡；著地時沒有蹲下來或跌倒

5.跳欄

1＝無法成功地跳過橫桿；跌倒或撞倒；蹲下來或者將手按到地上來平衡自己，或者兩件事情都出現；非常猶豫；可能是用踩過欄杆的方式完成這個活動

2＝成功地跳過大部分的低欄，但是有一點草率；跳之前有很久的猶豫時間

3＝成功地跳過低欄；跳之前沒有猶豫；跑和跳的方式都相當正確；身體準備度和時間掌握都協調得很好

6.短距離賽跑

1＝跑的時候沒有控制手臂、雙腳，或兩者都是；身體的各部分沒有同時運作；步伐很小，不平穩

2＝中等步伐，中等速度；跑的時候手、腳，或兩者有些亂晃；身體各部位有一點不能同時運作

3＝大步平穩地跑；速度快；手臂和腳有很好的控制；身體各部位互相統合運作

（續下頁）

（承上頁）

另一種活動站

1. 平衡木 II

A. 側走

1=很難保持平衡；經常跌下來；需要扶住成人的手；非常猶豫；用很小的步伐慢慢走過平衡木

2=平衡自己有點困難，經常要努力維持平衡；方法常變動並且步伐搖晃；用中型的步伐慢慢走過平衡木

3=能夠側著走，不會失去平衡，並且只有一點猶豫；用較大的步伐，有信心地走過平衡木

B. 向後走（腳尖接腳跟）

1=沒有辦法用腳尖接腳跟的方式向後走；經常變成小小步移動；沒有成人扶住的話，就沒有辦法待在平衡木上；一直改變方式並且步伐搖晃

2=經常跌倒並且失去平衡；步伐搖晃；經常需要靠成人的手來維持平衡；經常要向後看

3=能夠向後倒退走，腳尖接腳跟；很少跌倒並且眼睛很少向後看；站得很穩且毫不猶豫

2. 跳格子

1=無法協調跳躍的動作；沒有辦法跳進格子裡；常常變成是跨步而非跳躍

2=該一隻腳跳的時候兩隻腳跳，或者相反；有時候跳出格子外，有時會跌倒

3=不論是一隻腳或兩隻腳都跳得很好；沒有跌倒的情形；跳進格子裡

3. 丟沙袋

1=無法將沙袋丟入第一個籃子裡

2=無法丟進更遠的籃子，但是力量相當夠，可以把沙袋丟到兩個籃子之間或第一個籃子

3=把兩個或三個沙袋丟進籃子或丟超過籃子

表 5：障礙賽課程觀察表

兒童姓名＿＿＿＿＿＿＿

年　　齡＿＿＿＿＿＿＿

日　　期＿＿＿＿＿＿＿

觀　察　者＿＿＿＿＿＿＿

站　名	主要重點	技能水準	說　明
1. 立定跳遠	爆發力	＿＿＿＿＿＿	
2. 平衡木	平衡	＿＿＿＿＿＿	
3. 障礙賽	敏捷	＿＿＿＿＿＿	
4. 從高處跳下	平衡	＿＿＿＿＿＿	
5. 跳欄	爆發力／敏捷	＿＿＿＿＿＿	

一般性摘要：

*＝表現優秀

表 6：障礙賽課程摘要表

兒童姓名 （年齡）	立定跳遠	平衡木	障礙賽	從高處跳下	跳欄	短距離跑	總分	說明和觀察

＊＝表現優秀

表 7：遊戲場觀察表

觀察者 ＿＿＿＿＿＿＿＿＿＿

日　期	兒童姓名 （年齡）	活　動	平衡	爆發力	敏捷	速度	總分	說明和觀察

＊＝表現優秀

第2章

語言領域

前　言

　　在每一個文明的社會中，語言都是非常重要的認知和社會能力。不僅語言本身極具重要性，同時它也幾乎是每個領域必備的能力。大部分的孩子在出生後初期幾年開始學習說話，從最初在嬰兒期的牙牙學語，進展到一歲左右說出第一個「字」來。在兩歲末期，孩子們開始會結合幾個字成為簡單的短句；到三歲時，大部分的孩子已經具備豐富的字彙、基本文法和語法規則。四、五歲孩子所使用的語言，已經相當接近成人所用的形式。在語言發展的早期，孩子們在字彙上便已經開始產生個別差異的現象。

　　有一些孩子學到很多有關物品名稱以及物品特性的字彙，但是其他孩子可能比較著重在表達感覺或願望方面的字彙，並且傾向於著重社會互動的語言（Nelson,

1973, 1975）。我們觀察到有一些學前階段的孩子喜歡描述各式各樣的物品，並且會解釋這些東西如何使用，然而另外一些孩子卻喜歡和成人以及同伴一起談論有關於人們的話題和人際之間的活動。

　　大部分四歲的孩子呈現出相當廣泛的語言能力，從使用象徵性的語言（figurative language）和自創歌謠，到用小故事描述他們自己的經驗。他們也會視聽眾的年齡不同而改變他們所用的語言（Shatz & Gelman, 1973）。一般而言，在學前教育的教室中都會使用不同的方法，提供充分的機會讓孩子們運用他們的語言能力（Heath, 1982）。例如，在團體時間，孩子們可以有機會介紹他們自己，並且談論教室中的各種物品和活動；在寫作角、戲劇角，以及閱讀角等學習角落中，也提供給孩子們探索他們語言技巧的場所。當然，孩子們在教室中也是時時刻刻都在交談，不論是在哪一個課程領域，語言發展都是每一個學前教育學校的核心目標。

　　語言學家傳統上把語言領域分為四大部分：語意（字義）、語音（聲音系統）、語法（文字順序的規則）和語用學（語言適用的時機）。在過去，研究者通常是單純地就句子文法來討論，而非在豐富的社會情境中來檢視語言能力。但是，近來許多有教育觀的研究者開始主張，在交談對話的層次中來檢視語言，比單純在句子結構的層次來探討語言，更能獲得豐富的訊息（Snow, 1991；Wolf, 1985；Wolf & Hicks, 1989）。同樣地，我們對兒童在交談時所使用的語言特性也特別感到興趣。因此，在我們的評量中，我們使用了一些具體的方法，例如，字彙的豐富程度（richness of vocabulary）和句子結構的類型變化（variety of sentence structure），以及其他較廣泛的測量方法，例如，重視故事結構（narrative structure）和主題連貫性（thematic coherence）。

　　許多用於學前兒童的標準化測驗，大都採用傳統的觀點來評量語言技能。以口語方式施測的測驗，如魏氏兒童智力量表（Wechsler Preschool and Primary Scale of Intelligence；Wechsler, 1967），和麥卡錫兒童能力量表（McCarthy's Scales of Children's Abilities；McCarthy, 1972）都包含了字彙

方面的問題：要求受試兒童說出一些常見的物件名稱和定義字彙的意義；口語記憶能力的試題則包含重述文字序列和句子，或者重述一個小故事；在語言流暢性上的評量通常是讓孩子在二十秒鐘的限制內盡可能地說出某個類別的物品名稱。還有一些有關口語能力評量的項目，例如，「理解力」、「同義字」和「訊息」等（參見Wechsler, 1967；McCarthy, 1972）。

然而，光譜計畫是從另一方面來探討兒童的語言表達情形，而不是重視單獨的語言要素，例如，文法和字彙。我們使用的是說故事或說明某事件的進行，這樣的方式是在具體的、應用性的，並且是有意義的活動任務下，使用語言的各項指標能力。

語言活動的概念化

我們使用成人的語言表現做爲我們評量語言領域發展狀況的架構，其中包括：說話者的角色，例如，說書人、詩人、演說家，以及其他以語言使用爲主要工作內容的人物，例如，記者、司儀，和歷史學者。以詩人來說，詩人們巧妙地使用語意和語音，重視每一個字和詞語的選用，然而在另一方面，以歷史學者來說，則是重視想法的溝通（Mukarovsky, 1964）。對歷史學者而言，恰如其分地使用合適的語言，是爲了精確地傳達所要表達的訊息。就學前教育而言，短期的目標是讓幼兒在不同的學校活動中，可以有效地使用語言，例如，解決科學的問題、編造故事，或者和老師討論數學或藝術方面的作業。

我們設計了兩組語言活動：故事板活動（Storyboard activity）和小記者（Reporter activity）活動，以展現語言領域中的表達層面和美學層面，以及實用的、貼近真實情境的，和描述的特性。故事板活動是用來找出具有編故事長才的孩子；他們通常能立刻編造出故事，並且使用說故事的語言形式。另外，故事板活動也用來找出能夠正確並且前後連貫地描述所經驗的事件的孩子。但是，這種能力可能與編故事的能力沒有什麼直接的關

聯。在另一方面，「小記者活動」搭配上教室中的非正式觀察資料，可以用來發現孩子們以正確的順序描述經驗的能力、能適切描述事物和細節的程度，以及說明其他真實事件的表達能力。

我們的活動只探討和口語有關的能力，書寫語言則需要另外一組不同的技能（Olson, 1977）。一般而言，寫作相較於口語交談來說，比較缺乏情境線索。然而，在「故事板活動」這種自然情境的活動中，所測得的能力可能也可以找出有潛力的小說家或劇作家，但是我們尚未能搜集到足夠長期研究的資料來證實這項相關性。很可能地，當有資源可以用縝密的方式去思索和組織思考時，一個比較有計畫能力和反思能力的孩子不會被長期埋沒。

非正式的教室觀察可以補強語言活動的資料，並且可以支持我們評量的結果。有些孩子對文字特別感興趣，這樣的興趣可以從他們對於雙關語（puns）或對押韻的喜愛看出來；有些人則喜歡投入於邏輯的說理和探討，或者喜歡詢問字義和說明生字的字義。這些自然流露出來的語言技能，和用結構性活動評量出來的語言表現，兩者一樣重要。

▌故事板活動

目的和活動介紹

故事板活動提供孩子一個具體而又開放的架構，讓他們自創故事。在聽過一個故事的例子後，請孩子們使用故事板——一個放有人物道具和佈景的厚紙板或盒蓋——來說故事。這個活動是戲劇遊戲的一種變化形式。利用這個故事板，孩子不僅是一個說故事的人，同時也是活動的參與者（Britton, 1982）。這個活動和沒有提供角色的方式不同，在我們使用的方

式中，孩子們不需要對故事的內容有清楚的短期記憶，我們所提供的角色讓孩子們有線索知道她正在說的故事。這樣的方式，更能讓孩子產生具有創意和獨特性的故事，比使用無文字的繪本圖片來說故事，更為有用。

如果老師能為學生進行一次以上這種活動，更能夠讓我們看到孩子隨成長而改變的發展狀況。一個具有說故事天分的兒童，可能會在故事的形式和連貫性中，清楚地顯現出她的成長情況，並且展現出獨特的風格和處理故事素材的方法。

當然，很少孩子可以使用成人起承轉合的結構方式來說故事，但是，他們可以產生較小型的故事形式，這些故事形式可以用來檢視兒童不同的語言技能。我們可以評量兒童如何把連續的事件結合在一起，或者更深入地描寫曾經出現過的角色、地點或物件，或者繼續緊扣住劇情來發展。在說故事的過程中常有的要素，如角色個性化、對話和戲劇性，都可以被檢視，同時，孩子在說故事過程中表達地點、時間，和因果關係的能力，也都可以評量。

孩子們之間的個別差異，通常出現在要將新的情節帶入故事的時候，因為這時所需要的能力，超過只是說明角色的動作、描述場景和道具。有些孩子會賦予角色思想或創造角色之間的關係。孩子們在故事中所用的語言，反映出孩子們對故事板中所用的道具的反應，或者反映出教室中所發生的事件（「現在她正站立著」或「那個水桶翻倒了」），或者她可以更深入地提出劇情進行的架構，包含每個人物的動機，並且產生情緒和場景的對比性。例如：「第二天早上……」或「一個小男孩住在這個彩虹的另一端」。

有些孩子可以把表演的方式帶入活動中，增加表情的聲音和音效，並且展現一種敏銳的時間感，但是這些才能，並不是我們事先要求一定要表現出來的。當故事板放在教室中時，孩子們可以三兩成群用故事板來說故事，或者接續老師說了一小段開頭的故事。我們也鼓勵孩子們用和我們設計的活動材料相類似的物品，做一個自己的故事板。

❀ 材料和情境佈置

在這個評量中所用的材料，包括一個備有高音質效果麥克風的錄音機，以及一個故事板——板面有一個可以做多種詮釋的主題背景、許多不同的角色和道具（參見圖示，第68頁）。我們的故事板是一個二十一吋乘二十八吋的長方形板子，上面鋪著柔軟的黑色塑膠材質的軟墊。在故事板的板面上，有紙黏土做出來的山洞和拱門。這兩個東西的大小足夠讓故事板中的一些角色置於其中。這個山洞的外部有一些階梯步道。在故事板的中間地方黏著一塊不規則狀、綠色的塑膠片。還有一些淡紫色的絨布片和圓形藍色的塑膠片散置在周圍，讓孩子們擺放。這塊綠色的塑膠片對大部分的孩子來說，都當作是一塊草地，因此藍色的方塊就被當作是水。故事板上，有三棵用松樹枝或灌木枝做出的樹，立在黏土做的球形底座中。有十個紫色的圓木柱，每個約二吋高，在故事板的一個角落上排成半圓形。在另一個角落，則有一個木質的三角形。在故事板上還有一個大型平淺的貝殼，可以用來作為許多用途，例如，當作是居住的地方或是交通工具等等。

在故事板中的角色包含下列項目：一個塑膠材料做的國王，他的長袍邊掛著一把尖刀，站在山洞內；一隻紫色的巨龍，張開利嘴，站在拱門前；一、二個人像玩偶，男女不拘；一隻放在水池旁的烏龜；一隻絨毛小動物，身上有一對觸角；一個塑膠製的、黑色的、像是章魚的動物，它的眼睛是八角型的；一個黑色通水管捲成像一隻蛇的樣子。我們所用的道具中，還包括一個小珠寶盒，盒子上面有個按扣，孩子一按就會打開，裡面放了三、四件珠寶（小的、彩色的塑膠珠子）；有一個小型的紅色金屬籃子；幾個小貝殼。珠寶盒放在紫色圓木柱形成的半圓形中，籃子和小貝殼則放在藍色塑膠片的四周。

你可以用一個盒子裝著其他一些多準備的人物角色和道具，放在故事板旁邊。盒子中的東西不要讓孩子事先看見，以免她一下子被太多的材料

弄昏了頭。如果某個孩子需要幫忙說故事，或者看起來可以多增加一些人物角色時，你就可以用盒子中的材料。我們的盒子中，放了一些農場中的動物——山羊、牛、豬和母雞；兩隻不同顏色的絨毛動物；一隻母熊身上背著一隻小熊；一個小型的塑膠手提箱；一些陶土製的莓果；和一小團陶土，讓孩子能隨意捏製她所想要的東西。

這個活動中所用的材料品質很重要，必須是質地堅固、色彩鮮豔、能夠吸引人，而且其中有一些材料必須讓人有較多的想像空間和多種可能的用途。如果你想使用一些和我們不同的角色和道具，請記住一定要有的東西是：一個給故事角色居住的地方（要足夠大，讓故事中的角色可以住在其中）；許多不同種類的人物、動物，以及其他可以當作許多不同動物的東西；清楚地在故事板上劃分區域，還有許多不同的景物（樹、貝殼、拱門等）。你可以設法準備許多道具，例如珠寶盒，來引發各種故事的題材。不過你得避免使用超人和其他一些常見的角色，因為這些會讓孩子很容易陷入背誦一些熟知的故事情景。你也可以選幾個看起來很相像的人物角色，因為這會讓他們有種一家人的聯想，可以有助於引發故事的靈感。我們所使用的水管小蛇，特別具有誘發無限可能的特性，因為它可以變為煙、繩子，或其他素材。我們並不建議一直使用陶土，雖然它有時也可以有許多創意的用途——雪、流沙、圍巾、鬆餅——但有時它也會讓孩子們分心。

非常重要的事情是，在故事板上不要一下子有太多東西，以免讓孩子因為太多的材料感到害怕或分心。當然，你也可以為來自不同文化背景的孩子，提供不同的故事角色。

把故事板放在教室中一個安靜的角落，最好是和孩子進行活動的教室空間有足夠的距離，以免孩子們的嘈雜聲干擾了你聽清楚孩子所說的故事。你可以教孩子坐在故事板前面的地板上，背對著其他班上的同學，錄音機盡可能地靠近孩子。如果時間允許，每個孩子可以重複做幾次這個活動，觀察孩子們使用了哪些不同的故事架構。

故事板活動

程序和進行過程

　　在評量之前的幾星期中，用比較正式的方式向孩子們介紹說故事的方法。你可以在團體時間中讀故事給孩子們聽，示範用不同的聲音來表現不同角色，以及運用說故事的語氣。你也可以給他們一個非常簡單的、只有幾個角色的故事板，讓他們使用這個故事板來練習說故事。然後，當你在團體時間帶入正式的故事板活動時，告訴孩子們：「我們的活動中會有一個很特別的故事板讓你用來說故事，每一次一個人用。」（你可以拿出故事板來讓孩子們看）「你可以用這些角色來說故事。」（拿出玩具龍或其他玩具來示範）

　　孩子們在故事板前面坐好之後，你開始用下面的話來介紹活動內容：「這是一個故事板。你可以用任何一個動物來說故事，你也可以用不同的方式來改變你的聲音。你是一個說故事的人，告訴我們故事板當中的人和動物正在做什麼，你可以替他們配音，並且讓他們說出話……像這樣：

　　有一天，彼得決定去散步。突然，他看到了很奇怪的動物。【低沈的聲音】「你在這裡做

什麼？這是我的家。」怪物說。【普通的聲音】「我不知道這是你的家。」彼得說，
「我想去拜訪烏龜先生，他喜歡朋友到他家玩。」因此，彼得就離開了這個怪物，去
拜訪烏龜先生了。

想想看你想要用什麼東西來說你的故事。如果有什麼東西是你不想用的，
我們可以拿開。讓孩子們有時間去看看這個故事板，想想哪些東西是她要
用的，然後再打開錄音機。

　　如果孩子一直遲疑著無法開始，你可以和她一起看這些故事材料。你
可以指出國王和裝著珠寶的珠寶盒，提醒她可以在她的故事中用這些角色
和道具，或者你可以直接問她：「你想用哪一個角色來開始你的故事？」
如果這個孩子不說話，你可以告訴她：「在說故事的時候，你需要說出聲
音來。」或者，你可以說，你必須聽到她所用的字眼，你才能了解她的故
事。你也可以告訴她，為了把她的故事錄起來，她必須要大聲說出來。如
果這個孩子仍然說得很小聲，那麼你只得以協助者的角色輕聲地提醒她，
可能會有助於她繼續完成說故事的工作。

　　如果這個孩子仍然需要更多的協助，你可以拿出另一個盒子中的其他
一些材料，並且問她是否比較喜歡這些角色。你也可以提供她一些故事的
想法，讓她從其中選一個她喜歡的。當你利用另一個盒子中的其他材料時，
可以提供孩子們下列的建議：「你可以說一個熊媽媽和熊寶寶一起找草莓
的故事（拿出你所選的故事角色和道具給孩子看）。」「或者，你可以說
小女孩和小男孩在農場上餵動物的故事；或者有關蘇珊、史派克和傅魯夫
一起找失蹤寶藏的故事；或者彼得在耳波星球（Planet Erp）遇到一個神奇
魔術師的故事。你看，這就是彼得，這是魔術師，這些東西就是耳波星球
上的東西。」只要提供一個故事三、四個開頭的部分。當你向每一個孩子
提示這些故事的開頭時，記得要改變這些情景出現的順序。不過，很幸運
地，在我們的評量過程中，我們並沒有遇到很多的孩子需要這麼多的支持
協助。

　　一旦孩子開始說她的故事，我們就盡可能保持沈默，只使用目光注視和一些簡短地回應語詞，表示我們對她所說的故事很有興趣。當她說完後，詢問孩子是否想要聽一段她自己故事的錄音帶。在每一個故事板活動之後，使用故事板活動觀察表（表 11，第 84 頁）記錄下任何你看見的事情，例如，孩子的表情或操作道具，或其他補充說明。

　　如果有時間可以多做一次活動的話，在第二次時，你可以這樣說：「現在，記得喔！你可以使用不同的聲音，而且說說看人們和動物們在做什麼事。看一下這裡有哪些道具是你想用在故事中的，我們可以把不要的道具拿開。」這個說明的方式讓孩子們可以重新把注意力放在活動上。須注意的是，在此時，並不需要太多的說故事示範。

🏵 計分

　　這個活動的計分系統是根據孩子們的故事內容而發展出來的。它包含了給故事謄寫者的說明表（表 8，第 73～74 頁）、謄寫表（表 9，第 75 頁）、計分說明（表 10，第 76～83 頁），以及觀察表和摘要表（表 11，第 84 頁和表 12，第 85 頁）。謄寫者的說明表，應該也要提供給未曾親自參與施測的評分者，以便能讓評分者熟悉評量時的情境。

　　為了給謄寫出來的故事評分，首先要閱讀計分說明和例子（表 10）。然後，使用觀察表中的類別（表 11）對每個孩子的故事稿評分。評分應該依照孩子故事稿中的重要句子來計分，不過，仍然要參酌整個說故事過程的情況。例如，如果某個孩子在故事起頭時，很難投入，那麼你就不需要從第一個句子來判定「故事結構的性質」的得分，而是當孩子開始進入說故事的狀況後，你再開始計分；「表達力」這一項則應該由實施評量的施測者或謄寫故事的人員來評分；「語言的主要功能」這一項不用計分。因此，整個活動總共應該會有二十四分。

初步的結果：一九八六至一九八七

　　從孩子們的故事中反映出相當廣泛的說故事能力。在能力光譜的其中一端，表現較弱的孩子中，有些孩子還無法把她心中的故事化為口語文字，只是在故事板上移動人物角色和道具。不過，有些孩子已經能夠在成人問他們問題時，說明故事中的角色在做什麼事：

　　成人：蜘蛛正在做什麼事？

　　孩子：有人要抓他。

　　成人：哦，那麼現在又有什麼事發生了呢？

　　孩子：他正在把寶物拿回他住的地方，放在他的房子裡。

　　成人：然後發生了什麼事？

　　孩子：他在搥打恐龍，因為他沒有辦法把恐龍關進籠子裡。

　　在能力光譜的另一端，表現較好的孩子中，有一些孩子已經能夠使用描述性的語言、有表情的對話，和複雜的句子結構編出有連貫性的故事：

　　孩子：從前，有一隻寂寞的怪獸住在艾克賽山洞後方。有一個國王住在那山洞中。有一個小男孩住在彩虹的另一邊。有一天他坐在他最喜歡的樹下時，有一隻烏龜從他的面前走過，突然，那隻烏龜走過彩虹，我的意思是，穿過彩虹下面。當他走回來時，他變成了一個人。「哈囉。」【高音調】「嗨，我們一起跑過彩虹下面好嗎？」【低沉的音調】「我們用跳的！跳啊！」【高音調】「我要帶著這支鏈子，我想在你住的地方找出一些寶藏。」

　　在大部分孩子的故事中，會描述出各種道具扮演的角色。然而，故事缺乏主題的連貫性，而且人物角色、道具和行為三者之間的連結很薄弱：

孩子：彼得和國王去散步，他們帶著這個假恐龍到山羊那裡，山羊看了那個恐龍一眼。這個恐龍是其他的材料做的。因為它是硬的，所以山羊就用腳踢它，你看，這個恐龍是用塑膠做的。所以他們又帶它回家，而且他們散步時又看到這些東西。一個是心形的東西，一個是貝殼。他們帶著這個大貝殼回家——他們差點拿不動。在這裡面到底有什麼呢？他們帶著大貝殼回家。他們把它帶到大牆上。當他們這樣做時，他們把所有東西都帶回家。然後，他們進入一個奇怪的（____），並且他們爬到大牆上，然後他們跳到另一邊，跳到另一邊。山羊站在中間。烏龜在這一邊，這個絨毛動物就在牆的後面。

然而，也有些孩子能夠自編一些問題，並且形成一個故事主題，結合角色、道具和動作行為在一起。大部分的孩子都會使用對話和旁白敘述，有些會給不同角色配上不同聲音：

孩子：第二天早上……【高嗓音，兒童的聲音】「耶，我的寶藏不見了，噢，爸爸，我的寶藏不見了！」【低沈的聲音】「我知道一定是在恐龍那裡。哇！兒子你來這裡，你看！」【孩子的聲音】「噢，就在那裡，我們怎樣把它拿出來？」【爸爸的聲音】「現在它被鎖住了。這恐龍在半小時內不會醒來的。」【孩子的聲音】「好，我們動手吧！」【音效和孩子的聲音】「噢，我們拿到了——我拿到手了，你的鑽石。現在，我要你這樣做，現在我們打開它，並且看一下珠寶。哎呀（_____）你確定這東西沒有魔法嗎？」【爸爸的聲音】「是啊！」【音效和孩子的聲音】「我想要在這裡睡覺。」【爸爸的聲音】「不行！要睡你自己的床才行。」【孩子的聲音】「但是這裡很舒服啊！」【爸爸的聲音】「好吧，就睡在這裡好了！」

不論語言能力的水準為何，大部分的小孩都有興趣去探索故事板的情境，並且喜歡玩其中的角色和道具。不過，有些孩子喜歡那些新奇的東西，有些孩子則比較喜歡真實生活中有的題材。

表 8：故事板活動

準備事項

　　故事板活動中兒童可用的材料分列於下：

1. 場景

　有石階的黏土山洞

　黏土拱門

　樹木

　彩色的毛毯布片和塑膠片——一塊綠色的（像草地一樣）、一塊藍色的（像水一樣）

　三角形的木製紙巾架，架上有心形的鏤空花飾

　一些小型的紫色圓柱，排成半圓形

　大型的貝殼，可用來做棲身之處

2. 人物

　國王、烏龜、一至二個人物玩偶（無法分辨性別）、小型的絨毛動物、有菱形眼睛的黑色蜘蛛狀動物、黑色管狀的蛇

3. 道具

　裝有珠寶的珠寶盒、紅色籃子、陶土製的莓果（可自行決定是否採用）

4. 一盒其他的物品

　羊、牛、絨毛動物、豬、母雞、熊媽媽和熊寶寶、手提箱、陶土

開始

　　成人向兒童介紹活動，說明的內容如下：

　　這是一個故事板。你可以用任何一個動物來說故事，你也可以用不同的方式來改變你的聲音。你是一個說故事的人，告訴我們故事板當中的人和動物正在做什麼，你可以替他們配音，並且讓他們說出話……像這樣：「有一天，彼得決定去散步。突然，他看到了很奇怪的動物。【低沈的聲音】『你在這裡做什麼？這是我的家。』怪物說。【普通的聲音】『我不知道這是你

（續下頁）

（承上頁）

的家。』彼得說，『我想去拜訪烏龜先生，他喜歡朋友到他家玩。』因此，
彼得就離開了這個怪物，去拜訪烏龜先生了。」想想看你想要用什麼東西
來說你的故事。如果有什麼東西是你不想用的，我們可以拿開。

對謄寫的建議

設法盡量寫出所有聽得到的字詞，即使兒童說錯字或修正了她自己的
故事。你不需要謄寫成人和兒童在準備階段的討論內容。當孩子一開始說
她自己的故事時，就開始進行謄寫工作。用你的判斷來幫助你寫出句子的
內容。有時候，孩子的故事內容會很清楚，例如，當故事角色有聲音上的
變化時，或者，在音調上有起伏，或有短暫的時間間隔在句子間。不要花
太多時間去煩惱兒童所說的是不是完整句子。你可以畫一條黑線（_____
__）來表示這一部分的故事難以了解。如果在故事中有某個你不能確定的
特定的字，在那個字後面加上一個問號來表示你的不確定。例如，
「Scrambled off」（？）[1]。

---

[1] 由於光譜活動中的謄寫稿屬於逐字稿形式，因此，反映出幼兒語言的使用狀態，有時可能語意不連貫或不清楚。原文
中多處有標出問號（？）及（_____）之處，因此在翻譯時，依照原謄寫稿的形式譯出。

表9：故事板活動謄寫單

兒童姓名＿＿＿＿＿＿＿＿＿　　　日　期＿＿＿＿＿＿＿＿＿＿

單元編號＿＿＿＿＿＿＿＿＿　　　觀察者＿＿＿＿＿＿＿＿＿＿

故事長度＿＿＿＿＿＿＿＿＿　　　謄寫整理者＿＿＿＿＿＿＿＿

　　　　　　　　　　　　　　　謄寫整理日期＿＿＿＿＿＿＿

故　　事

表 10：故事板活動的計分標準

兒童在活動中的主要語言功能

_____ 說故事：

「有一天小男孩長大了，並且他去到國王那裡。他看到這些死去的人，並且他看著他的爸爸⋯⋯」

_____ 與成人互動：

「你知道嗎？我家也有一個這樣的東西。」

_____ 探詢：

「這是什麼東西？為什麼這個陶土是軟的？」

_____ 描述：

「這隻怪龍肚子有一個很大的洞⋯⋯並且這傢伙只有一隻眼睛。」

_____ 命名或分類：

「這是一隻蜘蛛。」

「我要把所有動物放在一起。」

故事結構

1＝孩子的故事只描述道具人物的行動；孩子用很籠統的字詞描述事件、物件和角色（例如，人物沒有取名字，也沒有分配角色或建立人物間的關係）：

「他們跳過陷阱⋯⋯然後他們走到別的地方去，他們走到這裡來⋯⋯然後烏龜把這些東西弄翻了，這些東西掉了出來⋯⋯他們不管這些東西散成一片⋯⋯」

2＝故事的劇情主要來自道具人物，但是孩子給這些人物取名字、分配角色，或者兩件事情都做；有時候故事會提及角色之間的關係，但是並未充分發揮；孩子偶爾會給角色加入一些想法或動機：

「他打算要走⋯⋯走到國王和王后的城堡，因為他想要拿到寶藏。喔，這個山洞住了兩個小小的毛茸茸的東西。他們發現了一隻守護珠寶的怪獸在那裡⋯⋯國王正在睡覺，所以他們放輕腳步走。」

3＝孩子自己編造一些問題情境到故事中──發生某些事情以便引起一些故

（續下頁）

（承上頁）

事劇情（例如，好人與壞人或惡勢力的對峙）；找出一個或幾個角色，並且發展這幾個角色間的互動關係；加入一些有關角色在認知方面、情緒方面或生理方面的細部訊息：

【孩子使用不同聲音來代表國王、安得烈和凱文】

國　王：午安，安得烈和凱文──我知道我的武士無法和怪龍作戰。

安得烈：是的，國王，但是我們能。

國　王：……（他已經）威脅我們一千年了。我希望你們最好殺死他。

安得烈：好的，我們會設法立刻殺死他。

凱　文：但是，我很害怕，安得烈，我怕那隻很兇的怪龍。

安得烈：不用怕，凱文──包在我身上。

【孩子用自己的聲音說話】

現在安得烈和凱文離開城堡去找那隻怪龍，他正在他的山洞中某處睡覺。

主題一致性

（參見本表最後所附的評分等級表中的例子）

1＝前後想法之間的轉換不清楚；孩子會分心（通常是因為故事板中的材料所致）；故事的劇情被打斷，並且沒有回到原來的故事主題上

2＝故事的劇情很零散，並且只能持續一段短時間（例如，只有幾句連續性的句子）；孩子用一些不一致的劇情來發展故事的部分內容

3＝孩子能用超過四句以上的描述句，持續一個連貫的和相當一致的劇情；把事件互相連接起來，以持續故事的劇情發展，並且有一個結局；很少偏離故事的主題發展

⊙如果故事非常長，請標上星號＊。

使用不同聲音說故事

1＝孩子很少使用不同聲音說故事，讓聽眾對她的故事有更多或詮釋的訊息：
「然後他到達那裡。他拿到這個盒子，然後帶回來。」

2＝孩子偶爾使用不同的聲音說故事，為故事劇情提供進一步的說明和詮釋：

（續下頁）

（承上頁）

「那隻怪獸走過來——他用這樣的方式在走，因為他沒有腳……他知道這是一條河，所以他就游水過去。」

3＝孩子經常用不同的聲音來描述故事，提供說明，並且給聽眾提供額外的訊息；會提供一些評價性或比較性的評論，或者使用間接比喻、直接比喻，或是對這個故事做個評論，或者綜合以上這些方法：

「這兩個獵人在晚上正要休息。他們沒有睡得很熟——但是他們睡得直直的，好像是雕像一樣，他們把一切事情安排妥當……他們要去對付壞人，並且馴服那隻怪龍。」

使用對話

1＝孩子的故事中很少使用，或沒有使用對話

2＝孩子的故事中有對話出現，但是人物間的對話只是表面性的、簡短的：

「哈囉，烏龜先生。」「哈囉，蛇先生，你好嗎？」「我很好——你今天很可愛喔！」

3＝孩子的故事中有許多對話，並且用一些句子來鋪陳對話；角色之間的對話很有意義，並且包含了想法、感覺和訊息：

【孩子用不同聲音代表安得烈和凱文】

凱　文：我很害怕，安得烈，我很害怕。

安得烈：不用怕，凱文——包在我身上。

凱　文：但是你不夠強壯去做所有的事情，來，拿一罐菠菜和青花菜罐頭，吃下去，這樣你會比那隻怪物還要強壯。

安得烈：好主意。凱文，你也吃一罐，那麼我們就會比怪物強壯，因為他只有吃難吃的東西而已。

凱　文：好，現在我們要用威力強大的胸部雷射光束武器來作戰，這樣我們就可以打敗那隻惡龍。

安得烈：耶！我們出發了！

（續下頁）

（承上頁）

使用時間指示詞

1＝孩子只使用簡單的、順序性的連接詞來表示故事的時間發展（例如，然後、後來、現在）

2＝孩子有時會用一些比較複雜的時間指示詞，例如，用邏輯性的連接詞來指出事件間的時間關係（例如，之前、之後、直到……、當……、接下來），並且用時間副詞來表示事件發生的時間（例如，晚上、第二天早上、一百年以前）

3＝孩子經常使用等級 2 的、複雜的時間副詞

表達力

（這個計分項目是指用聲音效果來強化故事，不是用音效來組成故事）

1＝孩子的故事中，很少或者沒有重視運用聲音的效果，只用一種單一的聲調說故事，並且沒有給不同角色搭配不同聲音或音效：

「然後他發現一些花朵，然後他悄悄地溜進山洞，然後他發現了珠寶……然後他拿了這些珠寶回家，並且放入盒子中。」

2＝孩子偶爾使用聲音效果和其他形式的表達方法（角色的聲音、強調的語氣、唱歌），或將兩者都用到說故事的過程中來：

「國王又走了過來，然後他跌入了流沙中。啊……！然後他們一起尖叫，啊……！啊……！」

3＝孩子經常使用聲音效果、生動的角色聲音，或非常有表達力的敘述方式：

「然後蛇走了過來。然後那個大蜘蛛走過來，碰碰碰……！我大叫說：【高聲地】『凱文！』『安得烈，我在這裡！』【大聲的】『抓住這傢伙！』【低沈地】『喀喀呱呱！喀喀呱呱！哈哈哈！』【非常柔和地】『好了，凱文，我們走吧！』」【唱著一首歌】

字彙的水準

1＝孩子只用一些簡單的語言，沒有使用副詞。

「他走到那裡。」

「她吃了這些東西。」

（續下頁）

（承上頁）

2＝孩子使用等級 1 的字彙，但是有時會用一些描述性和表達性的語言，有一些孩子會用形容詞：

「然後國王跑到小洞穴中。」

「這隻烏龜吃了三個莓果。」

3＝孩子使用不同的字詞；包括副詞和形容詞；使用具有豐富描述能力的字詞，和鋪陳情緒的字詞：

「這個國王爬進那黑暗又令人害怕的山洞裡。」

「然後這個神奇的烏龜狼吞虎嚥地吃下了莓果。」

句子的結構

1＝孩子使用簡單的、多變的以及平行的句子或不完整句來說故事：

「他們要吃這個，而且他們要吃一些花朵，然後他們離開了。然後他們去散步。」

「他正走在路上。他看到一棵樹。這棵樹倒下來。」

2＝孩子使用等級 1 的句子，但是有時也有一些從屬片語和複雜句子出現：

「這個人看到了一個奇怪的東西，並且把它帶回家。」

「國王讓他帶著珠寶盒回到他的山洞中。」

3＝孩子使用許多不同類型的句子，包括等級 1 和等級 2 的句子，以及副詞子句、關係子句、分詞片語或者綜合使用以上這些句型

副詞子句

"Kevin has a can of broccoli in here and I have a can of spinach so we can both get stronger than him *because all he eats is slime*."

（凱文有一罐青花菜罐頭，我有一罐波菜罐頭，所以我們兩個人可以比他更強壯，因為他只吃一些難吃的東西。）

"*If you're good*, I'll let you stay here."

（如果你乖的話，我就讓你待在這裡。）

關係子句

"This is supposed to be the trap *that the king set for the dinosaur*."

（續下頁）

（承上頁）

（這個應該是國王給恐龍設下的陷阱。）

"The dragon's power will never get through the brick wall *that I'm building*."

（這個怪龍的威力不會穿過我建造的磚牆。）

分詞片語

"He saw this creature, *looking very hungry*, with his mouth wide open."

（他看到這隻怪物，張著大嘴，好像很餓的樣子。）

"There was the bead, *falling down his tail*."

（這是從他尾巴掉下來的珠子。）

---------- 主題一致性計分等級的例子 ----------

等級 1

孩子：我不知道要怎樣開始。

成人：你可以從任何你想要開始說的事情開始。

孩子：【低柔的聲音】「哈囉。」「你是誰？」「我是章魚。」

成人：很好喔！說得大聲一點。現在他說了：「你是誰？」並且他說了：「我是章魚。」然後他會說什麼？

孩子：我不知道我該說什麼？

成人：你要不要再多想一下？

孩子：【模糊的、孩子大部分所說的內容都無法聽到】好吧，我要從這裡說起。「哇！你看這個黃金……它怎麼會在這裡？……」「嗨，國王。」「嗨，烏龜。」「嘿，烏龜（？）。」「哇，這是黃金。嗯，我們把它合上吧……再見，烏龜。」「你是誰？」「我是（_____），我們現在要把你吃掉。」【對著大人說】這些小小的有趣東西是什麼？他們看起來好像是外太空的動物【指著白色和綠色的毛茸茸東西】。

成人：嗯嗯。

（續下頁）

（承上頁）

孩子：他們從外太空掉（？）下來，所以……「他們在哪裡？喔，在這裡。嗨，國
　　　王。」「嗨嗨嗨，外星人。」我不知道我要說什麼了。

成人：你不知你要說什麼？【建議三個想法給孩子。】

孩子：我覺得這是一個好主意。

成人：哪一個？

孩子：就是人們可以在哪一個地方找到黃金。

成人：【指出道具，並且給故事起個頭。】

孩子：「有一隻章魚在這裡。」他……象徵黑色（？）。「我找到了！」「什麼？」
　　　「喔，天啊，他找到了。」狐狸先生……還有章魚先生。【低沈的聲音】「他
　　　們找到黃金了。」【對大人說】我不知道接下去要說什麼了。

等級 2

成人：告訴我發生了什麼事？

孩子：他拿了這個，並且（＿＿＿）在這裡……然後他拿了他的手提箱，所以他把
　　　手提箱放下，現在他要去拿籃子。然後他要裝滿水，然後他要把它放進山洞
　　　裡，然後恐龍把花放到裡面，這樣火才會熄滅。國王拿到，然後拿到（？）
　　　這個寶藏盒，他設法打開它，……但是他沒有辦法，所以他又放回去。然後
　　　他看到了這個怪物，這個怪物說：「你是誰？」並且他說：「我是一個小小
　　　的動物。」並且他做了（＿＿＿）並且跳過烏龜的池塘，並且走進（＿＿
　　　＿），所以，國王看見了一隻蛇，並且他走去那裡。因此，國王走到河邊，
　　　發現了一個人在那裡，烏龜在水裡，烏龜從水裡出來，然後這個遊戲（？）
　　　開始，並且國王（＿＿＿）也加入……並且這個小女孩來幫助國王。所以國
　　　王走進他的房子。這隻怪獸原來住在（另一隻怪獸住在這裡〔？〕）外面。
　　　所以，那個小女孩看到了寶藏，她拿起寶藏，帶著這寶藏，她看見一個她的
　　　朋友，她就站在原地（？），她的朋友跑了過來，然後這隻蛇跑出來，並且
　　　爬到這裡，這個和這個（？）出來。這是（＿＿＿），他拿了他的手提箱，
　　　他走到這裡，這是他帶著手提箱站著的地方，但是他舉起手來，並且把這個
　　　東西橫擺著，然後，他走到這裡，站立著，直到他的朋友回來【把人物角色
　　　移來移去】。

（續下頁）

（承上頁）

等級3

孩子：……然後這些侍衛跳進他們的木馬車，並且沒等國王跟上他們，就開走了。

國王叫說：【高聲大叫】「等等我，等等我，停車，等等我。」所以他們就把車子停下來，國王跳上車，然後他們一起開車走。「隆……」【汽車的音效】。然後他們停下來拿一些寶物。國王拿了一個，放到王冠中，並把寶物放進車中，然後再放更多寶物到車中，然後再放到王冠上，然後他們不管一切離開了（？）……國王叫：【高聲地】「等等我！」然後他跳上車來。「看，這些黃金（？）！」他們把所有黃金放入手提箱中，並且打包行李，上路去旅行了。

成人：嗯嗯。

孩子：但是這個故事還沒結束！這隻怪獸誤打誤撞地來到城堡，侍衛正好朝向窗外看，並且告訴別人，他說完就跑走了，然後每一個人都跑出來……現在如果這些寶物都是屬於國王的，所以把所有的東西、寶物都從洞穴中拿走，並且把這些東西都帶回家……他撿起所有掉在地上的寶物，都放回到他的山洞中，他留了一些給熊，他放了一些寶物在森林中，讓熊可以找到，因為國王很喜歡很喜歡很喜歡熊……他合上他的手提箱，然後走回他的家，但是那隻可怕的怪物跑出來，開始追每一個離開的人，國王在雪地中留下了腳印。嘿，我想到了──這個可以做出下雪的樣子【拿著一堆陶土】。

表 11：故事板活動觀察表

兒童姓名＿＿＿＿＿＿＿＿　　日　期＿＿＿＿＿＿＿＿

年　　齡＿＿＿＿＿＿＿＿　　觀察者＿＿＿＿＿＿＿＿

請針對下列項目盡可能說明你的意見：

　　對道具的操作——例如，兒童似乎被道具迷昏了頭，或似乎熱中於擺置
　　　　佈景，而不是說故事

　　材料／活動的變化使用——例如，兒童用拱形黏土作為彩虹，或使用其
　　　　他盒子當作船

　　不同領域的技能——例如，兒童用歌唱表達她的故事或計算故事板上的
　　　　物件數目

請盡可能具體而詳細地說明上述或其他可見的線索，以便評分者能對兒童說
故事的動態過程有更完整的了解。

主要的語言功能	語言技能	說明
＿ 說故事的能力	故事結構的內容☐	
＿ 與成人互動的能力	主題的一致性☐	
＿ 探詢問題的能力	使用不同聲音說故事☐	
＿ 描述的能力	使用對話☐	
＿ 命名或分類的能力	使用時間的指示詞☐	
	表達力☐	
	字彙的層次☐	
	句子結構☐	
	總計☐	

評分者＿＿＿＿＿＿＿＿

日期＿＿＿＿＿＿＿＿

表 12：故事板活動摘要表

兒童姓名（年齡）	故事的內容結構	主題的一致性	使用說故事不同聲音	使用對話	使用指示時間詞	表達力	字彙的層次	句子結構	總計	說明和觀察

日期

▌小記者活動

❀ 目的和活動介紹

　　「小記者活動」的目的是找出孩子的語言技能，並加以評量這些在故事板活動中尚未被引發出來的語言技能。雖然兩個活動都是在評量孩子們的敘述能力，但是，兩個活動側重不同的故事文體：一個是說故事，另一個是報導。在「小記者活動」中著重孩子下列的能力：⑴正確地報告內容，⑵選擇性地報告某些細節，⑶知道並且說明順序或因果關係，或者兩者都能說明出來。這個活動也讓我們了解到孩子的注意力情形：她是否能重新了解重要的事件何在，並提供一個較寬廣的看法，或者，她能否專注在特定的一、兩件事情上？最後，「小記者活動」的計分方式很類似故事板活動中所用的方式，例如，兩個活動都針對字彙和句子的結構複雜性評分。

　　和故事板活動一樣，小記者活動用來探討孩子在有意義的情境中應用語言能力的情形。這個評量包含了兩個小活動：影片報導和週末新聞。在小記者活動中，孩子們先一起看一部短片，然後要求他們從頭到尾把影片中的情節說一遍。這部影片提供一個素材引發孩子以過去式的語法來做報告，並且引導孩子做摘要的技巧。很重要的一點是，這部影片很少或者沒有配上對白，如此一來，評量的施測者可以了解孩子如何自創並且呈現影片中發生的事情，而非只是抄襲影片中的對白。

　　對所有的孩子播放同一部影片，提供一個單一的、控制的素材刺激，以便評量的施測者要評估內容的正確性時，可以有所依循。除了可以了解孩子們使用過去式和摘要內容材料的能力之外，評量者也可以知道孩子是否會考慮到成人評量者並沒有看過影片（在這個活動的某些情況下會出現

這個情形）。最後，評量者可以了解孩子所使用的語言是否適合影片的內容（例如，使用這樣的字眼 hatched、chick 和 beak，而不是 came out、bird 以及 mouth）【譯注：前一組語詞比後一組更能清楚描述出事物和動作】。

　　第二個活動，週末新聞，則設計成為課程中的一部分。每隔一或兩個星期一，請孩子們說一說週末時做了些什麼事。他們可以說一說有關人際互動的事情，或者著重描述事件和活動。孩子們的報導中，通常很可能會包括了許多實際的事件和想像的事件。選擇用新聞報告的形式是因為它提供老師一個細緻的情境和架構，從這當中可以收集並記錄孩子們在不同時期口語報告的語言使用情形。

　　週末新聞活動給孩子們一個機會來練習回憶，並且反思他們所做的事。這個活動也可以讓他們對時間有較好的理解能力（例如，哪一天是昨天，哪一天是星期六）。老師可以藉由熟悉評分標準中所呈現的分析類型，提高他們對孩子談話內容的了解。他們可以注意孩子所強調的事件、孩子們能報導的事件數量、報導中時間順序的正確性，以及是否能夠同時兼顧加入新主題和維持報導主題連貫性。

　　老師會發現有一些孩子在一對一的情境下比較能自在地做報導，而不是在團體的情況下（反之亦然）。雖然，週末可以提供豐富的資訊來源，但是也可以用其他的主題，例如，描述學校中的特別活動、假日、度假和戶外教學活動。

1 影片報導

材料和情境佈置

請細心地選一部影片或錄影帶供這個活動使用。雖然內容可以有所變化，但是記住以下面的原則來選擇影片：

*1.*它是孩子們不熟悉的影片；

*2.*它沒有口語旁白，不過它有相當令人喜歡的背景音樂；

*3.*它是一部簡短的片子，最好不超過八分鐘；

*4.*如果可能的話，影片的發展應該有一個明顯的事件順序。

影片的主題可以包括自然界的一些事件，例如，一隻海獺築水壩。不過，盡量不要有故事性的內容，因為要避免讓孩子產生像在故事板故事中的幻想成分。影片如：「小雞、小雞、小雞」（*Chick, Chick, Chick*）、「給姨媽的微笑」（*Smile for Auntie*），以及「紅色氣球」（*The Red Balloon*）都大致符合上述的原則，雖然沒有每一項都吻合。假如時間和資源允許，你可以自己拍攝影片，以便符合上述的原則。

在播放影片的前幾週，和孩子們討論如何做報導。在這樣的準備中，你可以和孩子們討論當他們在團體時間「分享他們的報導」時，他們應該要做些什麼事情。向孩子強調做報導就是要說明「重要的事情」。如果孩子們很熟悉「芝麻街」這個節目，你可以要孩子們描述一下新聞記者科米德（Kermit）通常會做些什麼事情。

這個影片可以在教室中播放，或者，如果可以做得到的話，在視聽教室中播放。當孩子進入「戲院」時，他們可以有張門票，和一小杯爆米花。

如果可能的話，只對一小群孩子播放影片，這樣你就能在同一天裡面談完這群孩子。在教室中較少人打擾的安靜角落，用單獨訪談的方式和孩子面談，並將孩子們的報導內容錄音下來，以便計分。

✿ 程序和進行過程

　　向全班介紹影片，說法如下：

　　「今天我們要看一部有關＿＿＿＿＿＿的影片。看完之後，我們要當記者（像是科米德一樣），所以我們要盡量記住影片中發生的事。」你可以不告訴孩子影片的名字，好讓孩子試著自己為影片想出一個片名。你得要把影片中的事件順序記下來，以助於你做面談和計分〔參見表 13（第93～94頁），有列出本活動中使用的影片「小雞、小雞、小雞」（Churchill Films, 1975）中的場景。這個影片可以從芝加哥的 SVE 公司出版的錄影帶產品中購買〕。

　　看完影片後，個別地訪問孩子們。表 14（第 95 頁）中列出我們用來問「小雞、小雞、小雞」影片的問題。每一個孩子都會先聽到這一段前言：「現在我們要當一個新聞播報員，說出影片中重要的事件。我先開個頭，然後你接下去說。在影片中我第一個看見的事情是＿＿＿＿＿（例如，在「小雞、小雞、小雞」影片中「一隻公雞『喔喔叫』」，或者，在「紅色氣球」影片中「一個小男孩發現了一個氣球」）。現在換你當新聞播報員，告訴我接下來你看到的事情。什麼是你看到的呢？」

　　如果孩子遲遲不肯說，那麼可以再使用一些引導語：「告訴我在＿＿＿＿＿中從頭到尾發生的事情。」「告訴我另一件發生的事情。」「還有哪些事情？」「接下來呢？」結束播報新聞時，詢問孩子是否想到給這部影片取一個好片名。你也可以在結束後倒帶放出錄音給孩子們聽，孩子們可能也會喜歡聽聽看他們在錄音機中的聲音。

　　因為有些孩子會比較快就被面談，其他則會較晚，你可能要給那些較

晚接受面談的孩子多點機會。你可以讓他們看另一個新片子，或者讓他們
重看原來的那部片子。

✿ 計分

如果時間允許的話，把孩子錄音帶的內容謄寫出來。不然的話，直接
從錄音帶中來計分。請參用表 15（第 96～98 頁）中所列的標準來爲每一
個孩子計分，分數寫在表 16（第 99 頁）的觀察表中；表 17（第 100 頁）
是全班學生得分的摘要表。

✿ 初步的結果：一九八五至一九八七

孩子觀看的影片是「小雞、小雞、小雞」，並依據這部影片內容而做
報導，他們在報導的形式和成熟度上有非常大的差異。尤其是在下列幾方
面差異特別顯著：內容的正確度、確認重要事件的能力、區分一般事件和
特殊事件的能力、細節豐富的程度，以及報導內容避免過度幻想不實的程
度。孩子也在投入活動的程度上有所不同，需要成人用口語引導的程度也
有差異存在。

我們發現至少有兩個因素影響孩子們有效地報導影片內容的能力。其
一是孩子讓想像力充斥在他們的報導中的程度。有一個孩子很興奮地報導
一隻狗追逐一隻爬上樹的貓咪。他也看到一隻禿鷹、一隻奔跑的公牛、一
隻鴕鳥、一隻汪汪叫的小狗、一隻被宰來作爲培根肉的豬。不過，以上這
些情節事實上都沒有在影片中出現。雖然，他的報告內容有著豐富的細節，
但是這些都是不正確的。第二個因素是在面談時，孩子們猶豫的程度。有
一個孩子幾乎不能靠自己做報導，並且報導的內容完全沒有細節的描述，
他依賴大人給他的引導來想出一些事情，並且說出來的內容很粗枝大葉。
在他的報導中，這部影片中有一隻波斯貓、一些小雞和豬：「他們在一起

玩耍」。他認為這部影片是有關「動物們四處奔跑」的故事。相對於上一個孩子的報導而言，這份報導內容雖然正確，但是缺乏深度和豐富的細節。

　　孩子們的語言在生動程度與精確度上也有個別差異存在。有個男孩非常借重聲音的效果和姿勢，並且用來代替語言。所有孩子都很清楚並且正確地描述影片中的小雞——影片中最顯著、最奇特的部分。孩子們對於遣詞用字的選擇也有相當大的個別差異：一般的水準是，某個男孩把農場上的動物當作是一種「東西」（stuff）；比較具體的水準是，某個男孩用下面的方式描述小雞：「當牠出生時，牠看來有一些毛髮，牠不像牠的媽媽，也不像其他已經孵出來的小雞寶寶，牠身上有毛。」另一個孩子說：「牠渾身是汗，濕淋淋的，但是沒有羽毛。」另一個孩子則說牠看起來像是「笨重的懶蟲」、「小蝌蚪」、「蜘蛛」、「毛茸茸的」以及「令人討厭的」。

　　只有幾個孩子能夠說出影片的整體架構（例如，影片中反覆出現小雞從蛋殼裡孵出來的畫面）。有個孩子說：「他們一直演牠出生的事情。」另一個孩子說：「每過一會兒，他們會放映小雞出生，然後最後小雞會吱吱叫。」另一個則說，「我們看到一隻小雞從殼裡孵出來。他們在不斷播放這件事情。」但是大部分的孩子都沒能說出有關小雞出生情節的先後次序。

　　有個孩子自己替影片內容編造了一個次序。在他的報導一開始時，他說他有「四項事情要說」。事實上在他的報導中並沒有清楚地說出每一件事，但是他仍然努力地固守著「四項事情」這個架構。在面談的最後階段，他努力地在想他要說的第四項事情（他的架構反映出他已經具有成人做報導的形式了）。

　　有幾個孩子對影片的內容做了一些推論，然而這些推論都掺入了一些幻想的色彩而偏離了主題。有一個孩子特別能夠做推論，並且願意說出事件背後的原因：「我沒有看到農夫的頭，我只看到他的腿。我想他一定是來餵動物。」當她做報導時，她說，小雞「在豬圈的泥地上打滾（自己編造的情節）」，「我猜他們的媽媽看見這件事情時，會很不高興。」另一

個孩子說，「這是一個農場的故事……你知道少了什麼嗎？羊！」當我們請孩子們爲影片取一個名字時，有些孩子想不出任何名字來。有一個孩子只說了一個字──「書」（A Book）。孩子們爲影片取的其他名字包括：農場之樂、國王的農場、農場動物，和小雞的故事。

　　有幾個孩子改變了這個活動的工作任務，而改採他們自己感興趣的方式和專長。例如，有個男孩用農場的背景，編出了一些笑話和有趣的情節。另一個孩子則說了一個幻想的故事，故事是有關一只耳環嚇壞了一隻小雞。最後，還有一個孩子對於影片播放機的操作特別有興趣。

表 13：影片「小雞、小雞、小雞」內容中的事件順序

【**＝小雞初生的鏡頭，這個鏡頭在影片中穿插出現】

Ⅰ、破曉時分

我們聽到公雞「喔喔」叫

每一隻動物伸懶腰起床：小雞、馬、牛

Ⅱ、餵食

農人的腳走入雞舍

我們聽到他說：「小雞來這裡吃東西。」

我們看到農夫的手把玉米撒在地上

母雞從巢裡走下來

**我們第一次看到幾顆蛋在巢裡

**有一顆蛋有一些裂痕

小雞吃撒在地上的玉米

馬慢慢走到雞吃東西的地方

馬開始吃玉米

一隻紅黑相間的蟲爬過小雞的腳下

兩隻小雞在爭奪那隻蟲

一隻小雞贏了，並且抓起那隻蟲，大聲咕嚕地吞了下去

**鏡頭回到巢裡的蛋：有一個蛋殼有一點裂開了，我們可以看到一點濕淋淋的、毛茸茸的東西在裡面動

Ⅲ、探險之旅

小雞慢慢走向玉米樹叢──玉米田看起來像是乾燥的玉米叢形成的樹林

小雞走出玉米田，走入牛群中

牛群用鼻子嗅聞小雞

小雞走出牛群，走入豬圈

（續下頁）

（承上頁）

滿身是泥的肥豬正在吃東西

豬群看到小雞，用鼻子嗅聞小雞

小雞迅速跑到母雞的翅膀下躲著

我們看到一群母雞走在泥濘的水窪中

雞群走動的節奏，搭配著背景音樂和音效

我們看到母雞在喝水，並且有音效配合

**鏡頭回到巢中的蛋：有一顆蛋激烈地震動著，蛋殼裂開越來越多

危險：一隻貓坐在那裡，瞪著小雞看，並且有一隻老鷹在空中盤旋

母雞把小雞集合在一起

公雞把貓趕走

貓咆叫著離開

IV、出生

**鏡頭不斷從雞群上轉到蛋殼破裂的畫面上

**我們看到剛孵出的小雞努力地從蛋殼裡爬出來

**剛孵出的小雞濕淋淋的，正大力地呼吸著，一雙大眼睛轉動著

**小雞不斷嘰嘰叫，影片結束

表14：影片報導的個別訪談問題：
針對影片「小雞、小雞、小雞」提出的問題

1. 我們現在是新聞記者，而且我們要告訴別人影片中發生的重要事情。我先開始說，然後你接下去說。第一件事，我看到的是一隻公雞喔喔叫。現在換你作新聞記者了，告訴我接下來你看到影片中發生的事情是什麼？你看到了什麼？

2. 你在農場上，還看到了哪些（其他）不同種類的動物？

3. 那些動物在做些什麼事情？

4. 說說看剛出生的小雞長什麼樣子，和其他的小雞長得一樣嗎？有哪些地方不同？

5. 如果要你給這個故事取個名字，你會取什麼名字？

表 15：影片報導評分標準

投入活動／需要協助的程度

0 = 很少或沒有做出報導；當我們提出問題或提示時，也不太能報導內容；
　　經常回答說：「我不記得」或「我不知道」，或者一點都不想參與活動

1 = 孩子只有在成人給與提示的情況下，才會做報導

2 = 孩子會針對問題和提示，很自然地做報導

3 = 孩子幾乎不需要提示和協助就能報導影片中的內容

⊙下面的評分項目不一定能適用在每一個孩子身上，只有在孩子們報導出足夠
　的內容時才繼續下列項目的評分

內容的正確性

0 = 無法給分，因為孩子只是講她自己的故事，或是敘述影片中沒有的內容：
　　「有一隻孔雀⋯⋯一隻禿鷹⋯⋯一隻公雞說：『我是庭院中的國王。』」
　　「當我和我的爸爸媽媽去農場時⋯⋯我的爸爸對豬說⋯⋯『嗨，小豬，
　　飼料好吃嗎？』」

1 = 孩子說出影片中的幾個主題或角色：
　　「我記得一隻波斯貓和一隻雞。」
　　「農場上有一隻馬、幾隻豬和幾隻雞。」

2 = 孩子說出影片中一些主題、角色，或者兩項都有
　　「我最討厭的事情就是泥濘的水。我看到一隻小雞在泥水中⋯⋯我看到
　　一隻公雞喔喔叫⋯⋯還有一隻雞在下蛋。」

3 = 孩子說出影片中許多或所有的主題、角色，或者兩項都有：
　　「豬在豬圈中，然後小雞跑過來，豬看到了這隻雞，這隻雞就逃跑了⋯⋯
　　我也看到了一隻雞在孵蛋⋯⋯並且每過一會兒就會出現孵蛋，然後在
　　最後，小雞們嘰嘰叫。」

（續下頁）

（承上頁）

⊙孩子能夠以正確的順序說出影片中一些主題、角色，或者兩項都有

結構╱主題

0＝無法給分，因為孩子只是講她自己的故事，或是敘述影片中沒有的內容：

　「影片中有鸚鵡、不同顏色的鸚鵡、小鳥、小羊……小貓……還有其他
　　像是山貓、老虎、獅子……」

　「豬正在畫圖……然後牛對豬說，『我要喝一些牛奶──我變胖了！』」

1＝孩子對影片中的主題有些微的察覺；只注意到很少幾件事，孩子無法從
　　幾個事件中推論影片的主題：

　「我記得看到雞……我記得看到，但是我不記得有看到牛。」

　「我知道有鴨子……只記得鴨子。」

2＝孩子對影片的架構有一些看法；孩子可以發展影片中的主題，但是很少
　　說明：

　「豬到處跑……農夫進來餵動物。」

3＝孩子從影片中的一些具體事件推論出一個主題，因而對影片的內容有較
　　廣泛的注意；孩子對影片的架構有某種了解：

　「接下來我們看到的是小雞從蛋裡孵出來……影片中出現好幾次這件事。」

　「我也看到了一隻雞在孵蛋……並且每過一會兒就會出現孵蛋，然後在
　　最後，小雞們嘰嘰叫。」

字彙的複雜度╱故事內容細膩的程度

1＝孩子對影片中的內容描述很零散，缺乏細節；孩子使用簡單的語言，很
　　少使用形容詞：

　「影片中有一個農場。」

　「影片中有一隻雞和一些牛。」

2＝孩子對影片內容的描述有時很仔細；孩子很具體地說明影片中某些事件
　　內容；孩子使用一些具體並且具有表達力的字彙：

　「牛到處跑。」

　「剛出生的小雞看起來顏色不同，並且有一點吵。」

（續下頁）

（承上頁）

3＝孩子很仔細地描述影片中的內容；孩子使用許多不同的字彙；所用的語
言通常相當具體，並且具有表達力：

「我們也看到農夫的鞋子。他正在行走。我們沒有看到他的整個身體。」

「在蛋裡面有一種你無法看到的液體，小雞身上有那種液體。」

「剛出生的小雞濕答答的，沒有什麼毛。」

句子結構

1＝孩子使用簡單句或片段句子：

「小雞是濕的。」

「小雞到處跑。」

2＝孩子使用等級 1 的句子，但是也會用一些介詞片語、複合句或兩者都有：

「這隻狗追逐著貓，但是貓跑到樹上去。」

3＝孩子使用不同的句子結構，包括等級 1 和等級 2 的句子，以及副詞子句、
關係子句、分詞片語，或者綜合使用以上這些句型

副詞子句

"It looked like it had hair on it *when it came out*."

（當它孵出來時，看起來好像有毛的樣子。）

關係子句

"In the egg there's a liquid *that you can't see*."

（在蛋裡面有一種你無法看到的液體。）

"It didn't look like the little babies *who were already hatched*."

（它看起來不像其他已經孵出來的小雞寶寶。）

分詞片語

"We saw a baby chick *coming out of the shell*."

（我們看到小雞寶寶從蛋殼裡出來。）

"There was a red ant *crawling across the chicken place*."

（有一隻紅色的螞蟻從雞的腳下爬過。）

表 16：影片報導觀察表

兒童姓名 _____　　年齡 _____　　日期 _____　　觀察者 _____

技能的種類	評分	說明和觀察
投入活動／需要協助的程度		
內容的正確性		
結構／主題		
字彙的複雜度／故事內容細膩的程度		
句子結構		
總　計		

表 17：影片報導摘要

兒童姓名（年齡）	投入程度／需要協助的活動	內容的正確性	結構／主題	字彙的程度／故事的複雜內容程度	句子結構	總計	說明和觀察

② 週末新聞

材料和情境佈置

　　週末新聞和影片報導兩項活動可以互相搭配，並且可以用不同方式來進行。老師在每星期一可以將寫作角的桌子拿來讓孩子們做新聞報導，或者全班可以分為幾個小組，每一組分配在教室中的不同角落區域去做活動。當某個小孩正在向你播報她的週末新聞時，其他孩子可以去玩積木、美勞材料，或黏土，每個孩子都有一次播報的機會。這種方式讓你能夠一次只聽一個孩子的報導，同時也能監督其他的孩子。

　　你可以把孩子的姓名和日期寫在筆記紙上，然後把孩子的新聞張貼出來，讓家長在孩子放學時可以看到。這些新聞彙集起來可以成為一大冊，並且變成班級的報紙。孩子們通常會很高興用不同顏色的色筆，讓老師記錄他們的新聞。孩子們也會為他們的新聞報告繪製插圖。你也可以準備一個錄音機，以便在孩子說得太快時，先錄下來再謄寫出正確的內容來。

程序和進行過程

　　在週末新聞活動開始進行之前，老師先和孩子們一起討論「週末」這個字的意義。在團體時間中，共同談論孩子們和老師在週末做哪些事情。然後給家長寫一封信，告訴家長有關「週末新聞活動」的內容，並邀請家長幫助孩子們搜集他們的新聞。每個星期五的時候，提醒孩子們要搜集新聞，以便在星期一報導。你也可以找一個團體時間讓孩子們一起為新聞想出一個標題。

　　這個活動的形式可以依照老師的喜好和班級的情境來變化。新聞的搜集可以每一週都做，或兩週做一次，全班做或部分的學生做。你也可以從一種開放的方式來開始：「告訴我你週末生活的情形。」然後你可以接下去引導學生，例如，「當你星期五回家，晚上上床睡覺，然後，星期六早上醒來時，你做了哪些事情呢？」如果你想記下你所提供的引導語，那麼在這些引導語句上畫上星號──例如，「還有哪些事情呢？」或者「你做／看到了些什麼？」如果孩子們興致高昂，你也可以在團體時間中播放孩子們新聞報導的錄音帶。

計分

　　由於謄寫需要耗費大量時間，這個活動最好是以非正式的和整體的方式來評分。如果時間許可，你可以在一年中選幾天，將孩子的報導錄音下來或謄寫出來，或兩者都做，以便做更有系統的評分。在表 18（第107～110頁）中所列出的評分標準和定義，目的是提供一個架構幫助你思考和分析孩子們的報導能力。如果你喜歡更有結構性的評量，你可以使用表 19（第 111 頁）所提供的評分表。

　　給這個活動評分時，你可以自每個孩子的報告中選出六到十份來。如果某個孩子沒有做到六次報告，就不要把她包括到正式評分過程中。如果有個孩子有超過十次以上的報告，選擇最佳的十份。你可以把評分的結果記在表 20（第 112 頁）的摘要表中。

初步的結果：一九八七至一九八八

　　週末新聞報導反映出孩子相當不同程度的報導能力。有些孩子能夠對他們的活動提出仔細並且連貫性的說明，不需要或只需要一點成人的引導：

孩子：我去參觀展覽武士的博物館，我看到了許多武士和旗子，我爸爸也很喜歡那些
　　　盔甲和武士。我爸爸拍了許多照片，但是還有一些沒有拍到，我爸爸的照相機
　　　就故障了，所以我爸爸就沒有再使用它。照相機還有一張底片，但是它故障了
　　　……然後他去看了其他展覽武士的地方，那裡有希臘人的盔甲和羅馬人的盔甲。
　　　這些盔甲以前真的有用過，不過現在它們沒有用了。這些盔甲都已經不用了，
　　　所以人們把這些一片片拼起來……然後他下樓去看城堡，然後他到樓上去看其
　　　他武士。這些武士有長的鐵手套。他們有一種可以用來捕捉敵人的武器。我也
　　　看到一個武士有尖尖的腳部盔甲。

　　當有成人引導時，許多孩子都能夠提供細節的描述。然而，句子的結
構和字彙的複雜性從簡單句、片段的句子，到複雜的句子都有，很多人會
用到相對子句和副詞子句。下面有一個常見的例子：

成人：你這個週末做些什麼事情？

孩子：昨天我留在家裡，因為我生病了。

成人：當你在家的時候，你是否做了什麼特別的事？

孩子：我們玩了一個怪物的遊戲，不過那一點兒也不可怕。

成人：那是什麼樣的遊戲？

孩子：你可以用一個長方形的框來抓住怪物。第一個跑到終點站的人就贏了。我和媽
　　　媽一起玩，爸爸在工作。事實上，爸爸一整天都在工作。

成人：還有什麼事情嗎？

孩子：我們去我朋友的學校，並且帶了兩個朋友到我家。

成人：你和你的朋友做些什麼事？

孩子：我們一起玩，一起看「芝麻街」。昨晚，它在演「芝麻街的聖誕節」。你有看
　　　嗎？大鳥（Big Bird）藏在某個地方，別人沒有辦法找到他……還有餅乾怪獸
　　　（Cookie Monster）吃掉了聖誕樹上的葉子！

即使成人也同樣提供引導，但有些孩子只對他們的週末活動提供一些簡短的報導，他們只用一些簡單的句子、基本的字彙和連接詞：

孩子：我去（*goed）游泳，去（goed）公園，盪鞦韆（goed on the swings），去（go）我祖母家——我的祖母來我家。

成人：你和祖母做些什麼事？

孩子：我們一起玩數字滑梯的遊戲。就是這些了！

有些時候，有一些孩子會自己編造或連結一些活動，或是報告其他時間裡發生的經驗：

孩子：我去過迪士尼樂園兩次。那天之後，我去了加州。我看見米老鼠和米妮……我抱住了一個大黑熊。

成人：你還做了什麼？

孩子：我去搭雲霄飛車。它有安全帶，你要緊緊抓住，抓得很緊才行。

有時候孩子會在新聞報導中顯露出他們在其他領域的專長或興趣。例如，有個孩子描述 *H. M. S. Pinafore ship* 這部戲劇時，決定要用假聲唱「Little Buttercup」這首歌。另外有一個男孩對科學很有興趣，所以他很詳細地解釋如何玩電動玩具。

全部的二十個孩子在一年中至少參與這個活動一次。有四個小孩非常熱中，每一、兩個星期固定分享他們的新聞。有些孩子沒有辦法做新聞報導或者不願意做；當我們要求他們報導時，他們會說他們沒做任何事情，或是他們不記得了。有三個孩子在一年中只做一到兩次的報告。最後，我們要說的是，我們發現，有一些孩子在團體中比較能夠自在地報導他們的新聞。

❀ 對這個領域的建議

你可以進行下列的活動，以豐富學生在語言領域的經驗：

· 用不同活動設計一個說故事的角落，讓你可以了解孩子們在不同的
語言任務上表現出不同的語言能力。例如，個別差異可能會出現在
我們要求孩子自己說一個故事時，因為這樣的方式不同於看圖說故
事，或者是看著某處的人物來說故事。不過，你會發現有些孩子在
各種不同的方式中都遊刃有餘。

　　　你也可以在教室一旁設置一個視聽圖書館／錄音間，其中有大
型的錄音機、空白錄音帶，和無文字的圖畫書。孩子們可以將自己
自編的故事錄下來，或者錄下他們熟悉的故事。其他的孩子們也可
以聽這些錄音帶。

· 和孩子們玩「押韻」和「比喻」的遊戲。例如，告訴孩子們一個小
女孩的故事，這個小女孩只要一聽到某些字，就會給這些字配上押
韻的字。在和孩子們玩「比喻」遊戲時，可以叫孩子給各種真實的
物品和外型奇特的東西取個假名。

· 提供孩子們一些有豐富圖片的雜誌和一把剪刀，然後請他們找出一
些圖片，讓他們利用這些圖片來說故事。你可以讓孩子們把圖片剪
出來，然後貼到大張的剪貼紙上。然後你可以把孩子所講的故事寫
在他們選的圖片下面。你可以利用「國家地理」等類的雜誌，通常
這種雜誌都有許多彩色的和有趣的圖片，或者你可以用孩子們自己
的圖畫作品來做這個活動。

· 設置一個小型的木偶劇場，其中有一組有趣的角色，例如，海盜、
小寶寶和小丑。把這些木偶拿來作為「現在式對話」的素材。你可
以先示範一次，然後讓孩子們接下去講。

· 當你進行上述的一些活動時，你可以問自己以下這些問題：

1. 你是否能確定「什麼人」正在對「誰」做「什麼事」？是不是有什麼劇情產生——某事發生在某人身上？你是否能確認每一個角色？

2. 這個故事的內容是否新奇，充分地說明清楚了，或者兩者兼具？故事中的事件是否充分鋪陳，或者簡單地說明而已，沒有任何潤飾？

3. 孩子是否在故事中傳達了情緒感受？她是否有改變說話的速度和聲調，例如，在緊張懸疑的部分放慢講話的速度？

4. 是否孩子說故事的內容順序呼應了事件發生的順序，或者孩子們能依照順序說故事？孩子是否能使用時間和因果的順序？孩子們是否清楚地顯現出時間順序流程？

5. 孩子是否只用一個動詞時態，還是會用不同的時態變化（過去、現在、進行式）來表現出事件之間的不同？

6. 孩子是否能選擇合適的字彙用於她的故事劇情中（例如，使用「grabbed」這個字，而不是「took」）？她是否會使用富含象徵意義的語言（figurative language）？

7. 孩子會使用多少種不同的語調？她會使用敘述性語言、對話，或者鋪陳故事的場景嗎（例如，給觀眾／聽眾提供故事的發生背景）？

表 18：週末新聞報導評分標準

投入活動／需要協助的程度

　　0 = 很少或沒有做出報導；當我們提出問題或提示時，也不太能報導內容；
　　　　經常回答說：「我不記得」或「我不知道」，或者一點都不想參與活動

　　1 = 孩子只有在成人給與提示的情況下，才會做報導

　　2 = 孩子會針對問題和提示，很自然地做報導

　　3 = 孩子幾乎不需要提示和協助就能報導事件或經驗

⊙在孩子們有報導出足夠的內容時才繼續下列項目的評分

故事的連貫性

（參見本表後面的評分等級範例，第 110 頁）

　　1 = 句子之間沒有什麼連接；前後想法之間的轉換不清楚；孩子的報導主要
　　　　都是互不相關的不同事件

　　2 = 句子之間有些關聯性，但是想法有時不太相關

　　3 = 孩子報導出具有連貫性、整合的內容

主題事件的擴展

　　1 = 孩子的描述相當零散，缺乏細節：

　　　　「我和爸爸出去。」

　　　　「我去看馬戲團表演。」

　　2 = 孩子的描述有時相當有趣；孩子說明某些經驗的具體內容：

　　　　「我去溜滑梯。我也吊單槓和爬滑梯，那裡的樹有不同的顏色。」

　　3 = 孩子經常仔細描述內容細節；仔細說明重要的事件：

　　　　「我去看一齣表演，叫 *H. M. S. Pinafore Ship*，它很有趣。故事中有一個
　　　　女士他們稱為『小金鳳花』（Little Buttercup）。我姊姊知道怎麼彈這
　　　　首鋼琴曲，我會唱這首歌……這首歌是這樣子的【唱「小金鳳花」】。」

（續下頁）

（承上頁）

字彙的複雜度／故事內容細膩的程度

1＝孩子使用非常平淡的字詞、簡單的語言，沒有用形容詞：

「我去游泳，去公園玩，去溜鞦韆，去我祖母家。」

2＝孩子使用等級 1 的語言，但是也會用一些具體的、具有表達力的字彙：

「我的祖母和她最要好的朋友一起來。我們玩得很開心。當他們出門時，他們帶我一起去……出門表示去外面玩並且到商店裡買東西。」

3＝孩子使用許多不同的語言，並且經常用具體的、有表達力的語言：

「他們有穿著不同盔甲的武士。他們以前是真的武士。我買了一條腰帶、一支劍、一面盾和一支羽毛頭飾。羽毛頭飾是一支羽毛。一個真正的武士……這樣子摸我的頭【摸頭】和這裡【肩膀】。」

事件間的關係／連接詞的使用

1＝孩子使用相當簡單、順序性的連接詞（標示出新聞報導的順序結構，例如，和、然後、所以）

2＝孩子大部分使用等級 1 的連接詞，有時也用一些不同的（順序性的和時間的）連接詞（時間性的連接詞表示世間的時間關係，例如，但是、直到……、首先、最後）

3＝孩子使用不同的連接詞（順序性的、時間的和因果／邏輯的），從簡單的到非常不同的都有，但不一定經常反覆使用或一致性的使用（例如，因為、自從、除了……之外、即使、當……、正在……時候、之前、之後、終於、第二天）

句子結構

1＝孩子使用簡單句或片段句子：

「我感冒了。」

「他們跳過火堆。」

2＝孩子使用等級 1 的句子，但也會用一些介詞片語、複合句，或兩者都有：

「唐尼來我家玩武士的遊戲。」

「我去我爸爸的家，我們坐在爐火邊。」

（續下頁）

（承上頁）

3＝孩子使用不同的句子結構，包括等級1和等級2的句子，以及副詞子句、
關係子句、分詞片語，或者綜合使用以上這些句型

副詞子句：

　　"*When we went home,* my sister made us apple sauce"

　　（當我回到家時，我的姊姊做了蘋果醬給我們吃。）

　　"*Over the weekend,* I went to Vermont."

　　（這個週末，我去蒙大拿州。）

關係子句：

　　"I saw a man *who was dressed up to be a wolfman.*"

　　（我看到一個男士打扮成狼人的樣子。）

　　"They have a merry-go-round and a Ferris wheel *that goes upside-down.*"

　　（他們有旋轉木馬和大旋轉摩天輪。）

分詞片語：

　　"There was a man *jumping up and down.*"

　　（有一個男人上上下下跳著。）

　　"We were in a train *going really fast.*"

　　（我們坐在一個跑得非常快的火車上。）

故事一致性評分等級的範例

等級 1

「當我萬聖節晚上去每一家要糖果時，我的媽媽得幫我提袋子，因為它很重。在夏天，我去爸爸家的游泳池。我說完了。」

「我整天都待在家裡，因為我生病了。我上學之前吃了一些藥。我騎完腳踏車之後，我回到家裡。我看了一部麥可‧傑克森的電影，然後我跳起舞來了。然後，我去科普力中心。然後，我把椅子拆下來。然後我在麥可‧傑克森的電影中看到小隻的大丹狗，然後，我就回家了。」

「我去看馬戲團表演。我做了一些假人。還有我……看電視。」

等級 2

「我去紐約，去迪士尼樂園，北卡羅來納州。我在那裡看到克莉絲汀娜。在紐約很無聊，因為在那裡我們沒有開車去玩。」

「在週末的時候，我去蒙大拿州。我待在公寓中。當我回到家時，我的姊姊做了蘋果醬給我們吃。當我從蒙大拿回來時，以及當我回家之前，我有刷牙。我沒有做什麼其他的事情了。」

等級 3

「我的一隻大蚱蜢死了。我把牠放在我的家。我想牠是因為跳上跳下所以才死的。我還有一隻小蚱蜢。」

「這個週末我去一個新的海邊。那兒有很多玩具和好玩的東西。而且他們有很多棉花糖，我猜是免費的。當然，我想他們也有食物和飲料。他們有旋轉木馬和大迴旋的摩天輪。我等不及要去玩，因為最近幾天我在家都沒什麼事做。你知道嗎？我以前也坐過大摩天輪。」

表 19：週末新聞活動觀察表

兒童姓名 ＿＿＿＿＿＿　年齡 ＿＿＿＿　日期 ＿＿＿＿　觀察者 ＿＿＿＿

技能的種類	分數	說明和觀察
投入活動／需要協助的程度		
故事的連貫性		
主題事件的擴展		
字彙的複雜度／故事內容細膩的程度		
句子結構		
總　計		

表 20：週末新聞活動摘要表

兒童姓名（年齡）	報告的次數	投入活動的程度／需要	故事的連貫性	主題事件的擴展	字彙／故事內容的複雜度／細膩的	事件連接詞間的使用／關係	句子結構	總計

日期

第3章

數學領域

　　在西方文化中，數學領域非常受重視：我們教導學
生數字的運算，並且在我們生活的每一層面中使用這些
運算。數學理解起源於具體的事物，以及我們對這些事
物所做的一些行為上，後來，慢慢地變得愈來愈抽象，
而抽離了真實的世界。在學前兒童階段，邏輯－數學能
力的差距從最基本的計算（counting）和累加能力（in-
crementing skills）（逐一增加數量或遞減數量的能
力），到能夠以符號系統記錄和組織數字訊息，在這之
間個別差異情況顯著。不過，幾乎每一個學前兒童都很
熟悉一些數字，像是年紀、電話號碼、點心時間吃的餅
乾數目。在數學能力的發展上，許多依據皮亞傑理論
（Piaget, 1952）的文獻都提出泛文化（universal）與階段
論的觀點（Case, 1985; Gelman & Gallistel, 1986），然而

很少人論及有關孩子之間個別差異的關鍵因素。因此，光譜計畫中的數字活動希望能將幼稚園孩童的個別差異情形描述出來。

在數學領域中，學前教育方面的評量一直都與傳統的IQ測驗緊繫在一起。數學問題通常都有數量確定的、全球一致的、有明確是非對錯的答案。在魏氏兒童智力測驗（WPPSI）中，數學部分的典型問題是：「如果一個蘋果兩分錢，那麼兩個蘋果要多少錢？」（Wechsler, 1967）雖然這樣的測驗很容易施測，並且可以預測學業的成功，但是它們也有許多缺點。如同在這本書的「緒論」中所指出的，過去的那些測驗通常是在不熟悉的教室外情境中，由孩子不認識的人進行施測。通常那些測驗需要極多的語言能力（即使被測量的範圍是數字），並且經常是一些假想性的測試題目，缺乏具體的物品讓孩子操作。

當我們要把數字領域加以概念化時，必須記住兩件事。第一，四歲兒童的邏輯－數字能力可能會——或者也有可能不會，和學習計算的經驗有關。計算能力是一個特別的能力，有一定的限制範圍。早期有關數字能力的研究，著重探討計算和早期的算術技能，對於我們想要設計符應我們緒論中所強調的評量工具，並沒有太多幫助。第二，邏輯和數字之間的差異，或者，邏輯和語言之間的差異，到目前爲止尚不清楚。這些能力是在一種連續性的象限內，或者是分立的？兒童可能可以讓我們更了解邏輯的結構和因果原則，但是無須借助語言能力。從數學資優兒童的研究已經顯示，他們可以依靠直覺來解題，但是不了解自己爲什麼會找出正確答案（Con-suegra, 1986）。這些能力的潛在關係到目前爲止也尚未能釐清。

計算能力發展之初，始於社會情境，兒童在這情境中從玩物品和數字的遊戲中，學會記住一些小的數量。到了四歲半左右，大部分的兒童已經學會了一對一的對應關係（也就是在計算時，每一次給每一個項目一個獨有的數字名稱），偶爾犯點小錯也不至於造成問題，或者不會不知道下一個數字是什麼。當然，在計算方面表現不好的人可能是不夠努力，或不夠精確地執行計算，而非缺乏理解所造成。所以，到了四歲時，雖然兒童不

能算是一個可靠的計算人才，但確定已經有了一些知識，知道數字系統如
何運作，並且能夠做一些推論——雖然這些推論並不建立在具體的計算經
驗上。例如，在光譜計畫中，有一個孩子手中拿著六支彩色筆，用他的大
拇指將筆分爲兩群。他說，「我知道我有六支彩色筆，因爲這裡有三支，
那裡有三支，三和三合起來變成六。」這樣的推論不一定是單純依靠背誦
的技巧而來，不過，這種推理能力可能只能用在數字系統上，並不能廣推
到一般的邏輯能力上。

　　大部分的兒童會用一或兩個單位逐漸增加的方式，解決小數量的問題。
然而，累加的能力和背誦下一個數字名稱的能力是不相同的。事實上，研
究資料顯示：累加能力是用來支持孩子計算能力的發展。研究證據也顯示，
數字保留概念和計算能力無關（Walters, 1982）。因爲「解釋推理過程的能
力」比「推理能力」發展得遲，所以任何評量數字概念的任務都要限制語
言因素的干擾。

數學活動的概念化

　　爲了將孩子們在數字方面的各種不同方法、想法引發出來，我們設計
了兩種數學活動：恐龍遊戲和公車遊戲。在發展這些遊戲時，我們引用了
上述有關數字能力的研究文獻，以及我們自己對兒童的觀察。數學能力特
別強的孩子很喜歡與數字爲伍，並且非常注意各種可用的線索。例如，我
們問一個孩子「多少個學生在學校裡」，她這樣算：「嗯！通常我們有二
十四個學生，今天兩個沒有來，簡單喔！——今天有二十二個小朋友。」
這樣的孩子很喜歡用數字思考，直接地使用心算，或者喜歡玩數字紙牌遊
戲長達二十分鐘左右。這種孩子對恐龍遊戲特別感興趣，因爲這個遊戲讓
他們可以去想出贏的策略。

　　在設計數字能力評量時，我們也著重在社會中傑出成就者和成功人士
所擁有的能力。這些具有意義的成人角色，包括會計師、書店老闆、電腦

程式設計師和數學家。這個領域相關的技能包括找出快速運算的方法、解決問題、做合理的估計、注意到數字間的關係、快速地理解和推論，以及發明並且使用符號系統。我們觀察到一個四歲的小孩，根據他自己有的相關訊息——他的母親的年紀，很正確地估計某位研究人員的年齡。有些孩子也顯現出對於數字美感的敏銳察覺力，例如，注意到對稱性和組型。老師應該將這些和數字有關的表現觀察結果記錄下來。

恐龍遊戲

目的和活動介紹

恐龍活動的目的是評量對於數字概念、計算能力、使用固定規則，以及使用策略等方面的理解。這個遊戲也評量孩子對於符號重要性的理解，和將符號轉換成實際行動的能力。這個評量的遊戲中有兩個塑膠小恐龍，互相比賽看誰先跑到安全的地方，以免受到大恐龍的攻擊。玩遊戲的人用骰子來決定他們的恐龍跑的方向和格數。孩子們也有機會用口語發表他們對於規則以及策略的想法。

為了在這個遊戲中放入理解數字、規則和策略的設計，我們採用了可移動的小玩具，如此一來，我們可以使概念更清楚，並且使孩子在遊戲中扮演主動者的角色。進行這個遊戲的指導語非常簡單，四歲孩子就可以聽懂——也就是告訴他們盡快地從大恐龍飢餓的大嘴巴前逃走。我們盡量避免用到正式數學性質的語句，以免除不必要的混淆。我們從馬丁·修斯（Martin Hughes）的學前兒童數學能力的研究（1981）中學到一項寶貴經驗，那就是，一個四歲的孩子被問及「一和二合起來是多少」，她說她沒辦法回答，因為「她還沒上學」——從這裡我們深刻了解到，提出問題時

所使用的語言影響孩子數學能力的表現。相反地，在我們的恐龍遊戲中，問題解決過程是很具體的，孩子有主動權，同時也免於語言因素的干擾。

當所有孩子都玩過恐龍遊戲之後，恐龍遊戲可以變成教室中例行的活動之一。這可以達到幾個目的：包括讓一起玩的孩子有機會共同討論數字概念和數字規則。老師可以注意觀察哪個孩子常常回來玩這個遊戲，以及她如何自己一個人玩；他們是否記得遊戲規則，或是自創規則，或者教其他的孩子？在活動一段時間之後，可以在教室設置一個設計遊戲的角落，讓孩子能夠自己發明遊戲。

✿ 材料和情境佈置

這個遊戲板上有一隻大恐龍（樣子像是一隻梁龍）貼在二十七吋乘三十一吋的保麗龍板上（參見下頁圖）。沿著這隻大恐龍的頭部，到牠的背部，一直到牠的尾巴，有一個長達三十五格的路程。從頭部數來第十四格上，是「起點」的格子。有四個木製的小立體用來做骰子。第一個骰子上，其中兩面有點數一點，兩面是二點，兩面有三點。這個骰子是數字骰子；第二個骰子有三面是「＋」號，三面是「－」號（這個負號「－」看起來像是字母「I」橫寫的樣子，以免孩子們把它誤爲數字「1」），這個骰子是 3＋／3－骰子，或稱爲方向骰子；第三個骰子有五面是「＋」號，一面「－」號（5＋／1－）；第四個骰子有一面「＋」號，五面「－」號（1＋／5－）。最後，有兩隻小塑膠恐龍作爲孩子玩遊戲時移動的道具。

這個評量是採一對一方式向孩子單獨實施。觀察者或一個成人和孩子一起玩這個遊戲，並把孩子的反應記錄在觀察表上〔參見表 21（第124～125頁），表22（第126頁），分別是個別孩子的紀錄表和全班孩子的紀錄表〕。

恐龍遊戲

起點

✿ 程序和進行過程

　　我們這樣開始介紹恐龍遊戲：「今天我們在教室中有一個新遊戲，它叫做恐龍遊戲。一次只有一個小朋友和＿＿＿＿＿【成人的名字】一起玩。你的恐龍要和＿＿＿＿＿【成人的名字】的恐龍一起賽跑，看誰能從梁龍那裡先逃走。你要用擲骰子來決定你的恐龍怎麼跑。」有些非常積極想玩的孩子可以先做，這個可以用來當作孩子對這個活動的興趣指標。然後排出一個輪流玩遊戲的名字次序表，做為玩遊戲的順序。

　　玩遊戲時，讓孩子和你一起坐在遊戲板前，詢問孩子要選哪一隻小恐龍，然後你用另一隻。把兩隻小恐龍都放到「起點」的格子上。然後告訴孩子：「這兩隻恐龍要比賽，看誰先逃開梁龍【強調「逃開」是指離開恐龍頭部】。讓我們來看看誰的恐龍先跑到尾巴的地方【指出梁龍尾巴的地方】，這兩個骰子決定我們的恐龍要怎麼跑。這個骰子【數字骰子】決定我們可以跑幾格。這個骰子【3＋／3－骰子】決定我們向前跑或向後跑。這個符號【＋號】表示向前，這個符號【－號】表示向後【強調「向前」表示跑向尾巴，離開嘴部】。你一次丟兩個骰子來看你的恐龍要怎麼跑。如果你的骰子是這樣【＋3】，那麼你就這樣移動你的恐龍向前三格。」

　　示範恐龍移動的方式，並且強調一次只跑一格，一邊唸出：「一，二，三。」然後用你的恐龍示範一次「−3」的走法，同時把數字大聲唸出來。詢問孩子如果她的恐龍得到「+2」的數字，她會怎麼做，讓她用她的恐龍來做一次。如果她不了解怎麼做，做一次正確的走法給她看，並大聲數出數字來。重複這個方式，用「−2」讓孩子的恐龍試一下【**注意：開始玩遊戲後，你就不再把數字唸出來了**】。記得先把移動的數字說一次，並且把恐龍朝向尾巴來玩，即使是向後跑的時候，也是如此。

　　由於大部分孩子都不認識正號和負號，你可以以將正號說成「一個叉叉」或「X」，把負號說成「一條線」或「I」。你可以問孩子這些符號看起來像什麼，然後你可以使用他們的說法。最重要的事情是讓孩子知道這些符號代表向前和向後的概念。如果孩子在遊戲中問到有關符號的意義，只提醒孩子，正號代表向前跑，負號代表向後跑。

　　如果有觀察者在場，他應該坐在孩子後方，以免孩子分心。你應該先開始玩，以便讓孩子觀察你怎麼用骰子。輪到孩子玩時，可以建議她各用一隻手拿住一顆骰子，然後一起擲出來。在紀錄表上的「移動方向」欄（向前／後）和「計算」欄中（表21，第124頁）記錄下來孩子移動恐龍的正確情形。當你記錄移動方向的正確性時，也要將方向符號（+或−）一起記在「正確」和「不正確」的欄位中。

　　如果孩子的計算不正確，盡可能記住她真正走的格數有多少。有些孩子當她得要向後走時，會很不願意走完應向後的格數。如果這個情形發生，計算的錯誤是故意形成的，把這個情形記在說明欄中，並且這次比賽不納入計分。使用這樣的記錄方式，可以讓我們發現孩子的錯誤是否有某種組型存在（例如，要孩子們向後走很困難）。如果孩子通過你的恐龍所在的格子，或者在「起點」格子時，都沒有把它們當作是一格來算的話，仍然可以給孩子得分，只要她接下來走的每一步都算對數目。如果孩子的恐龍接近大恐龍的尾巴時，她應走的格子數還沒走完，只要其他格子數都算對，就算得分。

　　繼續和孩子玩遊戲，輪流擲骰子移動恐龍。千萬不要糾正孩子的錯誤。如果孩子看起來似乎不太記得恐龍應該跑的方向，你可以提醒她玩遊戲的目的。換到你玩的時候，你可以這樣說：「你看，現在你的恐龍領先我的了！」從這樣的方式來幫助孩子重視「往前跑」的重要性。把任何你說過的提醒都記在觀察表中的說明欄裡。

　　為了評量的目的，繼續用這兩個骰子玩遊戲，一直到第十一回合。如果孩子沒有遊戲的概念，例如，她只是在遊戲板上隨意移動她的恐龍，那麼就不需要做完十一回合。如果在完成該走的格子數之前，孩子的恐龍走到了梁龍的嘴部（在「起點」的空格之後的最後一格），那麼就把它移回「起點」的空格上。如果你的恐龍走到梁龍的嘴部，那麼就一直留在那裡，直到你的骰子擲出「＋」號來。如果你的小恐龍走到了尾巴的末端，那麼你可以把小恐龍向後移動十格，回到尾巴的開頭之處。

　　在第十一回合之後，你可以拿出 5＋／1－ 和 1＋／5－ 的骰子，並且告訴孩子說，「這裡有兩種新的骰子，如果你想用其中一個來玩，而不用原來的一個舊骰子，你可以選一個。在你做決定之前，仔細看清楚每一面喔！」仔細地記錄孩子所選的骰子，寫在觀察表上。詢問孩子選擇那顆骰子的原因，並且記錄下來。如果孩子回答，「因為我喜歡它」或「因為它有很多正號」，你可以用中性的詢問句，例如，「為什麼你喜歡它？」或者「那代表什麼意思呢？」來引發孩子較完整的回應。你和孩子可以各玩三次，孩子使用他自己所選的骰子，你使用 1＋／5－ 的骰子，不論孩子是否選這一個，你都用這個 1＋／5－ 骰子。你使用 1＋／5－ 的骰子可以確定孩子一定會贏。將孩子的反應記錄在觀察表中的第十二、十三、十四回合格子中。

　　在第十四回合之後，把 5＋／1－ 和 1＋／5－ 的骰子拿走，然後給孩子 3＋／3－ 的骰子和數字骰子。然後說，「這次，不用擲骰子，你可以自己為恐龍選出最好的走法，幫助它贏。」把她的選擇記錄下來。問她原因，並把原因記錄下來。如同前次一樣，用一些合適的追問句來問孩子心中的

想法。讓她自己決定自己的恐龍如何走。然後，告訴孩子，「現在，你可以替我的恐龍想出最糟糕的走法，讓我的恐龍輸掉。」記錄她的決定，問她原因，並做成紀錄。讓孩子自由移動你的恐龍。

告訴孩子：「現在我們用不同的方式來玩遊戲。我負責 3＋／3－的骰子，你負責數字骰子。現在你的恐龍先走，我把骰子翻到這個符號（＋號）。你從你的骰子上選一個數字號碼，可以讓你的恐龍先贏（記錄孩子所選的數字）。你可以根據你的數字，移動你的恐龍。現在換我的恐龍了，我把骰子放在這個符號（－號），從你的數字骰子中決定一個數字讓我的恐龍輸掉。」記錄孩子所決定的數字，並且根據孩子決定的數字移動恐龍。接下來，給孩子的恐龍負號，給你自己的恐龍正號，其他的步驟則依照上面的程序。

最後，讓孩子玩最後一次，小孩可以自己選擇想要的符號，然後看誰會贏（幾乎每一次都是孩子贏）。

你可以用提示卡來幫助你記住整個進行過程。在這個遊戲中，進行過程的一致性很重要，以便能確定孩子表現的變化，不是來自你的說法不同。

🌸 計分

孩子完成這個活動後，使用表 22（第 126 頁）給孩子們的表現評分。參見表下面的說明，給孩子的不同反應計算分數。在每一個不同評分領域中給每一個孩子寫出評分結果，在每一個表格上方的小方格中寫下她的得分。在「移動的方向」和「計算」欄位下面，如果孩子都沒有做錯的話，就在「全對」的欄位中打勾，如果有錯就在「不正確的次數」欄位中寫出錯了多少次（注意：第十二至十四回合是不計分的，它們只是用來維繫遊戲的流程）。在表上面的小格中寫出總計得到的分數。

在「骰子的選擇」的欄下，寫下孩子所選的骰子（5＋／1－或 1＋／5－），如果她選的是 5＋／1－骰子，在「是」或「否」的欄位上打勾，以

表示她是否能正確地解釋為什麼這是最佳選擇的原因。孩子們所選擇的原因，像是「這個骰子比較能一直讓恐龍向前走」，就表示她了解原因。不能算分的回應，例如是：「因為它比較輕」和「因為我喜歡它」。在「移動的選擇」欄位中，記錄孩子所選的符號和數字（例如，＋3）（注意：孩子對於最佳選擇和最不利選擇的理由並不納入計分，以免太受語言能力的影響）。在「選擇數字骰子」中，記錄孩子所選的數字，把孩子的總得分寫在最後的欄位中，最多是二十二分。

當你回顧孩子的得分時，很重要的是不要只重視總分，也要看孩子在一個類別中的得分。有同樣總分的孩子可能有不同的能力。評分的面向反映了孩子對於規則的理解、計算、策略和說明原因的能力。

如果孩子沒有得分，有可能是因為她不了解遊戲的結構。如果情形是這樣，這個遊戲變成孩子的一個學習經驗。同學以及成人都可以教孩子玩遊戲。

初步的結果：一九八六至一九八七

在恐龍遊戲中最令人注意的特徵是，孩子們對於這個遊戲所散發出來的精力和熱情。男、女生對恐龍這個主題都非常感興趣。孩子們也很喜歡這個遊戲，不論他們的技能水準如何。這個遊戲中競爭的成分使得某些孩子有更多的動機來玩，不過對其他孩子來說，戲劇性的遊戲才是最吸引人的地方。

在一九八六至八七年的班級中，孩子的能力從只是能在遊戲板上移動恐龍，或者每丟一次骰子就走一步（不管骰子上的數字是多少），到有些孩子可以了解規則和策略，表現的能力水準非常不同。不過，孩子們通常只會擁有一項能力，例如，了解規則或者計算，而不是兩項能力兼具。比起移動恐龍走正確的方向來說，正確的計算似乎是較難的。然而，即使是在正確計算上有困難的孩子，仍然會在第二階段的遊戲中選擇合適的移動

策略。這個結果告訴我們，只評量孩子的計算能力，可能會低估了孩子的數字理解概念。

在「骰子的選擇」方面，二十個中有一半的孩子會選對骰子；但是只有一半的孩子能解釋原因。如同上面所說的，如果孩子的反應是「因為它有×號」那麼就計為得分。如果是說「我就是想要」則不計分。有個男孩解釋選「5−」骰子的原因為「這些【負號】會一直向後走，如果用這個【正號】，你會走不同的方向」。他用了一種文字的方式來解釋符號，顯示出他對於視覺訊息的運用和重視。

在「移動選擇」的策略問題中，大部分的孩子發現可以很容易做對，只要是骰子放在「＋」號而非「−」號。但是，在「−」時，許多孩子選擇−1 給成人，選−3 給自己，可能因為她認為較小的數字比較吃虧，但是他們忘了結合方向的訊息。

表21：恐龍遊戲觀察表

兒童姓名＿＿＿＿＿＿＿＿　年齡＿＿＿＿＿＿　日期＿＿＿＿＿觀察者＿＿＿＿＿＿

	移動的方向		計算		說明和觀察
回合	正確	不正確	正確	不正確	
1					
2					
3					
4					
5					
6					
7					
8					
9					
10					
11					

選擇骰子：哪一個骰子？＿＿＿＿＿＿＿原因：＿＿＿＿＿＿＿＿＿＿＿＿

	移動的方向		計算		說明和觀察
回合	正確	不正確	正確	不正確	
12					
13					
14					

（續下頁）

（承上頁）

兒童姓名＿＿＿＿＿＿＿＿

移動的選擇

最佳的移動＿＿＿＿＿原因＿＿＿＿＿＿＿＿＿＿＿＿＿＿＿＿＿＿＿＿

最糟的移動＿＿＿＿＿原因＿＿＿＿＿＿＿＿＿＿＿＿＿＿＿＿＿＿＿＿

說明和觀察

選擇骰子的數目	骰子 3+／3－	兒童在骰子數目上的選擇	說明和觀察
給孩子的恐龍	＋		
給成人的恐龍	－		
給孩子的恐龍	－		
給成人的恐龍	＋		

表 22：恐龍遊戲摘要表

兒童（年齡）	移動的方向	計算	骰子的選擇	移動的選擇	選擇骰子的數目	總計
	全對	全對	了解為何 5+／1+ 是　否	最好的移動　最糟的移動	＋　−　−　＋ 孩子　成人　孩子　成人	
	不正確次數	不正確次數				
	在 1-11 回合	在 1-11 回合	選擇 5+／1− 並且了解原因＝4 分	最佳移動 +3　−3　＝4 分	3＝　3＝　1＝　1＝	最高總分
	0-2 次不正確=3 分	0-2 次不正確=3 分	選擇 5+／1− 但是不了解 原因＝2 分	移動 −3 其他 −3 =2 分	3 分　3 分　1 分　1 分	22 分
	3 或更多次不正確 =0 分	3 或更多次不正確 = 0 分	其他=0 分	其他 +2,+1 −2,−1 =1 分 其他 =0 分		

公車遊戲

目的和活動介紹

　　公車遊戲的目的是要評量孩子的心算能力，以及記錄和組織一個以上變項的數字資料能力。遊戲的第一部分有四次公車之旅，有一些乘客在這些公車路線上下車。在這個階段，我們評量孩子在沒有使用任何幫助計算的數量方塊（chips）下，直接加減數字的能力。我們觀察孩子是否能用清楚的步驟做心算，以及孩子是否能在腦中記住不斷增減的數目。第二部分的活動評量孩子的符號運用能力。在這個階段，孩子使用數量方塊來記錄車上乘客的數量。有關這個活動中乘客數量的安排，我們是參酌前人的研究結果——孩子能夠使用小數量的數目（Gelman & Gallistel, 1986; Hughes, 1981），設計出乘客的數量。

　　這些數量方塊讓孩子有操作的材料，並且提供他們一個現成的符號系統。大部分的孩子都沒有這個活動中所需要的數量判斷經驗。因此，這個評量也可以用來了解孩子是否可以自己想出使用這些方塊的辦法，幫助他們作答。

　　有一些孩子顯然比其他孩子知道方塊可以用來記錄數字資料，以及它們在幫助孩子算出最後的數目時非常有用。這些孩子可能表現出較為靈巧和有創意的問題解決過程，但是他們不一定能妥善操控自創的策略。因為這個年紀正是兒童早期數字觀念快速發展的時刻，不同孩子之間的行為表現，有相當不同的差異，也反映出他們可能位於不同的發展水準。

　　即使在同一發展水準，孩子之間的表現仍然有顯著的差異。在這個活動中，孩子們顯現出對數字原則的了解比做對答案更重要。隨機性的錯誤

或者是可計分的錯誤類型，都可以提供我們探究孩子理解水準的資料。

評量活動完成之後，這個遊戲可以留在教室中讓孩子玩，讓一個孩子扮演「老闆」的角色，另一個孩子扮演「車掌」的角色。這個遊戲不論有沒有數量方塊，都可以玩。

🌸 材料和情境佈置

公車遊戲中所用的材料包括了一輛公車、一個遊戲板、兩套數量方塊，每套有十個，一套是綠色，另一套是藍色，有盒子分別裝著，以及用厚紙板做出來的乘客玩偶。我們用保麗龍板做出一個二十乘三十三吋大小的地方，讓公車在上面移動（參見下頁圖示）。我們用色紙沿著板子的三邊做出馬路，也做了一些小湖、樹木和其他景觀。在整個板面上我們用透明的玻璃紙加以護貝，讓這個遊戲板更為耐用。如果能用可摺疊的紙板，那麼就會更容易攜帶和保存。

在這個遊戲板上有四個公車站，三或四吋高，每一個都插在一個塑膠座上，黏在遊戲板上的馬路邊。第一個公車站有一個很大的木環，所以稱為圓環站，放在三十三吋邊長的馬路中間處。第二個站，松果站，位在同一長邊的終點處。第三站，羽毛站，有一根孔雀的羽毛，位在第二邊（二十吋）的終點處。第四站，貝殼站，有一個扇貝的貝殼，位在第三邊的中間處。在第三邊的終點處是公車總站，用一個紙盒子做出門、窗戶和屋頂來。

我們用紙盒子做出一個公車來（七乘九乘四吋），塗上白漆。我們將窗戶漆成不透明的灰色，如此就沒有辦法從外面看到裡面的乘客。我們在公車的兩側都貼上食物的廣告，當作裝飾，並且在公車前座畫了一個駕駛和公車的儀錶板。在公車的兩邊，我們開了兩個門來讓乘客上車，在車後有一個紅色的門讓乘客下車。在每一趟公車之旅開始之前，這輛公車會放在馬路的起點處，面向著圓環站。

公車遊戲

在這個遊戲中，使用的人物道具有十個成人和六個小孩，大小大約二至四吋，用堅固的厚紙板做成，並且立在小型的木座上。每一個人物有他自己身分。成人的角色中包括：長髮的嬉皮男士、背著購物袋的婦人、建築工人；小孩子則有：抱著球的小孩、帶著書本的學生、穿著運動鞋帶著籃球的男孩。每個人物的個性將使得遊戲更吸引人；當然你可以設計一些人物角色，充分反映出你的社區的情形。

🌸 程序和進行過程

這個評量可以分為一個或兩個階段進行，每次只和一個孩子進行遊戲。這個遊戲可以在地板上玩，讓孩子背對著班上的同學坐著。如果有觀察者的話，觀察者可以坐在孩子的背後，但是要能看清楚數量方塊，以便記錄孩子的反應。如果沒有觀察者的話，那麼和孩子一起玩的成人需要記錄孩子的反應，以便有助於將來計分。

我們先在大團體的時間介紹這個遊戲給所有孩子：「今天在我們的教室中有一個新遊戲，它叫做公車遊戲。每個小朋友可以玩兩次。每一個小朋友會和＿＿＿＿＿【成人的名字】一起玩。你要當車掌，當公車在所有的公車站上下乘客時，車掌要算出車上有多少乘客。」（把公車遊戲準備好，

以便在團體時間內可以讓孩子有機會探索一番。）

第一階段

　　這個階段，有四趟旅程，只用成人人物道具來玩，並且不使用數量方塊。這個階段評量孩子心算的能力。讓孩子坐在你身邊，面對著遊戲板。我們對孩子說：

　　「這是公車遊戲，這是開到每一站去載乘客的公車【沿著馬路移動公車】。首先，這公車會先開到圓環站，然後到松果站，然後到羽毛站，下一站你猜它會開到哪裡呢？【貝殼站】你的工作是當車掌。車掌的工作就是計算有多少乘客在車上，因為當車子開回總站時【指出總站】，你的老闆要知道有多少人在你的車上。」

　　「你可以一直用你的頭腦算出有多少乘客在車上。你的老闆會在每一站打電話給你，並且問你有多少人在車上。所以你要在腦中記清楚有多少人在車上【按照路線移動公車到圓環站，並且放兩個人在公車站。參考表23（第138頁），以便知道每一個站要放多少人】。現在我們到了圓環站，這些人要上公車了。」讓孩子清楚看到公車站的乘客後，將乘客放進公車中，一旦這些乘客上車之後，確定孩子們看不到這些乘客（你需要訓練自己使用「這些人……」而非說出正確的人數）。把孩子的反應記錄在觀察表上「第一站」的格子中（參見表24，第139頁）。

　　在第二站，放一個乘客在松果站上，然後把公車移動到那裡。把乘客移上車。然後假裝電話打來的聲音，並且問：「_____車掌【孩子的名字】，你的車上現在有多少乘客？」如果孩子回答：「兩個。」提醒孩子：「車上現在總共有多少乘客？」如果孩子仍然不能正確知道有多少乘客，那麼就重複一次這個過程。如果孩子還是不確定，那麼就說：「我們一起來看一看」，並且打開公車，和孩子一起數一數。把這個過程記錄在「提供協助」的欄位中，並且繼續把孩子的所有反應寫在觀察表當中，你也可以寫下你對孩子行為表現的說明（例如，孩子用手指頭來計算或用心算）。

　　然後，我們接下來說，「現在有三個人在車上了。現在公車要開到羽

毛站去了，這些人【一個人】在羽毛站上了車，然後你的老闆問你：『＿＿＿＿＿＿車掌【孩子的名字】，你的車上現在有多少乘客？』」這一次，不提供任何協助，也不提供任何數字。

第二趟公車上路時，我們這樣說：「現在公車要再開第二次車了。這一次會有乘客上車，也會有乘客下車。你要用頭腦記清楚有多少人在車上，才能告訴你的老闆答案。」如同前次一樣移動公車到不同的站上，但是在第二個站之後就不再提供任何協助。

第三趟公車上路時，我們這樣說，「現在這一次乘客只上車，不下車。但是你的老闆沒有時間每一站都打電話給你，他會一直到最後才問你，所以你要一直記住有多少乘客在你的車上，直到公車總站。」然後，我們沿著馬路開動公車，一直到總站，才問孩子乘客的數目。在這趟公車之旅，或者是在後面進行的第八趟公車之旅中，你提供給孩子的任何引導協助，都要記錄下來。

在第四趟公車之旅時，我們告訴孩子：「這一次，會有乘客上車也會有乘客下車。你要一直記清楚乘客的人數，因為你的老闆會等到你的車子開回總站時，才問你乘客的數目。」在這最後兩次的公車之旅中，把孩子所使用的任何策略都記錄下來，例如，用手指頭數數、喃喃自語，或是在每一站都要大聲地說出數目來。如果孩子看起來並沒有記住不斷增減的數目的話，你可以偶爾提醒說：「記住要用頭腦數喔！」

在這階段的最後，我們對孩子說，「我有幾個問題想請問你。」然後放四個人到公車內，問孩子：「現在公車上有多少人？」接下來，繼續問孩子在公車上有多少個人頭、多少個鼻子，最後問孩子公車上有多少個下巴。再接下來，問孩子公車上有多少隻手。如果孩子隨口就回答：「四隻。」我們會鼓勵孩子再把答案想一想。直到孩子答對這些問題後，我們再多放一個人進入公車內，然後問：「現在公車上有多少隻腳？」然後，問孩子公車上有多少隻手，最後問有多少個人頭。把孩子的反應以及你所看到的孩子所使用的策略，全都記錄下來。

第二階段

一旦所有的孩子都做完了第一階段的活動後，重新在大團體時間中介紹一次遊戲：「所有的小朋友們都可以有再玩一次公車遊戲的機會，不過這一次玩的方式有一點不同。」

第二階段也包括了四趟公車之旅，並且使用數量方塊。這階段的活動評量孩子們記錄和組織數字資料的能力，以及孩子能夠記住幾個不同變項的能力。在第五趟公車之旅中，我們對孩子們說明：「你現在又要當車掌了，但是我們要做一些不同的事情喔！為了要幫助你數出公車上的人數，你可以使用這些綠色的方塊。」給孩子一盒裝有十個方塊的盒子，「我會幫你開公車，幫助乘客上下車。」

這輛公車開始在遊戲板上進行它的第五趟旅程（參見表 23，第 138頁）。在這一次公車之旅時，只用成人人物道具。然後沿著馬路把公車開到圓環站上，並且放兩個人在車站上。

「現在我們到圓環站了，這些人現在要上車了。」等到孩子算好她的方塊後，才把乘客放入公車中。記得要用這樣的說法：「這些人要上車了……」，而非「兩個人上車了……」，讓孩子可以自己把人物數目和方塊數目結合在一起。同時，確定孩子沒有辦法看見公車中坐的乘客，這樣孩子才會依靠方塊來記住數目。在觀察表上的「第一站」方格中，記錄下孩子在每一站如何使用方塊，並且記錄她放了多少方塊以代表數目。同時，也把孩子有關的行為寫下來，例如，孩子是否按照站別分別把方塊放在不同地方。

假如孩子在第一站時，沒有放下兩個方塊，你可以這樣引導孩子：「你能不能用方塊來幫助你記住有多少乘客在車上？」如果孩子仍然不知道要如何做，你可以再說一次：「你要怎樣做來表示這些人上了公車呢？」如果還是需要幫忙的話，你就這樣說：「你可以用這些方塊來代表乘客嗎？」如果需要的話，在松果站時，也使用同樣的引導說明。但假如孩子還是不會用這些方塊，那就表示孩子沒有辦法玩這個遊戲，你可能就要終止活動。

在紀錄表上記錄下所有你說過的引導說明。

接下來公車開到松果站，放一個人在車站上。「現在我們到松果站了，這些人上車了。」如果孩子還是忘記使用方塊，你可以問她說：「咦，你應該要做些什麼啊？」（這句話不當作引導語。）然後把乘客放入公車中。在羽毛站時，兩個人上了公車，在貝殼站時，又多一個人上了公車。在到達每一站時，把公車開到站旁，把人放在站上，讓孩子數好她的方塊，然後把乘客放入公車中。

最後把公車開入總站，然後問孩子：「現在老闆來了，並且問你：『＿＿＿＿＿車掌【孩子的名字】，請告訴我你的公車上有多少人？』」如果孩子說不知道或者只是隨意地猜一個數字，就問她：「你想一想答案是多少哇？」然後再說：「你要不要用方塊來幫你找出答案啊？」

不管孩子是否自己就知道用方塊來幫助她算出總數，或者需要更多的引導協助，全都要記錄下來。如果孩子的方塊總數不同於她的答案，那麼就問她要選哪一個作為答案。把孩子最後決定的數目記下來，然後，讓孩子把乘客從公車中拿出來，把他們排好，數一數數目是多少。如果孩子的答案是錯的，不要去強調答案的錯誤。你可以這樣說：「好像有很多人在公車上喔！」或者「好像比你想的人數還要多喔！」然後請孩子把方塊放回盒子中，你把乘客拿回你的道具堆中。

在第六趟中，告訴孩子說：「現在公車又要上路了。這一次有乘客上車和下車。現在公車開到圓環站了，有多少人上車啊？」這一次，使用和第五趟公車之旅時同樣的引導說明，只用成人人物道具，並且參照表 23（第 138 頁）來擺放每一站的人數。在第二站和第四站，把乘客全部從公車上移下來。在松果站時，告訴孩子說：「不一樣的事情出現了，在松果站，乘客們下車了。」

如果孩子不知道要把方塊拿起來，那麼你可以引導一次：「你知道要怎樣做才表示乘客下車了嗎？」這個引導語只說這一次，往後的遊戲中就不再說了。將孩子的反應和每一個引導語都記錄下來。當公車開入總站時，

告訴孩子說：「現在公車到總站了，老闆說：『＿＿＿＿車掌【孩子的名字】，請告訴我你的公車上有多少人。』」重複和第五趟公車之旅相同的說法和程序。如果時間不夠，孩子也不感興趣的話，你不需要每一趟都把乘客拿出來數給孩子看。

在第七趟時，告訴孩子說：「現在公車又要上路了，這一次不只大人們要上車，而且小孩子們也要上車。當公車開到總站時，老闆要知道有多少大人在你的車上，有多少小孩子在你的車上。所以你可以用兩組不同顏色的方塊來幫助你記住，到底有多少大人和多少小孩在你的公車上。」

給孩子另一盒藍色的方塊。參考表 23（第 138 頁）來擺放各站的人數。為了方便進行，你可以把成人人物道具和小孩人物道具分成兩堆放在你面前。當公車開到圓環站時，同時將大人和小孩放在公車站上，並且告訴孩子：「這一些大人和這一些小孩要上公車了。」一直等到孩子把她要放的方塊擺好之後，才把乘客全部移入公車中。在觀察表上記錄下孩子所使用的顏色方塊。如果孩子不了解如何使用兩種不同顏色的方塊，只是隨意地從盒子中拿出來，你可用這樣的方式引導孩子一次：「記得喔！你需要記住多少大人和多少小孩在公車上喔！」這一次之後，就不再提供任何協助引導語了。

在接下來的三站中，使用相同進行方式和記錄程序。在貝殼站時，告訴孩子說：「這些大人上車了，但是沒有小孩子上車。」當公車開到公車總站時，讓老闆問孩子有多少大人和多少小孩在公車上，同時也問孩子，全部一共有多少乘客在公車上。記錄下孩子是否參考她的方塊來說出正確的數目來。

在第八次中，告訴孩子說：「現在公車要開最後一次了，在這最後一次中，大人和小孩都會上車。有時候他們也會下車。你可以用兩種顏色的方塊，因為你的老闆會問你有多少大人和多少小孩在你的公車上。」使用和上一次同樣的程序和記錄系統，在松果站當乘客下車時，強調有不一樣的事情出現了。如果孩子繼續加上方塊數到原來的數目上，使用和第六趟

同樣的引導語，並且記錄下來。到公車總站時，問孩子有多少大人和多少小孩在你的公車上，以及總共有多少乘客在車上。

一般而言，只要是有需要就可以使用鼓勵孩子的話，不過這些要和正式的引導說明區別開來。當你問孩子答案時，盡量避免使用「猜一猜」這樣的字眼。對於孩子的答案，比較好的回應方式是：「你怎麼知道的？」如果某個孩子特別想要開公車或者移動乘客上下車，向孩子解釋這個部分是你的工作，並且說，當你們一起玩過之後，她會有機會自己玩公車。你也可以讓孩子自己把公車開到第一站，以及從最後一站開到總站。不要讓孩子因為操弄人物道具、公車或方塊而分心。

計分

第一階段——使用第一階段的觀察表（表 24，第 139 頁）記錄孩子在第一和第二趟旅程中每一站的反應。記下孩子所報告的最後數目和提供的引導說明。在第三和第四趟時，寫下孩子所使用的任何策略，包括大聲地數出數字來。在這兩次的問題中，記下孩子的答案，以及孩子用來做出答案的各種問題解決策略（正確的答案寫在括弧中，以便計分）。

參照「公車遊戲記分表」，填好「公車遊戲摘要表」（表 27，第 145頁）。表 26（第 142～144 頁）說明如何根據孩子不同的反應給與不同的分數。在兩個階段中，每一次提供孩子引導協助時，就減去半分。

第二階段——使用第二階段的觀察表來記錄孩子的行為表現，以及你在每一站的觀察。同時也記下孩子報告的最後數目。說明孩子在一開始時如何使用方塊，她是否參考方塊的數目來說出最後的數字，以及她需要什麼樣的引導協助。記錄下來其他任何相關的訊息，例如，孩子是否能正確地數到六。每一次公車之旅，都使用相似的程序。在第三和第四趟中，記下孩子使用哪一個顏色代表大人，哪一個顏色代表小孩。

如同在第一階段中一樣，參考表 26 來填寫第二階段的記分表（表 28，第 146 頁）。你可以從每個孩子的紀錄表的橫向方格中，讀出每個孩子在每一趟公車之旅中的得分情形；從直行的得分中則可以讓你有分析的角度。第一欄的得分（最後的數目）反映出孩子們在公車之旅中對所有訊息的理解能力；第二欄（方塊策略）中，反映出孩子有效使用問題解決策略的能力；第三欄（參考方塊）中，反映出孩子是否了解她所使用的符號系統擁有何種訊息；而第四欄（計算的正確性）中，則反映出孩子的計算能力。每一個孩子的總分寫在每一張記分表右下角的方格中。

✿ 初步的結果：一九八六至一九八七

一九八六至八七年度班級的孩子，在公車遊戲中，顯現了不同的能力發展情形。由於第一階段活動並非所有的孩子都進行，所以，本次的結果大部分是來自第二階段的結果。

在第二階段的第一趟旅程中，我們要求孩子用方塊去代表一個變項──「上車的乘客」，大部分的孩子可以很正確地使用方塊，並且算出最後的數目。但是當開始有下車的乘客，以及小孩加入乘客群時，錯誤就逐漸出現了。知道如何做其中一項運算方式的孩子，並不一定就能夠也做對另一項。大約有一半的孩子都犯的錯誤是，乘客下車時仍然繼續增加方塊數量。另外用來記錄乘客上下車的策略，包括把一塊方塊翻面代表一個人下車，以及利用不同位置代表不同情況：分別排成兩排方塊，一排代表上車，一排代表下車。但是這些策略非常不穩定，也很難持續。一旦出現一點錯誤，幾乎沒有孩子能夠改正過來。只有一個孩子在第六趟公車之旅時學到了拿出方塊代表乘客下車，因而在最後一趟時，也會做同樣的行為。

在「兩個變項」的公車之旅中，有一半左右的孩子穩定地使用兩組方塊來代表大人和小孩，然而，另外一半的孩子們則是隨機地使用顏色方塊，或使用無用的策略。我們發現，「了解並且使用方塊來找出最後數目的孩

子」和「需要引導協助的孩子」之間有一些不同之處。孩子們經常依賴的
一個策略就是，用各種辦法「變出」他們想要有的數目。例如，如果有四
個成人乘客上車，而已經有兩塊方塊放在遊戲板旁了，那麼孩子就只多拿
出兩塊方塊，「變出」四就好了。

　　有一些孩子一發現他們的計算證實是正確時，便產生無限的滿足感。
這些孩子非常注意數字關係，並且會發明一些簡便的方法來計算方塊，把
方塊分做幾堆，並且一一配對。有一個女孩從最後的數目中，很敏銳地發
現公車上的乘客人數應該和方塊的數量相同，因而，花了很長的時間去找
出她究竟在哪裡算錯數字。雖然我們看到這些孩子們非常專注於數字訊息，
但是也有一些孩子對於上下公車的人物比較感興趣，並且比較喜歡用這個
遊戲來扮家家酒。

🌼 對這個領域的建議

　　如果要搭配恐龍遊戲和公車遊戲，老師可以設計一個幾何推理的活動，
例如使用七巧板之類的活動。在公車遊戲方面，可以用更多的變化方式來
挑戰年紀較大的孩子：讓乘客在同一站上車然後下車，使用文字式的符號
系統，使用較大的數字，增加更多乘客的類型，加上計算票價，或者用圖
表畫出哪一站是最有人氣的車站。在恐龍遊戲中，可以增加幾粒骰子，骰
子上的數字也可以增加，或者改變符號。最後，如同我們先前說過的，我
們建議老師在教室中留有一本數字發展紀錄簿，隨時可以記下孩子產生的
數字推理行為。

表 23：公車遊戲參考表

第一階段

第一題
不用數量方塊／成人上車
1. 圓環站　2 人上車
2. 松果站　1 人上車（＝3）
3. 羽毛站　1 人上車（＝4）
4. 貝殼站　2 人上車（＝6）
6

其他的問題
4 個人在公車上
1. 頭？　（4）
2. 鼻子？　（4）
3. 下巴？　（4）

第二題
不用數量方塊／成人上車、下車
1. 3 上車
2. 1 下車（＝2）
3. 2 上車（＝4）
4. 1 下車（＝3）
3

4. 手？　（8）
5. 腳？　（8）

第三題
不用數量方塊／成人上車
（只算最後的總數）
1. 3 上車
2. 1 上車
3. 2 上車
4. 1 下車
7

第四題
不用數量方塊／成人上車
（只算最後的總數）
1
2. 1 下車
3. 2 上車
4. 2 下車

6. 腳？　（10）
7. 手？　（10）
8. 頭？　（5）

第二階段

第五題
使用數量方塊／成人上車、下車
1. 2 上車
2. 1 上車
3. 2 上車
4. 2 下車
3

第六題
使用數量方塊／成人上車、下車
1. 4 上車
2. 1 下車
3. 2 上車
4. 2 下車
3

第七題
不用數量方塊／成人、小孩上車
1. 3 上車
2. 1 上車
3. 2 上車
4. 1 下車

多一個人上車後　（5）

第七題
使用 2 種數量方塊／成人、小孩上車
1. 2 成人上車　1 小孩上車
2. 1 成人上車　2 小孩上車
3. 4 成人上車　3 小孩上車
4. 2 成人上車　0 小孩上車
9 成人　6 小孩
（總共 15 人）

第八題
使用 2 種數量方塊／成人、小孩上車、下車
1. 2 成人上車　3 小孩上車
2. 1 成人下車　2 小孩下車
3. 3 成人上車　2 小孩上車
4. 2 成人上車、1 小孩下車
6 成人　2 小孩
（總共 8 人）

表24：公車遊戲觀察表：第一階段（不使用數量方塊）

兒童姓名 ＿＿＿＿＿　　　　　　　　　　成　人 ＿＿＿＿＿

年　齡 ＿＿＿＿＿　日期 ＿＿＿＿＿　觀察者 ＿＿＿＿＿

第一趟成人上車

反應和說明

第一站

第二站

第三站

第四站

最後總數：

有沒有提供協助：有／沒有

第二趟成人上車、下車

反應和說明

第一站

第二站

第三站

第四站

最後總數：

有沒有提供協助：有／沒有　策略？

第三趟成人上車
（只算最後總數）

反應和說明

最後總數：

有沒有提供協助：有／沒有　策略？

第四趟成人上車、下車
（只算最後總數）

反應和說明

最後總數：

有沒有提供協助：有／沒有

其他的問題

			說明
頭（4）＿＿	手（8）＿＿	腳（10）＿＿	
鼻子（4）＿＿	腳（8）＿＿	手（10）＿＿	
下巴（4）＿＿		頭（5）＿＿	

表 25：公車遊戲觀察表：第二階段（使用數量方塊）

兒童姓名 ＿＿＿＿＿

年 齡 ＿＿＿＿＿　　　日期 ＿＿＿＿＿

成 人 ＿＿＿＿＿

觀察者 ＿＿＿＿＿

第五趟：成人上車

行動和說明

第一站（S*：1 2 3）

第二站

第三站

第四站

最後總數：＿＿＿＿＿ （S：1 2）

方塊策略：

參考方塊得出總數答案：

計算：

第六趟：成人上車、下車

行動和說明

第一站（S：1）

第二站

第三站

第四站

最後總數：＿＿＿＿＿ （S：1 2）

方塊策略：

參考方塊得出總數答案：

計算：

*S：表示提供多少次的引導協助

（續下頁）

兒童姓名 _____

第七題：成人、小孩上車

行動和說明：

方塊顏色：
　　成人 _____　　小孩 _____

第一站（S：1）

第二站

第三站

第四站

最後總數：成人 _____　小孩 _____　總數 _____

方塊策略：

參考方塊得出總數答案：

計算：

第八題：成人、小孩上車和下車

行動和說明：

方塊顏色：
　　成人 _____　　小孩 _____

第一站（S：1）

第二站

第三站

第四站

最後總數：成人 _____　小孩 _____　總數 _____

方塊策略：

參考方塊得出總數答案：

計算：

（承上頁）

表 26：公車遊戲評分資料

階段一　　（最高分 22 分，每提供一次協助，減去 0.5 分）

第一趟

正確次數	3 =	最後三站都答對
	2 =	三站中有兩站答對
	1 =	三站中有一站答對
	0 =	只有第一站答對，其餘都錯

第二趟

正確次數	3 =	最後三站都答對
	2 =	三站中有兩站答對
	1 =	三站中有一站答對
	0 =	只有第一站答對，其餘都錯

第三趟

最後總數	3 =	答對
	0 =	答錯（或者隨意猜答案）

第四趟

最後總數	3 =	答對
	0 =	答錯（或者隨意猜答案）

其他的問題

最後的五個問題答對每題得 2 分，前三題不計分

（4 個人：手／腳；5 個人：腳／手／頭）

階段二 （最高分 34 分，每提供一次協助，減去 0.5 分）

第五趟

　　最後總數正確性：　　　2 ＝ 答對

　　　　　　　　　　　　　0 ＝ 答錯

　　方塊策略：　　　　　　3 ＝ 有效

　　　　　　　　　　　　　1 ＝ 其他（例如，只是設法「變出」正確答案）

　　　　　　　　　　　　　0 ＝ 隨機

　　參考方塊得出總數答案：1 ＝ 是

　　　　　　　　　　　　　0 ＝ 沒有

　　計算正確性：　　　　　1 ＝ 是

　　　　　　　　　　　　　0 ＝ 缺乏一對一對應關係

第六趟

　　最後總數正確性：　　　2 ＝ 答對

　　　　　　　　　　　　　0 ＝ 答錯

　　方塊策略：　　　　　　3 ＝ 有效

　　（減去數量時）　　　　1 ＝ 其他（例如，把方塊翻過來表示

　　　　　　　　　　　　　　　　另外一組）

　　　　　　　　　　　　　0 ＝ 隨機

　　參考方塊得出總數答案：1 ＝ 是

　　　　　　　　　　　　　0 ＝ 沒有

　　計算正確性：　　　　　1 ＝ 是

　　　　　　　　　　　　　0 ＝ 缺乏一對一對應關係

第七趟

　　最後總數正確性：　　　2 ＝ 全部答對

　　　　　　　　　　　　　1 ＝ 只有成人或小孩的總數答對，或

　　　　　　　　　　　　　　　　者總數答錯，或其中兩者

　　　　　　　　　　　　　0 ＝ 全部答錯

（續下頁）

（承上頁）

方塊策略（A）：	2 =	分出不同顏色
（顏色）	1 =	無法持續使用策略
	0 =	隨機；沒有分開顏色
方塊策略（B）：	3 =	有效
（加法）	1 =	其他
	0 =	隨機
參考不同顏色方塊	1 =	是
得出總數答案：	0 =	沒有
計算正確性：	2 =	是
	1 =	計算時錯了一個數字，計算有一些小錯誤
	0 =	缺乏一對一對應關係

第八趟

最後總數正確性：	2 =	全部答對
	1 =	只有成人或小孩的總數答對，或者總數答錯，或其中兩者
	0 =	全部答錯
方塊策略（A）：	2 =	分出不同顏色
（顏色）	1 =	無法持續使用策略
	0 =	隨機；沒有分開顏色
方塊策略（B）：	3 =	有效
（加法）	1 =	其他
	0 =	隨機
參考不同顏色方塊	1 =	是
得出總數答案：	0 =	沒有
計算正確性：	2 =	是
	1 =	計算時錯了一個數字，計算有一些小錯誤
	0 =	缺乏一對一對應關係

表 27：公車遊戲摘要表：第一階段

兒童（年齡）	第一趟	提供協助	第二趟	提供協助	第三趟	提供協助	第四趟	提供協助	其他的問題				第一階段總分	第二階段總分	兩階段總計	說明
									手	腳	手	頭				
									腳							

表 28：公車遊戲摘要表：第二階段

兒童（年齡）旅程	最後總數	方塊策略 A B 參考方塊	計正確性	提供協助	小計
5					
6					
7					
8					
合計					
5					
6					
7					
8					
合計					
5					
6					
7					
8					
合計					
5					
6					
7					
8					
合計					
5					
6					
7					
8					
合計					

兒童（年齡）旅程	最後總數	方塊策略 A B 參考方塊	計正確性	提供協助	小計	說明
5						
6						
7						
8						
合計						
5						
6						
7						
8						
合計						
5						
6						
7						
8						
合計						
5						
6						
7						
8						
合計						
5						
6						
7						
8						
合計						

第**4**章

科學領域

前 言

　　大部分的孩子並不需要經由正式的教導就能進入科學領域。他們天生自然地對環境中的各種層面——人類、植物、動物，以及他們周邊生活環境的特徵，感到興趣盎然。孩子們會從身邊的事物中發現簡單的因果關係，例如開燈、盪鞦韆、吹出口哨聲。事實上，嬰兒早就對因果關係有初步的了解，例如，當他們一搖動小嬰兒床，掛在床頭上方的吊飾就會轉動。不過，孩子還是需要花許多年的時間，才能進一步了解在交互的關係中哪一個是因，哪一個是果。

　　我們從皮亞傑的研究中知道，隨著孩子主動對環境進行探索，他們對世界的了解也隨著年齡成長而發展（Ginsburg & Opper, 1979）。嬰兒早期對於不同類別的了解（understanding of categories），逐漸讓學童可以辨

別不同的種類和組型（classes and sets）。從觀察和操作物件的過程中，學前兒童開始能夠找出互動和行為中可預測到的形態。然而，科學方面的能力比起數學和音樂方面的能力，更需要有實際世界接觸的經驗，並且需要更長的時間才能形成。因此，一般而言，科學方面的能力評量，通常會在孩子上小學，或甚至是國中的時候才進行，而那時學校的課程已經從重視歷程轉變成重視成果，並且愈來愈內容導向了。

在科學的領域中，物理科學──包括化學和物理，探討物質世界與物理系統的演化；而自然科學──例如生物，則探討生命體的形式和現象，包括它們的起源、成長和結構。在我們的生活中，由於科學和科技的角色日趨重要，因而未來的學校將可能會提高他們對物理科學以及自然科學的重視。在學前教育中，教室中用不同的活動角來呈現各個科學層面，通常會有：積木角、戲水池、沙堆、自然科學角、木工和烹調活動等。

科學活動的概念化

科學方面的能力有許多不同的表現方式。有些孩子想知道事物的運作原理，有些比較有興趣知道事物的生長情形，還有一些人只對事物的分類有興趣。例如，有些孩子會專注於根據物件的浮或沈特性，將事物加以分類，然而有些孩子則會挖空心思想辦法讓浮著的東西沈下去。孩子們也會將科學化的精神帶到別的領域去。例如，某個對畫圖沒興趣或不擅長的孩子，會願意花一番功夫把蜘蛛畫得栩栩如生。這些孩子會使用他們在其他情境中學到的資訊，為他們教室中的活動下個結論。例如，孩子觀察到蚱蜢跳起來時會撞到昆蟲箱頂，因此，她下個結論說：「蚱蜢可以跳得比箱子高。」

在科學領域中，優異的能力為：能夠找出訊息之間的相關性並做比較，解釋觀察到的現象，以及形成假設並進行考驗。在成長中的小小科學家身上，我們會看到他們熱切地去探討外在世界，並且提出許多問題，以尋求

更豐富的知識。當我們給這些孩子一些不可能做到的任務時，例如，把正方形變成圓形，這些孩子們會清楚地看到這項問題中「不能改變」的層面，而非只是表現「我不會做」的反應。光譜活動就是想找出這些喜歡探討事物結構與形態的孩子，以及有興趣尋找問題與解決問題的孩子。

　　我們採用科學領域上三個成熟的終點行為，作為評量孩子的方式。第一，自然觀察者對於自然現象充滿興趣和理解能力，並且也具有敏銳的觀察力。因此，我們在光譜計畫設計了發現角活動，提供孩子多樣化的生物和無生命的物品，鼓勵孩子做觀察、描述現象和進行分類。我們決定不把過於結構化的活動放入這個部分中，因為敏銳觀察環境的能力在各種時機中都會出現。

　　尋寶遊戲，反映出第二種成熟的終點行為——實驗科學家的能力，也就是基於觀察的結果，使用所得的資料去推論事物背後的法則，這是科學性思考的關鍵要素。浮沈活動和發現角活動與尋寶活動有相似的目的，也就是，仔細的觀察、形成簡單的假設和進行實驗。

　　最後，組合活動則是著重第三種成熟的終點行為——機械能力。例如，能發現原因和功能之間的關係。在這個活動中表現優異的孩子熱中於了解事物如何運作，並且喜歡修理故障的東西。

▌發現角

❀ 目的和活動介紹

　　發現角活動的目的在提供一個全年度的活動，並鼓勵孩子觀察、探索和進行自然現象的實驗。發現角所採用的活動和評量方式，相對於其他科學領域中的活動來說，比較沒有結構性。在一整學年中，孩子接觸多樣化

的自然科學活動，而非只是學習一項正式的活動。老師透過正式的觀察和日常觀察，針對科學性探究和觀察所需的認知成分，評量孩子的能力表現。

在發現角中所涉及的認知成分，包括仔細觀察、找出相似處和相異處、形成假設、做實驗，以及對自然現象感興趣或了解自然現象。在這個活動中，不論在室內或室外，都提供老師許多機會觀察上述的認知成分。因為不是所有的孩子都會對同一現象或領域產生興趣，所以務必要提供較大範疇的自然科學經驗讓孩子去探索。老師也應該記錄下來哪些孩子對哪個主題或活動特別感興趣，或有潛力，例如，對石頭、動物或做實驗等。

在本書的第 154～157 頁中，我們列出發現角活動的行事曆。我們也附上一些延伸活動或替代方案的資料，以供參考。讀者可以根據孩子的興趣、設備取得的可能性、地方的氣候和學校所在地的情形來做決定。

材料和情境佈置

發現角的材料和情境佈置，視你所選擇的活動內容來決定。雖然我們在下面列出基本材料和設備表，但是每一項材料都是可以更換調整的。愈是善用身邊的自然情境，老師就愈能將活動納入教室活動中。在發現角活動中的許多材料，可以在學校校園中取得（例如，葉子、泥土、石頭、木頭），或是孩子搜集的東西（例如，貝殼、石頭，或金屬物品），或由家長捐贈（例如，毛料、舊雜誌、線團、盒子）。

最好的材料是孩子們能以許多不同方式運用的材料，例如，陶土、沙、木頭、冰塊、種子和水。因為這些材料能有許多不同的形式、重量、色彩和質感，它們能讓孩子們做觀察和實驗。同時，因為孩子能改變這些材料和做出各種形狀，所以它們很能吸引孩子的注意力，不需要成人直接的指導（Pitcher, Feinburg, & Alexander, 1989）。

如果可能的話，發現角最好在教室中有一、兩張小桌子，上面放著架子或方格子讓孩子展示他們的搜集品。有時，準備兩個或更多樣物品讓孩

子觀察和探索。每次加入新的東西或活動時，最好要間隔幾週，以便讓孩子能持續一段時間投入在某個活動中。每當提供一個新的材料時，也務必讓所有孩子知道如何使用，以及收拾整理物品。

發現角所用的基本材料

一般設備

　　放大鏡

　　透明的分裝盒

　　鑷子

　　點眼藥器

　　儲物盒

　　顯微鏡

　　鏡子

　　磁鐵

戲水區設備

　　篩子

　　漏斗

　　塑膠罐子

　　塑膠盒子

　　打蛋器

　　各種不同的浮沈材料

　　（例如，軟木塞、石頭、海綿、

　　　小刷子，參見 172 頁）

　　食物染料

測量用的設備

　　溫度計

　　公分尺

　　廚房用的度量工具（例如，

　　　茶匙組或量杯組）

養動物的設備

　　籠子、盒子、盆子

　　昆蟲箱或大罐子

　　鳥屋

　　水族箱

園藝設備

　　盒蓋、盆子、盤子

　　花盆、盒子、蛋盒

　　植栽工具

　　（例如，小鏟子、掌

　　　上型耕作器、鍬）

標本

　　化石

　　種子

　　石頭和小石子

　　貝殼

　　羽毛

　　骨頭

　　毛皮

記錄用的材料

　　錄音機

　　麥克筆

　　鉛筆

　　紙張

　　次序卡

❀ 程序和進行過程

　　在學年一開始時，向孩子們介紹發現角活動。首先，運用「登記制度」，讓某個活動中孩子的數量控制在一定的範圍內。你可以用孩子的照片或名牌來做登記的方法。你也可以和孩子一起訂出使用活動角的規則。規則要很清楚，強調安全性、共同分享和材料的整理收拾。發現角的大部分活動都是開放性的，孩子可以很自由地使用這些材料。

　　開始進行這些活動之前（參見下面所提的建議），先行示範並說明各種使用發現角的設備和材料的方法。例如，讓孩子去傾聽貝殼內的聲音，也可以讓孩子用放大鏡仔細觀察。說明之後，鼓勵孩子配合老師提供的各項活動，使用各項設備。這些材料可以在自由活動時段中使用，也可以用在結構性的活動中。例如，除了浮沈活動之外（第 171 頁），也可以給孩子充分的時間去玩水——裝水、倒水、吸水遊戲等等。

❀ 計分

　　如同前面提及的，發現角活動是光譜計畫中比較無結構性的一項。這個評量方式與創意肢體課程、同儕互動檢核表，及藝術檔案相似，都著重探討孩子的活動內容和他們長期的工作情形。孩子們在此項科學方面的能力評量，主要是透過老師的正式和非正式觀察。表 29（第 159 頁）列出發現角的評分標準，幫助老師進行觀察評量。

　　在觀察孩子參與自然科學活動之前，請仔細研讀表 29 的評分標準，以便讓自己熟悉各種定義。計分時，使用發現角觀察表（表 30，第 160 頁），盡可能仔細地記錄下孩子提出的問題、說詞、興趣表現、觀察和問題解決策略。發現角觀察表並不是要提供量化的資料，而是要讓老師對孩子在自然科學領域上的長處和興趣，有一個整體的看法。

活動行事曆

下列是自然科學活動的行事曆參考範本。不論是在室內或戶外進行，活動的選擇和順序的安排，是根據季節的變化、孩子的興趣以及活動可掌控的情形來決定。我們並沒有巨細靡遺地描述每一個活動，因為在許多老師的教學中已經採用相似的課程了。

九月

1. 找出設置發現角的空間
2. 介紹發現角中會使用的材料
3. 介紹「我的寶物盒」活動

 「我的寶物盒」用來搜集自己有興趣的東西，以便日後可以玩賞。樹葉、石頭、苔蘚和自然界中其他有趣的東西都可以收集，並且可以用放大鏡或顯微鏡觀看。和同學們、老師一起探索這些物品。

4. 把「我的寶物盒」延伸成一個藝術活動

 用鞋盒和其他不同的材料來裝飾，並且標示寶物盒和搜集品的名字。

十月

1. 秋天的漫步

 和孩子們一起探索秋天的景象。和孩子一起討論葉子的色彩，以及葉子的變化。夏天的鳥兒和色彩都到哪兒去了呢？夏天之後，哪些東西有了變化呢？並且介紹孩子認識搜集品。

2. 和孩子討論戶外之旅和搜集的物品

 孩子圍坐成大圓圈，在他們的面前鋪上幾張報紙，並且請孩子們拿出兩件搜集品放在報紙上面給大家看。

3. 葉子大壁畫

 在一張大的蠟紙上，撒上一些粉蠟筆屑。把幾片葉子放在紙上，然後再蓋上另一張蠟紙。用熨斗在蠟紙上壓燙幾回，然後把做出來的

（續下頁）

（承上頁）

成品貼在窗戶上觀賞。

4.萬聖節南瓜田之旅

　　讓每個孩子選一個小南瓜回來做雕飾，完成的成品帶回家觀賞。在班上，師生一起雕刻一個大南瓜，把南瓜子曬乾，並且烤一烤。班上的南瓜可以一直放在發現角中；孩子們可以觀察，並且討論南瓜的腐壞情形。

十一月

1.餵鳥和松鼠

　　買一些鳥食和乾果，請孩子們帶一些麵包屑來。

2.在班上做一個餵鳥的餵食器

　　在做這個簡單的餵食器時，先混合一些花生醬和奶油；把攪拌後的材料塗到松果上，再把松果沾一些鳥食。綁上顏色鮮豔的絲繩後，把松果掛在樹上，或者用保鮮膜包好，讓孩子帶回家用。

十二月

1.設立班級小博物館

　　把牛奶盒的盒蓋剪開，然後放進一個平淺的大盒子中，請孩子搜集或捐贈一些不同的物品，例如，石頭、樹葉或貝殼。把這些搜集品分別放進牛奶盒中，提供孩子放大鏡讓他們可以仔細觀察這些物品。

2.雪的實驗

　　在教室中準備一盒雪，把雪放在顯微鏡下，看看雪融時，它是什麼樣子。

一月

1.冬日自然世界之旅

　　葉子到哪裡去了？什麼東西埋藏在雪下面？為什麼泥土這麼硬？孩子們能不能模仿走在雪地的聲音？

（續下頁）

（承上頁）

---

2. 堆雪人

把班上的學生分成幾個小組，每一組做出自己的雪人，鼓勵孩子一起合作堆雪人；觀察雪人在不同時間內的形狀。

二月

1. 堆雪堡

鼓勵孩子按照自己的想法建造自己的雪堡。這個雪堡多久才會融化？

2. 冰的實驗

準備兩個製冰盒，裝一些自來水到一個盒子中，另一個盒子裝鹽水，把兩個盒子放在室外過夜，看看哪一個盒子的水結成冰，哪一個沒有。把冰塊拿到教室中，用不同材料包住冰塊（棉花、紙、布、塑膠等），看看哪一個材料包住的冰塊最快融化。

3. 雪的藝術

在雪上塗一些顏色，看看雪融化時顏色有何改變。

三月

1. 小蝌蚪

小蝌蚪可以從湖裡或池塘中找到，或從生物材料店中買來。觀察小蝌蚪變成青蛙是一個很棒的自然科學長期觀察活動。孩子可以看到生命不同階段中器官的改變，並且也可以從餵食和換水的過程中，學到如何照顧動物。

2. 春季的自然之旅

和孩子討論季節的變化：雪到哪裡去了？你發現了多少種綠色的植物？舉出幾項從冬季到春季可觀察到的變化，例如，從孩子的衣著、自然環境和動物的生活等。

3. 種宮人草（amaryllis）

把宮人草的球莖種在花盒中，並插上一把紙尺。教孩子測量宮人

（續下頁）

（承上頁）

草的高度，以記錄宮人草的成長變化。

四月

1. 種子和植物

種子的大小和發芽的速度之間是否有什麼關係存在？進行一些實驗來探討空氣、光線對種子發芽與植物生長的影響。

2. 地球日自然界之旅

給孩子戴上手套，然後帶他們去戶外散步，並且撿回一些廢棄物。設計一個「廢物再生雕塑作品」計畫，讓孩子以小組合作方式進行。和孩子們討論如何保護環境。

五月

1. 把植物移植到戶外的花園中

2. 陰天時，觀察天空的變化

閱讀雲朵和天氣的書，教孩子坐或躺在地上，觀看天空。雲朵看起來像什麼呢？

六月

1. 春／夏季自然界之旅

這次主要的重點是搜集甲蟲。帶一些捕蟲網（如果有的話），從草叢、小樹林，或草地上捕捉蟲子。捕到蟲之後，和孩子談一談某一地點的昆蟲生活方式。仔細看過這些蟲子後，把蟲子放走。

2. 小嬰兒來拜訪

邀請一些小嬰兒或小小孩來教室中。小嬰兒走路的方式和小小孩有何不同？和你有什麼不同？你發現你還有哪些地方和小嬰兒不同？有何相同的地方？當你還是小嬰兒時，是像什麼樣子？

補充活動

在下面所列舉的活動，可以隨你使用。這些活動可以讓老師觀察到兒童在理解科學現象和學會科學方法上的發展變化。

每一次只用一個活動，你可以變化使用的材料或概念。由於大部分的活動都是以兒童為中心，因此，在簡短說明之後，你可以讓孩子自己去探索這些材料。

1. 吹泡泡

用洗衣精（Joy 或 Dawn 這兩個牌子最好用）調製出泡泡水。把吸管弄成圓圈、方形、三角形做成吹泡泡的工具。讓孩子猜測吹出來的泡泡會是什麼形狀。也可以用漏斗、線軸，或裝草莓的小籃子來做吹泡泡的工具。

你也可以在塑膠紙盤或紙杯底部切割出不同的形狀。或用兩根吸管接起來成為一條長吸管，並且打一個小結（這個小結要打在其中的一根吸管上），這樣也可以做出不同形狀的泡泡來。你可以吹吸管，或者輕輕地上下搖動，然後讓水聚集在一起，產生泡泡來。

2. 磁鐵

給孩子一些磁鐵，以及一些不同的材料，例如，鐵釘、迴紋針、鉛筆和鋁片。要孩子實驗看看哪些東西會被磁鐵吸住。然後再給孩子一些不同的材料，例如，吸管、尺、繩子、膠帶、鐵絲和磁鐵。要孩子們想辦法讓一輛金屬製的小玩具車跑動，但是不能用手去推車子。

3. 感官

倒四種不同的液體到四個不同的瓶子中（例如，醋、蘋果汁、蜂蜜水、糖水、鹽水、水、咖啡、可樂和醬油）。

請孩子描述液體的顏色。他們用哪一個感官來分辨不同瓶子中的顏色？請他們給瓶子貼上液體正確名字的標籤。鼓勵孩子使用他們的嗅覺、視覺，或者味覺。

4. 認識食物的脂肪含量

給孩子看幾種不同的食物，例如，培根、花生、美乃滋、奶油、葉菜和麵包。請他們在一張紙上用力地磨每一種食物。然後，把紙拿起來對著光線觀察食物摩擦過的漬跡。記錄孩子的觀察。

表 29：發現角的評分標準

□**仔細觀察**

1. 使用一種以上的感官，仔細觀察材料，以了解環境中事物的特性
2. 注意到一個物體在不同時間的變化（例如，植物的新葉子、樹上的芽、蝌蚪長出腿來了……等等）
3. 有興趣用畫圖、表格、次序卡等方式來記錄所觀察的結果

□**關係的確認**

1. 注意到物體之間相同和相異之處，並且喜歡比較材料、事件或兩者之間的異同（例如，比較螃蟹和蜘蛛的異同）
2. 根據不同的指標分類物品（例如，依顏色、形狀、大小和質地來分類）

□**形成假設**

1. 根據觀察做預測
2. 對自然界的物品或事件，提出「假如」類型的問題
3. 對事物的形成原因提出解釋

□**實驗**

1. 提出實驗的方法，或設置簡易的實驗情境來考驗假設（例如，放一個大石頭和一個小石頭到水中，看看哪一個比較容易沈下去）
2. 操控適當的變項或用新的方法結合材料，來探索各種不同的物品或各種存在的關係（例如，給植物澆油漆，而不是澆水）

□**對於自然觀察活動感到興趣**

1. 在一段持續的時間中，表現出對自然現象或有關材料的興趣，有很強的動機要主導自己的學習過程
2. 經常對自己所觀察的事物提出問題
3. 喜歡談論自己對自然環境的親身經驗或別人的經驗

□**對自然世界的知識**

1. 對某一個自然界事物或現象，擁有大量的知識（例如，昆蟲、恐龍）
2. 對自然界現象提供相關資訊，並且經常回答老師或其他人所提出的問題

表 30：發現角觀察表

兒童姓名 _____ 年齡 _____ 觀察者 _____ 日期 _____

要　件	觀　察　結　果
仔細觀察 1. 使用不同的感官 2. 注意物品在不同時間內的變化 3. 用多種方式記錄觀察的結果 4. 其他	
關係的確認 1. 比較／對照材料、事件，或者兩項都包括 2. 根據多種不同的指標去分類物品 3. 其他	
形成假設 1. 根據觀察結果作預測 2. 提出「假如」類型的問題 3. 對原因提出解釋 4. 其他	
實驗 1. 設立實驗情境 2. 用新的方式使用材料 3. 其他	
對於自然觀察活動感興趣 1. 對自然現象表現出強烈的內在動機 2. 對所觀察的事物提出問題 3. 報告自己與自然環境接觸的經驗 4. 其他	
對自然世界的知識 1. 擁有大量的知識 2. 提供資訊並且回答問題 3. 其他	

▌尋寶遊戲

✿ 目的和活動介紹

　　尋寶遊戲的目的是讓孩子有機會去做邏輯推論，並且能提出綜合兩組資料的規則。在這個遊戲中，孩子們從遊戲板上找尋藏在旗子下的寶物。我們鼓勵孩子設法破解埋藏寶物的規則：骨頭藏在橙色的旗子下，珠寶藏在紅旗下，石頭藏在綠旗下，但是藍旗下什麼也沒有藏。一旦他們發現了這個規則，孩子就能去預測其他寶藏藏在何處。

　　在這個遊戲中，孩子把找到的寶物放在「用顏色隔出小格子」的盒子中。因此，老師可以觀察到哪個孩子能根據顏色來分類物品。雖然很多孩子可以把寶物歸類到正確的顏色格子中，但是他們仍然不太能使用這些訊息去預測何處可以找到下一個寶物。有些孩子根據物品本身的顏色來做預測（例如，猜測紅色旗子下會有紅色的石頭），或者，他們以自己對顏色的喜好來做預測。藍色方格（相對應於沒有藏任何寶物的藍旗）對孩子而言，最難以說明，因為它沒有任何物品在其中。

　　雖然在這個遊戲中，我們特意不強調口語的表達能力，不過，在第三回合的遊戲後，以及在遊戲結束時，我們會問孩子是否能說出埋藏寶物的規則來。在第六個回合時，老師要記錄孩子是否能根據先前尋找寶物的經驗，推論出石頭在哪裡。對於那些能立即說出遊戲規則的孩子，可以讓他們再玩第二次遊戲，但是要更換顏色和物品的組合，或者換用其他新的物品。

　　這個遊戲玩到較後半段時，有些孩子會發現到每一類寶物只有四件，因此會推算出他們是否已經全部找到某類的物品，或者還有哪些寶物沒找

到。另外，孩子在使用口語說明規則方面，也出現了相當明顯的個別差異
情形。

✿ 材料和情境佈置

　　尋寶遊戲的材料包含了一個遊戲板，以三呎乘二呎乘三吋的硬紙盒為
底，上面蓋著一個長方形大紙板（每邊比底部多出一吋寬）做成；另外需
要藍色的玻璃紙和綠色的包裝紙；三或四棵小樹；十六個優格的杯子，蓋
子塗成綠色；用毛氈布做出十六支三角旗，黏到細長的木桿上（四吋半
長），並且立在塑膠製圓形底座上；三類寶物（例如，四個石頭、四件珠
寶、四塊骨頭）；以及一個衛生紙盒，讓孩子收存找到的寶物。你也需要
準備十二張紙牌一組，上面畫著彩色的旗子或寶物的類別（見下頁圖示）。

　　用藍色玻璃紙蓋住大紙板，讓這塊紙板看起來像是一大片水。然後用
綠色包裝紙做出不規則狀的「島嶼」，放到「海洋」上。島上可以放三或
四棵小樹。在島嶼上挖出十六個洞（直徑三吋大小），在每個洞裡可以放
進空的優格杯子。

　　記得讓杯緣和島嶼的表面等齊。在每一個洞旁邊插一支旗子。紅、藍、
橙、綠色旗子各有四面。紅色旗子旁的洞放入珠寶，綠色旗子旁是石頭，
橙色旗子旁放的是骨頭。你可以使用一些道具珠寶（鑽石、紅寶石、胸針
等）和兔子骨頭（可以在普通的科學材料店中買到）來作為遊戲材料。在
遊戲一開始時，給孩子一組十二張的紙牌，順序如下：

1.紅色旗	7.綠色旗
2.橙色旗	8.藍色旗
3.藍色旗	9.骨頭
4.橙色旗	10.石頭
5.紅色旗	11.空白卡
6.石頭	12.珠寶

你也應該提供孩子一個小盒子（空的面紙盒），讓他們可以存放找到的寶物。把盒子分為四小格，分別用和旗子相同顏色的色紙區隔開來。

每個孩子單獨進行評量，每個人大約十分鐘時間。在觀察表（表31，第169頁）上記下孩子的反應。如果時間允許的話，可以根據孩子不同的興趣和理解能力，繼續進行不同難度的尋寶遊戲。

尋寶遊戲

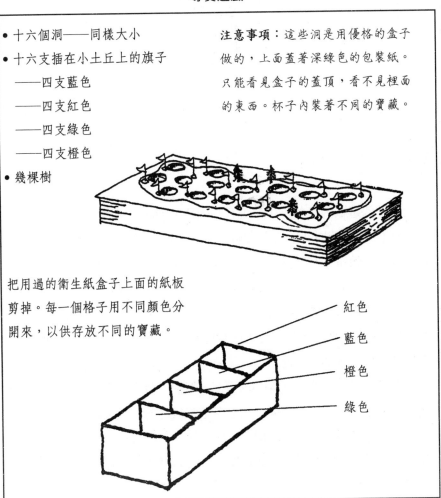

* 十六個洞──同樣大小
* 十六支插在小土丘上的旗子
  ──四支藍色
  ──四支紅色
  ──四支綠色
  ──四支橙色
* 幾棵樹

注意事項：這些洞是用優格的盒子做的，上面蓋著深綠色的包裝紙。只能看見盒子的蓋頂，看不見裡面的東西。杯子內裝著不同的寶藏。

把用過的衛生紙盒子上面的紙板剪掉。每一個格子用不同顏色分開來，以供存放不同的寶藏。

紅色
藍色
橙色
綠色

（續下頁）

（承上頁）

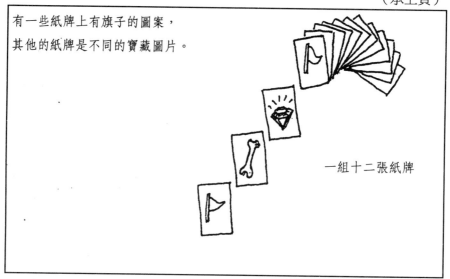

有一些紙牌上有旗子的圖案，
其他的紙牌是不同的寶藏圖片。

一組十二張紙牌

程序和進行過程

　　由於這個遊戲對某些孩子來說有些困難，因此，尋寶遊戲最好是在一學年中後半段的時間才做。在大團體時間，用下列方法介紹這個遊戲：「這個星期我們在教室中有新的遊戲，叫做尋寶遊戲。這個遊戲有點像偵探遊戲，因為小朋友們要設法找出寶物藏在哪裡。每一個小朋友都有一次機會和＿＿＿＿【成人的名字】玩遊戲。」如果你想要在實施評量之前，展示這個遊戲板給孩子們看，務必要注意不能讓孩子把紙板上的玻璃紙撕開來，以免他們看到裡面藏的寶物。

　　接下來，請參看表31（第169頁），以便了解這一段的敘述內容。進行尋寶遊戲時，先請孩子和你一起坐在遊戲板之前。然後對孩子說：「這是一個尋寶遊戲。你有幾次的機會來找出旗子下的寶物。寶物有珠寶、石頭和骨頭。也有一些洞裡沒有放寶物。你要想辦法記住每一次你在哪個地點找到哪一種寶物，然後，想辦法找出所有的寶物。」

　　然後，給孩子四色方格的盒子，並且說：「這個盒子可以幫你忙。它有紅、橙、藍、綠色格子，就像這裡有紅、橙、藍、綠色旗子一樣（指著旗子）。它可以幫助你記住你是在哪裡找到寶物的。這些卡片是告訴你遊戲怎樣進行。」

　　把紙牌面朝下疊成堆放在孩子面前，然後讓孩子翻開第一張牌（紅色旗）。告訴孩子這張牌的意思是她得去找紅旗下面的寶物。當她找到了一個珠寶之後，告訴孩子說（只說一次），「喔，你在紅色旗下面找到了一件珠寶。」如果孩子沒有把珠寶放到盒子的紅色格子中，就詢問孩子（只問一次），「你想把珠寶放在哪一個格子裡呢？」如果她仍然沒有放入紅色格子中，就說，「記得喔，你是在紅色旗子下發現珠寶的。」

　　請孩子翻開第二張牌（橙色旗），並且告訴她，這表示要去找橙色旗下方的寶物。當她找出了骨頭後，告訴孩子說，「喔，你在橙色旗子下找出了骨頭。」如同在第一回合中一樣，如果孩子沒有把骨頭放入盒子的橙色方格中，便問孩子，「你想要把骨頭放在哪裡呢？」如果她仍然沒有放入橙色方格，便說，「記得喔，你是在橙色旗下面發現骨頭的。」當孩子翻出下一張紙牌（藍色旗），並且察看過藍色旗下方，沒有發現任何寶物時，便告訴孩子說，「喔，在藍色旗下方沒有任何東西。」記住，在這一回中，千萬不要給與孩子太多的強調語氣。

　　接下來，告訴孩子，「現在，我們要玩一點不同的。在你去找旗子下面的寶物時，我要你告訴我，你認為你會找到什麼寶物。」當孩子翻開下一張牌時，務必在她去察看旗子下面的東西前，先問她會找到什麼東西和理由。如果她的預測是正確的，問她，「你怎麼知道的？」務必記住，不要引導孩子去思考盒子的訊息。接下來的紙牌都繼續使用這樣的程序，在孩子察看旗子旁的寶物之前，記得讓孩子先說出她的猜測。

　　在翻到第六張牌時，告訴孩子：「這張牌是要你去找石頭。你想你會在哪裡找到石頭？」「為什麼？」一樣地，如果孩子的預測是正確的，你可以問說：「你是怎麼知道？」繼續使用這個程序，並且綜合地採用「會

找到什麼東西？」或「在什麼地方？」與「為什麼？」等問題來讓遊戲順利進行。在第八回合之後，如果孩子仍然不知道如何使用四色格盒子，再協助孩子一次：「想想看，這個盒子能不能幫你想出在哪裡可以找到骨頭？」如果孩子看起來很焦急地在找寶物，你也可以用一些鼓勵的語氣：「記得……嗎？」

在做完最後一張牌之後，詢問孩子是否能告訴你這個遊戲的規則是什麼，或者找到寶物的祕訣是什麼。結束遊戲時（如果孩子有興趣的話），讓她去找剩下的三面旗子下的寶物。如果時間許可的話，你可以讓孩子幫你更換優格的杯蓋。如果孩子能說出遊戲的規則，請她不要告訴其他同學這個遊戲的祕密。如果要求孩子保密不易做到，你可以更換不同的寶物讓孩子玩。

🏵 計分

在閱讀這段有關計分的方法時，請參考表31（第169頁）。前三回合時，請將你對孩子的所有協助都記錄下來。同時，在前六回合中，在「寶物存放位置」的欄位下，記錄孩子是否將寶物放在正確的格子中。從第四張卡開始，記錄下來孩子是否有正確的預測，或者尋找正確的顏色旗，並寫下孩子的理由。同時從第四張卡開始，在「對」、「錯」欄中勾選出孩子的反應是否正確，並且在「核對盒子」的欄位中，勾選出孩子是否有參考盒子的訊息，以幫助她了解寶物的種類和所在的位置。在第八回合之後，請記錄下是否有提供孩子額外的指導協助。在該表下方的空欄中，寫下孩子回答最後問題的答案。你對孩子的表現如果有其他的補充說明，也可以寫下來。

請特別注意孩子在何時破解這個遊戲背後隱藏的規則，也就是說，她發現寶物是依照旗子顏色的不同而分類放置。通常當孩子能持續答對（如果因太急而出現一些小差錯是可以接受的），或者能夠用口語說出在何處

尋寶或寶物的種類時，就顯示孩子已經到達破解謎底的關頭了。利用表32
（第170頁）來總計孩子的分數。如果孩子在第四、五或第六張卡就解出
謎底，那麼可得十五分；在第七、八或九張卡，解出謎底，則得十分；如
果是在十、十一、十二，或在遊戲結束時，那麼就得到五分。不論在任何
時刻，如果孩子能了解到「藍色旗下沒有藏東西」時，不管她是用口語表
達出來，或者是對「藍色旗／空無一物」的問題答對答案時，都可得三分。
如果她在遊戲的過程中或在最後的問題時，說出遊戲背後的規則，請在該
次的欄位中打勾。最後，請進一步說明孩子是否參考四色格盒子的分類訊
息來幫助她預測寶物。

✿ 初步的結果：一九八六至一九八七

　　在一九八六至八七年的班級中，十九個孩子裡有十個孩子在活動結束
時了解到遊戲的規則；有五個孩子能用口語表達出來。對於遊戲的規則，
有個女生說出了最概括性的答案：「因爲所有在第一個地方出現（指遊戲
板）的顏色，也會在第二個地方（指四色格盒子）出現。」雖然大多數的
孩子能了解到「某個特定物品和某個顏色」之間的關係，但是這個女生能
夠指出並且用口語說出一個比較概括性的概念──顏色是關鍵性的變項。

　　幾位表現優異的孩子，似乎很早就猜測到或預測到不同顏色旗子和寶
物種類之間的關係。當孩子被問到某面旗子下會找到哪種寶物，或何處去
找某種寶物時，他們通常會參考他們的四色格盒子來做預測。當孩子被問
及原因時，他們通常會說：「因爲石頭總是在綠色那裡」，或者「因爲我
有一個珠寶在紅色那裡」。有時候，即使他們答對了答案，並且似乎也知
道規則，但是當被問到「爲什麼」時，他們會回答：「我不知道。」有個
孩子似乎已經處於解出謎底的關頭，然而，突然之間又毫無理由地說不出
任何規則。

　　幾位表現不錯的孩子中，也認爲很難了解藍色旗下的洞內爲何沒有寶

物。當他們看到藍色格子內沒有任何東西時，顯得非常困惑。相同地，他們很難判斷出哪一面旗旁沒有藏著寶物。

當大部分的孩子會回頭參考四色格盒子時，有些孩子還是只憑他們的記憶。有一個孩子從不回頭去參考四色格盒子，只是反覆問自己：「啊，我上次是在哪裡找到的呢？」另外一個孩子只要多思考一會兒，並且參考四色格盒子，他就會做對，然而，當他率性快速地提出回答，或者沒有參考四色格盒子時，他通常會答錯。有個女孩在遊戲進行到一半時，重新整理四色格盒子，把寶物正確地放入合適的格子中，但是她仍然沒有辦法運用後續增加的訊息。

沒有了解規則的孩子通常所做的反應是隨機性的。他們把寶物正確放入盒子的格子中，但是卻沒有回頭去參考四色格盒子的訊息。他們相當喜歡他們發現的寶物，即使這些寶物與他們的預期並不吻合。有一些孩子會利用紙牌上的不相關顏色，例如，當他們看到石頭下有綠色的草，就猜「綠色」，或者，當他們看到空白卡時，就猜「白色」。有一個孩子非常著迷於珠寶，因此無法專心參與活動。這個男孩在其他領域中也顯現出沈迷於視覺訊息的現象。

有四個孩子進一步做了一個難度較高的遊戲。在這個遊戲中我們取走珠寶，洞中不再放寶物，並且不再使用四色格盒子。結果，孩子表現得和第一次一樣好。有一個孩子還清楚知道珠寶被拿走了，即使他是間隔了三天之後才玩第二種遊戲。更高難度的遊戲方式是，將旗子標上數字，藏寶物的方式是根據號碼而非旗子顏色。這個遊戲對孩子們而言，非常難，因為他們沒有辦法將注意力從顏色轉到數字上。因此，只有一個孩子解出謎底。所以，這個版本可以給表現特別好的孩子做做看。另外，有一種方式可以提供給不理解規則的孩子，那就是，成人先向孩子解釋規則（所有的珠寶都藏在紅色旗下，骨頭是在橙色旗下）。然後，告訴孩子，這一次你會把珠寶、骨頭和石頭藏在不同顏色的旗子下，然後讓孩子玩一次遊戲，看看她的表現如何。

表31：尋寶遊戲觀察表

兒童姓名＿＿＿＿＿

觀察者＿＿＿＿＿

日期＿＿＿＿＿

年齡＿＿＿＿＿

盒子內的方格

顏色	紅	藍	橙	綠
物品	珠寶	空的	骨頭	石頭

紙牌的順序	孩子預測的答案	對錯	提供協助 寶物存放位置 盒子	對「原因」提出的解釋，或說出規則
1.紅				
2.橙				
3.藍				
4.橙				
5.紅				
6.石頭				
7.綠				
8.藍				
9.骨頭				
10.石的				
11.空的				
12.珠寶				

提出原因／規則的說明：

表 32：尋寶遊戲摘要表

兒童姓名 （年齡）	解出謎底	了解藍旗 的規則	說出規則	使用四色 格盒子	總計	說明

計分的方法：

在第 4、5、6 回合解出謎底＝ 15 分

在第 7、8、9 回合解出謎底＝ 10 分

在第 10、11、12 回合解出謎底＝ 5 分

知道藍旗下面是空的＝ 3 分

能說出規則=*

使用四色格盒子：寫出意見

最高分＝ 18 分

浮沉活動

目的和活動介紹

浮沈活動的目的是評量孩子是否能像科學家一樣思考、運用有效的觀察、確認變項間的關係（例如，重量和沈下去的機率），以及形成假設並進行簡單的實驗，以考驗假設。

這個活動是修改自達美教育公司（Delta Education）出版的《基本科學教材》（*Elementary Science Study Unit,* 1986）。在這個評量中，我們準備了一大缸水和許多不同的材料。一開始，要孩子先預測哪一個材料會沈，哪一個會浮，然後測試他們的預測，並且解釋爲什麼這些材料會浮或會沈。在另一個活動中，要求孩子設法讓沈下去的東西浮起來，浮起來的東西沈下去。在這個評量中，也可以加入一段自由活動和做實驗的時間，看看孩子是否可以自己動手去進行科學性的調查（例如，海綿可以承載多少東西還不會沈下去？）或者會改玩其他形式的遊戲（例如，用玩具人物說故事）。

在這個活動中所涉及的認知歷程包括了觀察、比較、分類，以及根據仔細觀察的結果，形成預測並加以驗證。孩子也可以學到不同物體的浮力、密度與排水量的概念。在這個活動的過程中，有一些孩子進行了一些非常簡單的實驗。他們試著從每一個步驟中區辨出哪些是相關、哪些是不相關的變項。例如，他們根據重量和形狀這兩個變項，把物品分爲「沈下去的東西」和「浮起來的東西」。另外，他們也會去觀察物品從不同高度掉下來時造成的結果，或者，把會沈下去的東西和會浮起來的東西放在一起，看看會發生什麼結果。

　　從孩子們對觀察結果所提出來的解釋中，可以看出他們是否能有效地應用他們所得的訊息。他們是否根據觀察的結果形成假設和預測？或者，只是隨意地提出一些看法？因爲在這個年齡的孩子可以用口語或非口語的方式表達他們的假設，因此這個活動可以針對口語方面的問題和想法，以及非口語的遊戲兩方面來評分。在這個活動中用到的認知歷程，和發現角活動中所涉及的歷程相似。

❀ 材料和情境佈置

　　在這個活動中的材料和情境佈置取材於《基本科學教材》。每個孩子個別接受評量，大約需要十五分鐘。如果孩子希望多玩幾次這些材料，可以鼓勵他們等到所有孩子都輪流做完活動後，再回來找你，或者他們可以在戲水區繼續玩相似的材料。

下列是用於本活動中的材料表：

　　1 個塑膠玻璃珠和一個塑膠蛋（示範用）

　　2 個小型的木質積木

　　2 個有鎖扣的門閂

　　2 個透明的軟片塑膠盒，有盒蓋

　　2 個軟木塞或泡棉

　　2 個石頭

　　2 個玩具人偶

　　2 個不透明的軟片塑膠盒，有盒蓋

　　2 個銅板

　　1 個廚房用的海綿刷或雪鐵龍泡棉

　　浮沈活動使用一個大約二至三加侖容量的大水槽，注入大約一半左右

的水,然後整個大水槽放在一條大毛巾上。活動區域要在你不介意會弄濕的地方。在旁邊放一條毛巾,以便讓所有的材料和孩子都能盡量不要弄得太濕。你也可以教孩子穿著圍兜來玩遊戲,以免弄濕衣服。

　　爲了不讓孩子分心,在遊戲之前,把前述的材料放在一個小袋子或盒子中,以免讓孩子看見。將孩子的反應(口語和非口語的)記錄在表 33(第181~182頁)的觀察表上。

🌼 程序和進行過程

　　在評量的前幾週,準備好水槽和浮沈的材料。雖然上面所述的每一項材料不一定都要用到,但是盡可能爲孩子多準備一些他們熟悉的材料,不過不要使用孩子在戲水區常用的材料。這些材料要有不同的重量、大小、形狀、材質(塑膠、金屬、木質)和質地的密度。可用的材料包括油質的陶土、鋁箔紙(當它捲起來時,會沈;當它展開來時,它會浮著)、長尾夾、玻璃珠、塑膠吸管,以及塑膠蓋子。你也可以給孩子直尺或磅秤,讓孩子可以去檢查每項材料的不同尺寸大小和特質。這個活動中所用的水,也可以加鹽或食用油,以及其他東西來改變特性。

　　用下面的說法向孩子介紹浮沈活動:「今天在教室中我們有一個新遊戲給小朋友們玩。它有不同的物品,有的會浮,有的會沈。每一個孩子都有一次機會和_____【成人的名字】玩。」

第Ⅰ部分:暖身——預測和分類

　　A.預測——向孩子說明這個活動:「這個袋子裡有許多不同的東西,我們要放入水中。我要一項一項把它們從袋子裡拿出來,我希望你告訴我,當你把這個東西放進水中時,你認爲哪一個會沈下去或會浮起來。讓我做一次給你看。」用玻璃珠和塑膠蛋示範一次(這個方式可以幫助那些不熟悉「沈/浮」字眼的孩子了解遊戲內容)。

　　進行評量時，根據表 33（第 181～182 頁）所列的次序，從袋子中拿出材料（一次一個）。每次給孩子一個物品，讓她放到水裡去，務必讓她在把物品放入水中之前說出她的預測。在第四回合開始時，詢問她預測的原因，並且在觀察表的空欄處寫下她的回答。

　　每一次放入新的物品到水中之前，先將前一個物品拿出來，以便孩子每次只注意一個物品。當孩子們逐一做完觀察表上的八項物品時，檢查一下哪些預測是對的，並且記錄孩子提出的解釋。雖然這些預測不計分，但是它們對孩子是否了解「浮和沈」的概念，提供了有用的訊息。

　　B.分類──把最後一項物品從水中拿出來。要求孩子將物品分成「沈下去的物品」和「浮起來的物品」。問孩子將物品分成這兩堆的原因，你可以這樣詢問：「這些會浮／沈的東西之間有什麼相同的地方？」或「為什麼你認為這些東西會沈，但是這些東西會浮？」記錄下孩子分成兩堆的東西及理由。讓孩子測試分別放在一堆的物品，並且問她為什麼有東西分到錯誤的類別中。記錄孩子提出的原因。

第 II 部分：自由實驗

　　把所有的材料從水中和袋中取出來放在桌子上，詢問孩子：「你想要用其他方式試試這些材料嗎？」或者，「你想不想讓這些材料在水中有其他的改變呢？」這個階段主要是要引發孩子自己的想法，而不依賴成人的指示，以便能觀察孩子如何處理這些材料：她是否投入於做實驗的過程、分類和分組，或扮家家酒？讓孩子有五到七分鐘的時間自由地玩一下這些材料。如果孩子顯得心不在焉，鼓勵她利用實驗來處理自己的想法和問題，但是不再進一步指導孩子。

　　在觀察表上盡可能仔細地記錄下孩子活動的細節，包括她提出的問題、想法和行動。如果孩子在結束後，不願意停止這項遊戲，告訴孩子得結束手上的遊戲，而且你還有其他的東西要和她玩，等到這些活動都做完後，就可以自己去玩想玩的東西了。如果孩子沒有什麼意見，那麼就進行第三

部分。

第 III 部分：結構化的實驗

A.把會浮起來的東西變成沈下去；會沈下去的東西浮起來——從水中把所有東西取出來，告訴孩子：「現在你已經知道這一些東西放入水中的情況，我要看你是不是能想出辦法，讓任何一種浮著的東西沈到水底，以及沈下去的東西浮到水面來。」拿出一個透明的軟片塑膠盒，並且詢問孩子：「你想有什麼辦法可以讓這個盒子沈到水底，並且會一直沈在水裡，不需要用你的手去壓住。」在觀察表上勾選出孩子使用的策略，並且仔細地用文字描述。如果孩子能簡單說出一個想法，就鼓勵她親自試試看。然後，不論策略有沒有成功，都詢問孩子原因。同時也鼓勵她用其他方法把塑膠盒子沈到水裡去。

同樣地，把所有的物件從水裡取出來，但是這一次鼓勵孩子想辦法讓沈下去的東西浮起來。使用銅板或小石頭來做實驗，如同上面的活動一樣，詢問孩子為什麼所使用的策略有效／無效的原因。在表 33（第 181−182 頁）上記錄孩子的策略。

B.猜測隱藏的物品——在這一部分的活動中，除了不透明的軟片塑膠罐之外，把所有材料放在袋子中，不要讓孩子看見（這樣孩子才不會看見哪一項東西不見了）。告訴孩子，「我有一個點子，我要在這個罐子中藏一些東西，然後我要你猜猜看什麼東西在裡面。」

把一個會沈下去的東西（例如，螺絲）放到塑膠罐中，但是不要讓孩子看到東西，並且把這個小罐子放到水中。詢問孩子小罐子中裝著什麼東西，但是不要把小罐子從水中拿出來。同時，也詢問孩子理由。在觀察表上記錄孩子的猜測和理由。特別注意是否有孩子找出方法知道小罐子中藏的是什麼東西。

如果孩子沒有辦法猜，就問孩子是否看到小罐子沈在水裡，以便提供孩子一些線索。如果孩子還是沒有任何答案，就讓她把小罐子從水中拿出

來，感覺看看有多重，或搖一搖聽聽看有什麼聲音。同樣地，記錄下孩子的猜測和理由。最後，讓孩子打開小罐子看看裡面究竟是什麼東西。

接下來，重複進行這個活動，這一次使用會浮起來的東西（例如，玩具人偶）。結束這個活動時，詢問孩子是否想試試看哪一樣東西，或者有任何疑問想問。

❀ 計分

請參考表33（第181-182頁）和表34（第183頁）。在表33中記錄孩子的反應和操作。做完活動後，使用表34去整理並記錄每個孩子的分數。對於第一部分，孩子的猜測不用計分，在第四至八回合中，針對孩子的推理加以計分，如果孩子能夠對三個以上的猜測提出合適的理由，可以得二分。

在第一部分的B活動方面，如果孩子能正確地分類五至八項物品，得三分；如果孩子的理由中涵蓋了相關的變項，例如重量，那麼就再得二分。特別要注意孩子是否能提出理由解釋互相矛盾的現象，例如，為什麼石頭會沈下去，即使它比玩具人偶要輕得多。

就專門的術語來說，密度、體積和表面積等因素是物品浮力的相關變項，但是對於這個年齡的孩子來說，「重量」可以當作是相關變項來計分（浮力的正式定義是：「一個物品放入水中時，向上推升的力量相等於該物品的排水量」）。孩子對於「哪些東西會沈，哪些會浮」的推理理由，或者認為顏色、大小，或形狀是浮沈的相關變項，這些都可以記錄下來，但是不給分。

在第二部分，設法記錄孩子使用的所有方法和說法。由於並不是所有反應都可以進一步探討，所以只有在孩子出現「可計分」的發問或評論時，或有做實驗時，才給三分。第178頁中會提供你例子說明哪些是可計分和不計分的反應，幫助你進行計分（這些例子並沒有包含所有的反應，但是

可以顯示出孩子可能會有的反應）。一般而言，不論在什麼時候，當孩子能以發問、評論或遊戲的方式，找出一個相關的變項時，就可得三分。但是，孩子以何種形式來找出變項並不重要，得分都一樣。在這個活動中，最高可得到十五分。

　　在第三部分的 A 活動方面，要在表中勾選出孩子使用的策略，並且記錄下孩子提出的理由。如果孩子提出的想法或實際作法，能成功地讓沈下去的東西浮起來，或者浮起來的東西沈下去，就得三分。如果孩子能提出合適的理由說明作法成功或不成功的原因，就可得一分。

　　在第三部分的 B 活動方面，把孩子所有的猜測和理由記錄下來。只要孩子在這個計分活動中能正確地確認浮或沈的東西，得二分。如果她還能正確地猜中在罐中的物品，則多加一分。把孩子提出的理由記錄下來，但是不進行計分。

孩子行為反應的例子

可以計分的問題（3分）

如果我把罐子翻倒過來，會發生什麼事？

如果我把石頭放進罐子裡，會發生什麼事？

為什麼這些木頭做的東西會浮著？

為什麼有些東西比其他東西沈得更下面？

為什麼海綿塊吸水後變重了？

為什麼東西在水中的時候會黏在一起？

我相信海綿如果和其他會沈下水中的東西綁在一起的話，它也會沈下去。

不計分的問題

你在哪裡找到這些石頭的？

水裡有多少的積木？

我可以把海綿塊當作是游泳池裡的浮板嗎？

實驗性的遊戲（3分）

孩子把桶子裝滿水，試著讓它沈下水中。

孩子把洗濯器具放在積木的上面，讓積木可以一直沈在水中。

孩子試著去看看一個海綿塊可以撐住多少重物，而不會沈入水中。

孩子試著從半空中丟下一個原來會漂浮在水面的東西，看看它會不會沈入水中。

孩子試著去發現當一個物品從不同的空中高度往下丟時，會濺出多大的水花。

不計分的遊戲

孩子們試著去洗所有的材料。

孩子把水池當作是玩具的游泳池。

孩子用這些材料來說故事。

孩子為這些玩具人偶做一個衝浪板。

⊙**注意事項**：不計分的遊戲和問題，可以提供有用訊息，讓我們了解一個孩子其他領域的興趣或長處。

✿ 初步的結果：一九八七至一九八八

　　在十七個參與「浮和沈活動」的孩子中，四個孩子得到「高分」；十個孩子得到「中—高」到「中—低」的分數，三個則是「低分」。在最高分組的孩子能夠利用在第一階段活動中的觀察結果，幫助她預測哪些物品會浮，哪些會沈。有個男孩很仔細地檢查這些物品，觸摸它們、擠壓它們，並且自問哪些看起來相似。另一個孩子則會比較哪一個物品比另外的物品浮得更高。另一個孩子則說：「重的東西會沈下去——這是地心引力的關係。」他將地心引力定義爲「當某個東西從懸崖掉下來……那麼那個東西會一直往下掉。」在低分組的孩子，則是隨便猜測，不能綜合他們擁有的資訊，並且沒有辦法爲他們的觀察提出任何理由。

　　在第 II 部分（自由實驗）中，孩子們有的是茫然不知如何做，有的卻能舉出各種不同的想法並加以實驗。有些孩子沈浸在探索的遊戲中，但是有的一點也不感興趣；他們只是想洗那些東西，或把東西放進水裡，然後逐一拿出來而已。有兩個孩子說出他們的想法，但是不願動手去試試看，即使成人鼓勵他們，也不見效。然而，約有一半的孩子實際動手做實驗驗證他們的不同想法，即使他們已經找到想要的答案了，還是樂此不疲。他們的想法中，包括設法平衡不同的物品、試試看海綿能承載多少東西、從不同的高度讓東西掉下來、讓浮的東西沈下去、讓沈下去的東西浮起來。有一個孩子注意到當兩個木質積木放在水裡時，兩個積木會靠在一起。他很有系統地去檢查其他的成對物品，看看是否也會靠在一起。這個孩子對這個活動非常有興趣，每天都來幫忙佈置場地給其他孩子玩，並且看看是否還有新的材料可以玩。他也會去問其他同學玩那些材料的方法。

　　在第 III 部分的 A 活動中，十個孩子能夠想出辦法讓小罐子沈下去，讓螺絲圈浮起來。他們設法把重的東西放進小罐子裡面或者放在蓋子上，好讓罐子沈下去。他們把螺絲圈放在海綿上或者小罐子中，讓東西浮起來。

有一些孩子即使在活動結束後，還會繼續想出其他方法。要讓小罐子沈下去的過程中，孩子們有一些不太有效的方法，像是把它丟進水裡，或者在罐子裡放進一些其他東西，但是重量仍然不夠沈下去。要讓小螺絲墊圈浮起來時，不太成功的方法包括在它上面放一些比較輕的東西，以及設法讓它放在一個半浮半沈的東西上面。

在第 III 部分的 B 活動方面，有一些孩子沒有提出任何猜測，但是大部分孩子會根據小罐子沈下去或浮起來的情形，認為藏在罐子裡的東西是重的或是輕的。有一個孩子說：「我知道它不是一個重的東西，因為重的東西會沈下去。」只有一些小孩能夠正確地說出東西是什麼：有個男孩先把罐子放進水中，試試看它是沈或浮，然後，搖動罐子聽聽它所傳出的聲音，再猜測裡頭藏著什麼東西。

如同其他的一些光譜活動一樣，有些孩子會將他們的專長帶入這個活動中。有個男孩編了一個「偉大的海綿明星」的故事；其他的孩子則對不同材料的質感非常有興趣，以及喜歡在水裡和水槽外面做出一個雕塑品。

表 33：浮沈活動觀察表

兒童姓名＿＿＿＿＿＿＿＿＿　　　　觀察者＿＿＿＿＿＿＿＿

年　　齡＿＿＿＿＿＿＿＿＿　　　　日　期＿＿＿＿＿＿＿＿

I.暖身活動：預測和分類

A.預測

預測（標出「沈」或「浮」）　　　　推理

1. 木製積木　　　＿＿＿＿

2. 堅果和螺絲帽　　＿＿＿＿

3. 透明的罐子　　　＿＿＿＿

4. 小軟木塞　　　＿＿＿＿　　　　為什麼＿＿＿＿＿＿＿＿＿

5. 小石頭　　　＿＿＿＿　　　　為什麼＿＿＿＿＿＿＿＿＿

6. 玩具人偶　　　＿＿＿＿　　　　為什麼＿＿＿＿＿＿＿＿＿

7. 不透明的罐子　　＿＿＿＿　　　　為什麼＿＿＿＿＿＿＿＿＿

8. 錢幣　　　＿＿＿＿　　　　為什麼＿＿＿＿＿＿＿＿＿

結語：為什麼某些東西會沈，某些會浮？

B.分類

會浮起來的東西：　　　　　　　會沈下去的東西：

推理（例如，重量、大小、形狀、顏色、沈／浮或其他，請描述出來）：

推理（為什麼那些你歸類的東西，都沒有表現出你所預期的情況）：

（續下頁）

（承上頁）

II.自由實驗

　　盡可能仔細地描述孩子的遊戲、說明和疑問，並且用「E」標示出你認為可以當作是一種實驗過程的東西，或者可以納入計分（參見計分的部分）。

III.結構化的實驗

A.1.「你如何讓這個罐子沈下去？」

　　a.放一些會沈下去的東西到罐子中_____

　　b.在罐子上面加一堆材料_____

　　c.其他：

2.「你如何讓錢幣／石頭浮起來？」

　　a.把會沈下去的東西放在會浮起來的東西上面（例如，軟木塞、海綿）

　　　_____

　　b.把會沈的東西放入罐子中_____

　　c.其他：

B.1.「猜猜看罐子中是什麼？」

孩子的預測／為什麼？

　　螺絲帽：

　　玩具人偶：

補充說明：

表 34：浮沈活動摘要表

兒童姓名（年齡）	IA 推理：3 項正確 = 2 分	IB 分類：5-8 項 = 3 分	正確的推理 = 2 分	II 每一個可計分的反應 = 3 分	IIIA 每一個提出合適的推理 成功的想法 = 3 分 = 1 分	IIIB 正確的猜測 = 2 分 正確說出罐中的物品 = 1 分	總計

▌組合活動

❀ 目的和活動介紹

　　在組合活動中，老師提供孩子一些複雜程度不同的機械，要求孩子把這些機械拆解開，然後再組合起來。因為真實的機具對於這個年齡的孩子而言，比較有吸引力，因此在這個活動中使用真實的機具而非玩具。這個評量中所用的機具是兩具複雜程度不同的食物研磨機，以及一個小型的油壓器。其他器具也可以用在這個活動中，只要是有幾件可以拆解開來的大型零件，並且操作過程安全。

　　成功地完成組合機具的活動，需要依靠一些觀察能力和問題解決技能：孩子是否注意到哪一個零件被拆下來？他們是否能根據細膩的觀察，進而推測零件之間的關係，並知道如何組合它們？孩子們是否了解機具如何運作？孩子們是否可以有效地運用嘗試錯誤的經驗，從他們實際的操作中得到回饋，進而修正他們的下一步驟？孩子們是否能知道哪一個零件放錯了位置，或者機具為何不能運轉？這個活動也讓老師了解孩子的精細動作發展情況與視覺－空間的能力。孩子經由空間推理，以及運用正、反面的空間，或者仔細注意接合處和零件大小、形狀和數量的相等情形，辨認出零件應該歸屬的位置。

　　孩子不需要使用語言能力也可完成這個活動。然而我們準備了幾個開放性的問題問孩子——例如，問孩子知道不知道該活動中使用的機具是什麼，以及是做什麼用途——孩子即使答錯也沒有關係。組合活動特別能觀察到下列的工作風格，如注意細節、專注力和規畫能力。

　　我們使用的機具從易到難依序排列。如果孩子在組合第一個食物研磨

機時，就覺得困難與挫折，可以不要再繼續進行這個活動。只有少數幾位孩子會完成最複雜的油壓器。這個活動可以有一些變化，包括提供一些不同大小的耙子，讓孩子可以看到每一個耙子把食物磨成粗細不等的情形。如果孩子需要更多的挑戰，可以將兩個食物研磨機都拆開來，然後將零件放在桌子上。要求孩子將這些零件分類；這樣一來可看出孩子不同的解題方法，有的是根據功能將零件分類，有的則是隨便亂分，毫無章法。

材料和情境佈置

如上所述，組合活動中的材料是兩個食物研磨機和一個小型油壓器（參見第 187−188 頁圖示）。這兩個研磨機是老式的機具，用螺旋釘和鎖扣來組合零件，因此它們不需要任何工具就可以拆解開來，並且組合回去。然而，現在的機械器具大都採用鉚釘固定，很難拆開。

這個活動約需一節課的時間。首先將研磨機夾在一張桌子邊上，孩子站在或坐在這桌子前，老師在另一邊，準備一個小盤子來裝零件，以免它們掉落到桌下。

第一個研磨機的運作方式是先轉動把手，然後帶動螺旋軸心，將食物推擠進一連串的小孔和研磨耙子。刨刀先把食物切成小塊，然後不同形狀的研磨耙子用來處理不同的食物──核果、胡蘿蔔、肉品等等。這個研磨機有五個可拆解的零件，一般情況下是用一個大螺絲釘鎖住這五個零件。一旦這個大螺絲釘取下來，那麼螺絲墊圈和耙子都可以拿下來，並且內部的研磨機件也可以拆卸下來。研磨機的把手有兩部分可以拆解開來，但是在這個活動中可以不用拆開把手的零件。

第二個較大的研磨機有幾個重要的鎖頭。首先要拆解把手，然後才能拆開研磨機裡面的研磨組件，同時，在研磨機前方有一個拱形零件，用兩個小螺絲鎖住。另外還有兩個可以拆解下來的零件是：在研磨機上方的圓盤，和蓋住研磨盤的套環。

　　油壓器是一個比較小而輕的機具，由一些小型零件組成。其中，有三個主要的零件需要以一定的順序來組裝，其他幾個小零件的功用各不相關。當油壓器是在組合狀態時，有幾個零件沒有辦法從外面看見。這個油壓器可以用幾種不同的方式組裝起來，不過其中有幾個方法比較有效。一般而言，除非孩子們在研磨機的拆組方面表現良好，不然他們不需要繼續做油壓器拆組的活動。

　　選擇機具複雜度的標準列於下面。雖然你不需要選一個符合所有標準的機具，但是下面的原則相當有用。在給孩子做這個評量之前，記住你得先練習拆組該器具。

◇物件 1（簡單的機械，具有幾個零件）

　・最多有四至六個可拆卸的零件

　・一個主要的鎖頭

　・一個可另行組合，再接到主物件上的零件（例如，研磨機的把手）

◇物件 2（複雜的機械，比物件 1 有較多的零件）

　・最多有八至十二個可拆卸的零件

　・二或三個主要的鎖頭

　・一或二個可以另行組裝的零件（參見物件 1）

◇物件 3（複雜的機械，組裝的方式和前兩個器具不同，例如，用彈簧
　　　　 而非齒輪）

　・一個或更多個主要的鎖頭

　・有一些零件不能從外面看見

　・有一些相似的零件

　・有二個或更多個零件可以用不同方法組裝，但是其中有幾種方法比
　　較有用

第一個研磨機是一個簡單的器
具。這個研磨機有五個可拆卸的
零件，包括一個主要的鎖頭。

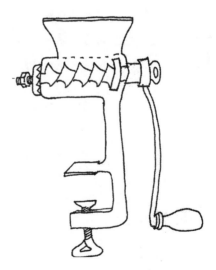

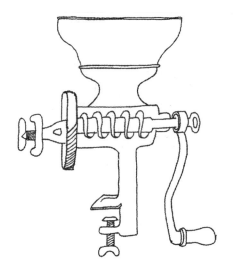

第二個研磨機比第一個研磨機
更大，也較複雜。這個研磨機
有九個可以拆卸開來的零件
（研磨機的拱形零件並沒有在
圖中出現）。

這個油壓器是三個機具中最複雜的一
個，有三個主要的零件必須要按次序
組裝，但是這個組裝的次序，並不容
易馬上看出來，這會給孩子一些難度
的挑戰。

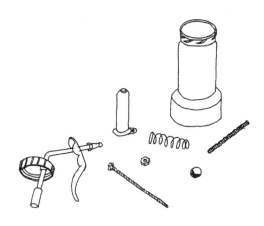

🎏 程序和進行過程

在介紹組合活動給孩子的前幾週中，讓孩子認識一些螺絲釘、螺絲帽、絞鏈、門鎖、不同的螺絲起子、扳手和其他簡單的工具。你也可以介紹一些有關工具和機器的書，和孩子們討論使用工具的經驗，或者用工具搭造東西的經驗。設法讓每個孩子都有機會玩這些工具和零件，同時，成人最好在一旁照顧以確保安全。

當介紹這個評量活動時，將研磨機放在孩子眼前，問孩子們說：「這個星期我們要玩幾個不同的器具。這些器具可以拆開來，也可以再組合回去。」每次只和一個孩子進行這個活動，在教室安靜的角落中，器具放在一張桌子來進行。務必記得研磨機的螺絲釘要鎖好，但是不要鎖死，以免孩子很難旋轉開來。

開始這個活動時，詢問孩子是否看過這個器具，或者是否知道這是什麼東西。如果答案是否定的，則向孩子說明這是一個研磨機，然後讓她轉動把手，看看這東西的操作方式。然後再告訴孩子：「現在，我們看看你能不能把整個東西拆開來，再把整個東西組合起來。首先，仔細看看它的每一面，看看它的零件如何接起來，如何才能分開來。當你拆開所有零件之後，你要把每一件都再裝回去。」為了安全上的考慮，你要盡可能靠近研磨機。你可能需要將手扶住把手下方，以免孩子拆開主要的螺絲時，研磨機會倒下來。不要讓孩子把固定研磨機的夾子拆下來，同時，務必注意，當孩子把零件組合起來的時候，不要讓研磨機的刨刀片刮到手。

如果孩子不知如何開始動手，你可以安慰她不要緊張，並且聊聊有關器具的訊息來幫助她集中注意力。你也可以問她家有哪些工具，她是否使用過。在後半段的活動時，讓孩子按照自己的速度進行，你盡量不要干擾。你可以表現出支持的態度，但是不要主導她的活動。為了使計分維持一致性，每一個孩子都要繼續做第二個研磨機的拆組，除非這個活動很明顯地

對孩子來說太難，只會導致挫折感便罷。

　　一般而言，老師在活動的各階段中都可以提供協助，從一般性的到具體的協助都可以用（參見表35，第195頁）。因此，如果某個孩子不知道如何開始，可以建議說：「讓我們先看看所有的零件好了。」或者你可以說，「這個研磨機有幾個零件可以拆開來，你可以找到它們嗎？」同時，你也可以試著說，「你認為哪一塊可以拆下來？」或者，「讓我們前後仔細看一下。」如果需要更多的協助，那麼就問孩子：「你認為最好先拆哪一塊？」或者，「你認為必須先開始動手拆哪一個地方？」更具體的方式是，你可以指著主要的鎖頭，並且說，「把這個拆下來看看」。或者，「讓我們看看這個會發生什麼事？」在觀察表上記錄下你所提供的協助。

　　有些孩子不需要很多的協助就可以自己開始動手，不過他們仍然可能會在過程中需要幫助。如果他們沒有辦法將所有的零件拆卸下來，你可以簡單地說，「仔細看清楚喔！」或者，「看看還有哪些零件還合在一起，仔細看所有的零件喔！」如果孩子認為已經拆卸完零件，但是事實上還有幾件沒有拆開來，你可以問說：「還有哪些東西可以拆開啊？」如果孩子不太會組合器具，就詢問他們，「你認為哪個地方可以放這個零件？」或者，「你還有什麼方法讓這東西接上去？」或者，「你有別的辦法讓這些東西組合起來嗎？」將研磨機和拼圖比較一下，也會對孩子有幫助：「這就像是一種拼圖，你要把每一個零件拼起來。」

　　讓孩子知道他們可以要求你幫忙拆開小零件，或比較難的零件。如果孩子缺乏精細的動作技能來轉動螺絲釘或螺絲帽，先幫孩子在開始時轉動一兩下，然後交給她接下去完成。如果孩子硬要拆開無法分解的零件，也要提醒孩子。如果某一組零件還可以繼續拆解的話，則要建議孩子再檢查一下零件。對某些孩子而言，重新將把手裝回去是相當難的事，因為他們不知道哪裡是組裝的位置——其實線索就在不同大小的接孔上。你可以這樣提醒孩子：「我們仔細看一看這些接孔，看哪一個比較大。」這樣的說法可以幫助孩子了解組裝把手的要訣。

一般而言，你可以自己判斷要提供何種程度的協助。如果某個孩子接錯一塊零件，並不一定要馬上糾正她。對於那些很難完成這個活動的孩子們，你可以幫助他們把零件拆解開來，並且組合回去（但是不能納入計分）。在活動結束的時候，教孩子轉動把手，看看是否能運轉。

計分

這部分的觀察表只用於兩個研磨機，因爲只有很少數的孩子能做到油壓器。如果你使用其他機械，評分系統需要一些修正。表35（第195頁）提供一些不同層次的協助方式。在進行活動和填寫計分表之前，先熟悉表36（第196–197頁）的計分標準。然後，在活動之中或活動之後，運用觀察表（表37，第198頁），爲孩子的表現評分。如果可能的話，將孩子的行爲錄影下來，並從錄影帶的紀錄來評分。最後在表38（第199頁）將分數摘要整理出來。

評分系統包括下列類別：了解零件和整體的關係、解決問題、注意細節，和精細動作技能。對於兩個研磨機，孩子的表現可以分別評爲低分、普通和高分。

初步的結果：一九八六至一九八七

在一九八六至一九八七年的班級中，二十位孩子裡有十八人志願參與研磨機的組合活動。性別不影響參與的興趣或技能上的差異，年齡也不是造成差異的因素。有一些年齡很小的孩子表現非常優秀，並且展現出非常高的專注力和樂於參與活動。

孩子的能力表現有許多個別差異：有些孩子不知如何開始或從何處下手，然而有些孩子卻馬上可以知道研磨機如何拆解。後者會記得零件要裝在哪裡，或者透過嘗試錯誤的方式系統地將零件組裝起來。至於那些毫無

章法的孩子們，則四處去試零件的吻合程度；也有一個孩子很有信心地將一個剩下來的螺絲墊圈接到把手的末端，滿心相信這樣不會掉下來。有些孩子看到主螺絲軸取下來之後，很多零件也隨著散落，感到相當訝異。他們看著剩下的一些零件鬆散地連接著，但是不知道要去拆解哪一顆螺絲釘才好。這一群孩子似乎也很滿意自己所完成的組合工作，不管是否還有零件沒裝上、鎖錯方向或放錯位置。有一個女孩很正確地依序組裝研磨機，但是卻把軸心裝反了。另一個常犯的錯誤是，有些零件應該用拉開方式來拆解，孩子卻一直試著轉開螺絲。

比較有規畫能力的孩子可以自己學會如何上螺絲或拆解螺絲。他們把第一個研磨機的拆解經驗當作第二個研磨機的參考，而非重新面對一個全然不同的挑戰。他們很快地解決問題，似乎能夠掌握工作完成的時序，非常有耐心地逐步解決某項問題，只有在他們自己的方式多次無效後，會轉而尋求幫助。

許多孩子在活動進行過程中，很喜歡和成人交談。有一些孩子從解決問題上得到很多的樂趣；然而，有些孩子則感到索然無味。有個男孩說：「我們只是四歲的孩子，很難記清楚事情要怎麼做。」有個孩子卻自顧自地做著自己的實驗，將把手從不同的高度上落下來。有些孩子認為研磨機是：「汽油壓縮機」、「你把木頭放進去，木頭會被磨碎」、「噴水池」，以及「這個機器會做鮪魚三明治」。

🌸 對這個領域的建議

你可以將教室佈置出鼓勵發展科學能力的氣氛。積木角可以讓孩子堆高樓、搭橋和其他的建築，這些活動可以讓孩子理解一些概念的基礎，例如，重量、距離、地心引力，以及一些幾何的觀念，例如，長、寬、面積等。戲水區則可以鼓勵孩子去玩一些漏斗、吸水遊戲和浮沈物體的實驗。在自然科學角則可以定期展示一些貝殼、動物的巢穴、種子和小動物等。

　　你也可以提供一些儀器設備，例如，放大鏡、磁鐵和鏡子（參見本章發現角之描述）。你也可以在其他領域的活動中，運用一些簡單的科學方法，例如，詢問孩子兩個顏色混合在一起會變成什麼顏色，並且在藝術領域活動中形成假設考驗的活動。

　　另外還有一些活動用來培養其他不同科學家所需的技能，我們整理列表於下。當然，孩子們可以自由地使用這些活動和材料來追求他們自己的興趣。例如，一個對機械科學有興趣的孩子可以用戲水區的材料去探索機械的傳動、力量和能量不滅的定理；然而對自然科學有興趣的孩子，可能會在「機器城」或「建造中心」探索各種材料的性質。

實驗科學家

在積木角準備一些可以激發孩子做實驗的材料。例如，斜面方塊、球體、滑輪。

彈珠台：教孩子在板子上釘鐵釘，然後利用橡皮圈鉤住鐵釘，做出一個自己的彈珠台。如同真的彈珠台一樣，彈珠會在橡皮圈間跑動。仔細觀察孩子如何安排橡皮筋的方向。鼓勵孩子替彈珠設計出新的跑道。

自然觀察者

發現角（參見本章發現角活動的內容）：這個活動角中可以有石頭、化石、人工物品和動植物。主要強調的重點是鼓勵孩子自己找到新發現。動植物的觀察活動中，可以包含觀察、描述，和在紀錄表上記錄每天發生的事。

電機／機械工程師

機器城：準備一些器具供孩子自由玩耍，例如，電話、時鐘、門把和鍊子、收音機、老式的打字機、膠帶捲台。孩子們可以拆解並組裝這些器具。

（續下頁）

（承上頁）

修繕中心：準備一些簡單的機械用品，例如，手電筒，功能運作正常的和故障的機械用品兩種都有。給孩子有一點故障的器具，讓孩子想想故障的原因。你也可以注意一下，孩子比較喜歡去修繕中心玩，還是機器城，或發現角。

建造中心：給孩子一些牙籤、黏土和有打洞的冰棒棍，讓孩子自己做出成品。或者，從市面上買一些建造的玩具讓孩子自己創作。

教室探險：讓孩子去巡查櫥櫃、水槽下的水管、窗鎖、門鎖、抽屜等。讓孩子想一想為什麼櫥櫃的門可以關起來、抽屜可以推等等。讓孩子試試看開門鎖門。你也可以在戲水區準備一些材料（例如，塑膠盆、螺絲鉗、塑膠唧筒），讓孩子可以做出新玩意兒。你也可以引導孩子在校園的其他地方做調查（例如，遊戲場、校長辦公室）。

表 35：組合活動的鷹架

一般的

「請你把這整件東西拆解開來，然後再把它們組合回去。」

「這是一種類似拼圖的遊戲，你把零件拆開來，然後再組合回去。」

「這個研磨機有部分的零件不見了，你可以把不見的零件找回來嗎？」

「你覺得還有哪些零件是原來攪碎器的零件？」

「仔細看清楚，你是否知道還有哪些零件不見了？」

「你想要對這件東西做些什麼？」

「讓我們看一看有哪些東西組合在這裡，看清楚所有的零件，你覺得哪個東西應該裝在哪裡？」

「哪一個零件要最先拆下來？」

「你認為從哪裡開始動手最合適？」

「讓我們把這個東西前後看一下，有哪一個零件看起來好像會掉下來？」

「你認為它應該要接在哪裡？」

「你還可以用哪些方法來裝上／變動這個零件的位置，使它可以整個組合進去？」

「你認為還有其他方法可以把這些東西組合起來嗎？」

具體的

「我們看一下這些小洞（在把手上）。是不是有的洞比較大？」

「為什麼你不試著把這個東西轉一下，或倒過來？」（指著最主要的旋轉螺絲／其他的零件。）

「如果你把這一塊拿下來，會發生什麼事？」

「看一下這樣做會有什麼效果？」（示範轉動一個重要的旋轉螺絲／其他零件。）

表36：組合活動計分標準

A.知道部分和全體的關係

1. 孩子不知道如何從主要的螺絲開始拆解，或者不知道如何再把主要的螺絲組裝回去，或者兩種情況都有。例如，孩子沒法將螺絲放在上面或放在錯的一邊。

2. 孩子能夠找到主要的螺絲，並且知道如何從重要的零件開始組裝，但是在拆解、組裝開始階段仍然有一些困難。例如，孩子一開始把零件放錯方向或放在錯誤的地方。

3. 孩子能將食物研磨機輕易地拆解開來，並且沒什麼困難地組合起來，還知道零件的位置。

B.解決問題

1. 孩子硬是要將不適合的零件組合起來；經常會放棄，並且組合不成時，會轉移去做另外的事情。一旦發現自己還有零件未用完或放錯了位置，孩子不知如何解決問題。

2. 孩子會勉強組合一些不合適的零件，但是最後會試用別的方法。一旦發現自己有零件未用完或放錯時，會想辦法修改。

3. 孩子毫無錯誤地進行拆組工作，並且能找到錯誤，順利地修正錯誤。

C.注意細節

1. 孩子有一個或一個以上的零件沒用完，並且如果研磨機無法順利運轉時，不知如何修改組裝的錯誤。

2. 孩子把所有零件都裝回去了，但是如果研磨機不能順暢轉動時，無法修正錯誤。這些操作的問題可能是由於某些零件沒有鎖緊，或某些零件鎖得太死，以致無法轉動。

3. 孩子能夠拆解，並且組合所有零件；所有零件都穩固地組合好，並且運轉順暢。

（續下頁）

（承上頁）

D. 精細的動作技能

1. 孩子不太會操作研磨機，並且不能組合研磨機的零件。孩子不知道如何扶住研磨機或研磨機的搖桿。

2. 孩子不太會拆解、轉動螺絲。孩子不太能一邊組合零件，一邊扶住研磨機。

3. 孩子能妥當處理研磨機的零件；在放上研磨機的蓋子和搖桿時，一邊能用手扶住研磨機，但是仍然需要人幫忙處理鎖得太緊的螺絲。

表 37：組合活動觀察表

兒童姓名＿＿＿＿＿＿＿＿＿　　　　　觀察者＿＿＿＿＿＿＿＿

年　　齡＿＿＿＿＿＿＿＿＿　　　　　日　期＿＿＿＿＿＿＿＿

	物件 1	物件 2	總分
對部分／整體的知覺	1 2 3	1 2 3	＿＿＿＿
解決問題	1 2 3	1 2 3	＿＿＿＿
注意細節	1 2 3	1 2 3	＿＿＿＿
精細的動作技能	1 2 3	1 2 3	＿＿＿＿
總分	＿＿＿＿	＿＿＿＿	總計＿＿＿＿

說明／支持：

表 38：組合活動摘要表

兒童姓名（年齡）	物件 1					物件 2					總計	說明
	部分/全部	問題解決	活動細節	精細動作	小計	部分/全部	問題解決	活動細節	精細動作	小計		

第5章

社會領域

❀ 前　言

　　社會領域對於孩子、家長及老師而言，都是一個重要的領域。如同語言一樣，我們每個人在家庭中、工作中和玩樂中，都需要與人互動，也就是因為這種深入生活各層面的特性，使得社會領域備受重視。就兒童階段而言，大部分研究者和教育工作者都以社會能力的發展或學會如何與人互動（例如，分享、輪流、控制攻擊性等等行為）來界定社會領域。然而，我們將社會領域的定義擴展為理解自我、他人，以及與人們的互動。我們從孩子的人際互動中，或由孩子分析式的反省中，來探討他們的社會能力。

　　早在嬰兒時期，嬰兒就會和她的主要照顧者建立情感的連結，這就是社會覺察能力（social awareness）的起源。到兩歲左右，孩子逐漸了解到自己是獨立的個體。

到三歲時，她開始喜歡觀察別人、和其他孩子一起玩，並且參與簡單的團體活動。在兩歲到五歲之間，孩子們會持續發展獨特的自我，並且展現出一種自主性和主動性（Erikson, 1963）。

在學前教育階段的兒童——尤其是在美國，他們的注意力重心逐漸由成人轉移至同伴身上，因此同儕之間的關係益形重要。也因為如此，學習如何和其他孩子相處是學前教育的核心。事實上，孩子們很想和別人互動，但是由於這個年齡的孩子相當以自我為中心，因此可能難以體會別人的感覺或想法。一般而言，一個孩子愈常與別人相處，就愈會有相互回應的互動。她會去與別人共用材料，和別人互相輪流（仍需要成人的一些督導），並且會在戲劇遊戲中扮演不同的角色。當孩子們能以共同合作方式完成一個共同的目標或作品時，就會有較多合作式的、有組織的遊戲出現。

通常，社會能力的評量若不是進行社會—認知能力的測量，就是進行社會互動的觀察。我們兼用這兩種方式，以便能充分了解社會能力的各個層面。首先，我們設計了一個活動，讓孩子去反思他們每日的活動內容，並且表現出他們對自己與他人的理解。其次，我們設計了一個觀察架構，以便讓老師可以找出孩子經常擔任下列哪種社會角色類型：促進者（facilitator）、領導者（leader）、團隊成員（team player）或獨行俠（independent player）。

社會活動的概念化

社會能力發展出相當多元的角色或成熟行為。例如，有效的心理治療師從分析別人的想法、感覺和行動的過程中，展現出他們優異的社會技巧；傑出的領導人、談判人員和護理人員與別人互動時，充分發揮出他們的能力。所有上述這些專業人員在展現他們的能力時，都需要有「他人」存在；所以社會能力很難在嚴格控制變項的結構化任務中來評量。我們需要一種不同的評量工具，它能檢驗出孩子與外在世界互動的能力，以及理解外在世界中蘊藏的各種關係的能力，和了解變動不居的人群與情境的能力。因

此，我們決定發展一個架構來觀察孩子們在環境中的行為。

　　這個架構的其中之一是做出一份行為觀察表，老師使用這份觀察表來持續觀察孩子與同儕互動的情形。從觀察中得出的行為組型可以用來判斷孩子在學校中是否已做到某個社會角色，或者正在努力成長中。然而，我們必須注意的是，雖然有些孩子對與別人發展社會關係可能很害羞或遲疑，但是仍然具有社會覺察能力。為了將孩子對自己與他人的理解能力引發出來，我們以教室為模型設計了一個活動。這個教室模型讓老師可以從孩子的想法中，看出她與其他人互動的情形。

▌教室模型

✿ 目的和活動介紹

　　教室模型活動的目的，是評量孩子針對教室中的社會事件和經驗，做觀察、反思和分析的能力。這個評量使用一個小型的教室模型，並且配上一套木製的人偶。這些人偶看起來像是小朋友和老師。如同立體的娃娃屋一樣，教室模型中有玩具人偶和小型的家具，孩子們可以將各種人物擺放在不同的地方，以具體表現出他們對於同儕、老師和社會經驗的了解。在評量活動中有一項任務，要求孩子將他們自己和別人放在各自喜愛的活動中，另外一項評量活動則是調查孩子對社會角色的覺察能力。因為學前兒童的語言能力有極大的差異，教室模型活動希望能在不需要孩子太多語言能力的方式下，了解孩子的社會分析能力。孩子可以用擺放人偶或指出人偶等方式，來回答許多問題。我們使用的方法不同於其他社會推理測量方式，這樣的方式可以讓老師充分運用孩子生活中的真實經驗和人物。通常，社會能力的評量都使用短文或圖片來描述一般性的情境，孩子們可能經歷過這些情境，也可能毫無經驗，甚至，那些評量中經常會有不屬於孩子社

會情境的虛構人物角色。但是，我們的教室模型活動直接引用孩子的社會
經驗，因此比其他方式更具有良好的效度。

教室模型也可以讓孩子去思考許多人際間的議題，而且不受到同儕的
影響。在評量中有關「對自我的了解」、「對他人的了解」、「對關係的
了解」等問題，都以孩子的行為和互動的活動層面為主，對於這個年齡的
孩子來說，這些是最重要的指標。例如，大部分四歲的孩子會將朋友描述
為「我最喜歡一起玩的人」。不過，也有一些孩子已經略具友誼相互性的
觀念。這個評量中所提出的問題，也可以讓孩子善用他們的語言能力，說
出他們對不同社會角色內涵的了解。

四歲和五歲的孩子正處於嘗試結交各種玩伴和各種活動的時期，並且
經常會變換玩伴和喜歡的活動。然而，通常在一個學期的中間時候，教室
中會出現穩定而且可預測的人際互動情境。孩子愈來愈習慣於學校的生活
規範，表現出對玩伴和活動的偏好。因此老師在這個時候可以畫出教室中
的社會互動圖，記錄下每一個孩子的偏好，並且找出明顯的朋友關係、活
動區域和社會角色。同時，在評量中，我們詢問孩子一些有關人際之間的
問題，再利用這個社會互動圖來為孩子評分。

🪢 材料和情境佈置

為了將學前教室中的社會情境具體地塑造出來，我們做了一個小型的、
立體的教室模型，並且替每個人做一個木製人偶（參見下頁的圖示）。這
個模型放在一個二呎乘三呎的木板上。它忠實地複製了光譜教室的實景：
有不同的遊戲區、觀察區、門及窗戶。這個模型和其中的家具都是用松木、
軟木板、保麗龍板、厚紙板盒子和小塊布料等材料做成。我們放一些複製
的活動用品來代表每個活動區域：例如，在藝術角放上小型的畫作，在積
木角放一些小積木等等。雖然我們盡可能地將家具、各式窗簾桌布、色彩
等做得和真實的教室情境一致，但是你採用這個活動時，並不一定要做到

這樣精細的程度。

　　我們把教室中每一個孩子和成人的照片貼在兩吋或三吋的木製人偶前面，然後塗上一層保護漆。我們在這些人偶的背面黏上一個磁鐵，然後準備一個大白板給孩子們，讓他們除了教室模型活動之外，也可以用這些人偶玩遊戲。我們也把每一個光譜評量活動中的材料分別拍照，並把這些照片貼在一個彩色的海報板上，在教室模型活動前，利用這些照片進行「自我評量」的活動（參見表39，第212頁；問題2）。

教室模型

木製人偶

這個評量可以在另外一個房間中進行，或在教室裡一個比較獨立而安靜的角落來做。孩子面對教室模型坐著，旁邊立著一個白板，上面黏著所有的人偶。教師坐在模型的另一邊，帶著一張問題單和一支鉛筆。為了便於將來計分，評量的過程最好錄音下來。

❀ 程序和進行過程

在學期中，向孩子介紹教室模型活動。此時，教師對於學生已有足夠的熟悉度，可以做出相當可靠的社會互動圖（參見表 41，第 216～217頁）。這個活動可以在大團體時間向孩子們說明：「今天小朋友們有機會一次一個人來玩這個小型教室的遊戲。你可以使用所有這些用小朋友和老師照片做出來的人偶。」

對每個小朋友說明時，你可以把這個活動說成是「小教室」活動，或者，你可以問他們這個模型像什麼？你可以帶孩子看一下這個模型中的每一個區域，以確定孩子了解不同活動領域的所在位置。告訴孩子們，在白板上的所有人偶代表了所有的同班同學和老師，並請孩子找出他們自己的人偶。然後，根據表 39（第 212～214 頁）的問題，在適當的位置寫下每個孩子的反應。

你可以根據你的教室情況，自由地把問題修改得更加具體和融入情境。如果你的紙筆記錄會讓孩子分心，那麼可以改用錄音機。然而，如果孩子指出某個人偶或放置某個人偶時，並沒有用口語說出來，請務必記住你自己必須用口語說出她所做的行動來，例如，「喔，你把茉莉放在積木角。」以便錄音機可以錄下聲音資料。

表 39 中的問題 2，是用來探討孩子對於自己的長處、興趣和困難領域的理解情況。向孩子提出問題前，拿出孩子曾經參與過的光譜活動的照片，和孩子一起回顧這些活動。

在問題 3 時，當孩子放好一個或兩個人偶在每個活動區域之後，向孩

子提問：「還有沒有其他人也在＿＿＿＿＿玩呢？」在問題 4 和 5 之前，請孩子把所有人偶都放回到白板上。對於問題 4，如果孩子已經在問題 3 時給你充分的訊息了，那麼就不需要再問一次這個問題。如果某個孩子想要用自己的方式來玩教室模型，那麼就告訴孩子，在你問完所有問題之後，她可以有機會自己玩一會兒。

　　表 39 中的一些問題可以根據每個教室的實際情況來刪減、修改或用其他問題取代。從第 5 個問題到第 11 個問題，可以增加或更換其他問題。我們建議你可採用以下的替代問題：

　　「如果小朋友正在寫作角寫字母，正好有個字母不知如何寫，哪一個　　　小朋友知道如何教別人寫？」

　　「告訴我哪一個小朋友最知道別人在難過？」

　　「告訴我班上哪個小朋友點子最多？」

　　「告訴我哪個小朋友總是帶很多東西來學校和其他小朋友分享？」

　　「告訴我班上哪個小朋友總是帶不同的動物來和其他小朋友玩？」

　　「誰盪鞦韆時總是盪得高高的？」

　　「告訴我哪個小朋友總是喜歡爬到高處？」

　　這些問題的目的是去確認哪個孩子是班上的敏銳觀察者，並且探討孩子是否能進一步了解社會角色和角色間的互動。

🏵 計分

　　這個活動的計分方式，是根據班級社會互動圖的情形對孩子的答案進行計分（參見表 41，第 216～217 頁）。在進行教室模型活動之前，先做出社會互動圖，以明確反映出孩子喜歡的朋友群和活動區域。如果班上有協同教學的教師小組，那麼兩位老師可以共同做出這個社會互動圖。除了替每個孩子排出最喜歡的前三個選擇之外，務必注意孩子是否明顯傾向喜歡的人或活動。在社會互動圖中，「朋友」是界定為「和孩子在一起時間

最長的人」。這個社會互動圖包含了幾個部分的問題：最重要的朋友、最喜歡的活動、誰是班級中的保母（喜歡幫助別人的孩子）、誰是小霸王（喜歡告訴別人做什麼事的孩子），以及誰是領導者（有效組織活動的人）。老師按照孩子在每一部分答案明確程度的高低，依序寫下來。因為每一個教室有它自己的社會組織，這個評量活動中所用的問題和社會互動圖也會隨之而不同。

這個活動的計分，是以教室模型觀察表（表 39，第 212～214 頁）中孩子的反應記錄資料，以及備份錄音帶為主。這個活動主要評量孩子能否將自己和其他人放入合適的活動區域，了解同儕之間的友誼，並且了解不同形態的互動。

孩子的回答可以分為三類。問題 1 和問題 2 是要探討孩子對自我的了解；問題 3 至 6 是要探討孩子對同儕的了解；而問題 7 至 11 則要探討孩子對於社會角色的了解。請參照表 40（第 215 頁）來了解每一題的配分方式。

問題 1 和問題 3 至 6 參照教師做出的社會互動圖來計分，孩子得分的高低要看老師在社會互動圖上的紀錄，和學生在教室模型活動中對這些問題的反應一致性而定。問題 1 和 2 問的是有關自我的了解程度，如果老師和學生之間的反應是一致的話，問題 1 可得兩分；在問題 2，如果孩子的回答中顯露出自我了解的內涵，例如，「我最喜歡藝術了，但是我沒有辦法畫得很好。」可得兩分。在問題 3，只要是孩子的回答和社會互動圖中的名字相同者，即可得一分（這個問題最多可得六分）；在問題 4，只針對「特別的朋友」這個部分計分，因為問題 3 已經對遊戲區域計分過。因此在問題 4 中，只要和社會互動圖的紀錄相同者，即可得一分（最多可得六分）；只要是孩子所提出來的答案可以在社會互動圖上找到名字的話，就算得分。在問題 5 和 6 中，每個正確答案得兩分。

問題 7 至 11 評量孩子對於社會角色的理解程度。如果孩子說：「我不知道。」或是只給一個毫不相干的回答，那麼就不給分；如果只有答案，而沒有理由，得一分；如果有回答答案，並且提供理由，則可得兩分；如

果所提供的理由顯示出對於社會互動或自我覺察的獨特敏感力，那麼就給三分。另外，孩子有時候在正式回答問題時，不一定能說出最清楚的答案，倒是在他們非正式的說明、討論或角色扮演中，會冒出來。老師要特別留意這些情形。

在問題7中討論到孩子對友誼的理解時（為什麼＿＿＿＿＿＿【人名】是你特別的朋友？），一般典型的反應是「因為她總是和我一起玩」。由於四歲的孩子通常將朋友定義為「經常在一起玩的同伴」，這樣的反應可以給兩分。然而，有一些孩子可以展現出對友誼相互性的深度理解：「馬克是我的一個朋友，但是我不確定他是否認為我是他的朋友。」這種反應可以得三分。同樣可以得三分的反應為：「她是我最要好、最要好、最要好的朋友。她喜歡幫我做一些事情。如果我受傷了，我不用去找老師，她會去找老師來幫我。」

在問題8，不論回答「是」或「否」，只要是沒有提出理由，便只能給一分。如果回答為「不是，因為我們打架了」就得兩分。可得三分的回答，例如：「是的，因為我們一會兒就會和好。」在問題9，一般孩子的反應是說出一個孩子的名字，但是有些孩子可能比較了解朋友的助人行為：「我最要好的朋友會『幫忙』我……而且她會告訴我：『別擔心。』」這個答案可以得三分。

問題10和11討論兩種領導角色，通常孩子們解釋為什麼某個孩子是霸道時，一般性的答案是：「因為他打人。」可以得三分的答案是：「因為弗萊德總是告訴在積木角的孩子要如何做。」另外也可得三分的特別回答是：「比利認為他自己是大王。」這個孩子顯然能夠了解比利自己的看法和同學對他的看法之間的不同。在問題11，孩子通常選自己做為老師的角色，如果孩子能因為一位同學知道很多班上的事情，就選出那個同學當作老師，那麼這個反應可以得三分。

❀初步的結果：一九八五至一九八七

　　從孩子們在教室模型上的反應，顯示出他們對於自己和他人的理解程度相當不同。孩子知道自己最常去玩的地方和最常在一起玩的同伴，並不一定代表了解友誼的意義，以及其他同伴所參與的活動。雖然有些孩子只了解他們特別熟悉的活動區域中的社會互動，但是，有些孩子可以了解整個班級的社會網絡。不過，大部分的孩子可以知道最重要的朋友是誰，以及哪個小朋友最常在哪個活動區域玩。有趣的是，老師心目中認為是領導人物，或者扮演其他重要角色的孩子，並沒有在本活動中有優異的表現。也有一些孩子令我們非常訝異，因為雖然他們年紀很小，或很沈默，但是他們對於自己和別人具有獨特的理解能力。

　　在一些比較開放性的問題中，孩子回答的內容差異相當大。例如，當我們要求孩子說明為什麼某個孩子很霸道時，孩子們提出來的解釋從「因為他打人」，到比較少見的回答，像是「因為他不喜歡其他孩子在學校做他們想做的事」，理由相當多樣化。當孩子被要求說明為何某人是特別的朋友時，許多孩子回答說：「因為他和我玩」或「她喜歡我」，然而，有個孩子提出了一個相當有見解的答案：「她喜歡幫助我一些事情。如果我受傷了，我不用去找老師，她會幫我去找老師。」當我們請孩子們選一個人來當老師時，大部分的孩子選他們自己，但是他們的解釋，從「因為我想要當老師」到「我知道如何照顧小孩子」和「因為我們不會不講理」，各種答案都有。有個孩子選湯米來當老師，理由是「因為他五歲了」。

　　這個活動表現最好的是一個男孩，他通常不太熱中於參與活動，經常是單獨一個人，並且常常陷入他自己的想像遊戲中。然而，他不僅能夠並且也很熱切地把所有孩子放到他們喜歡玩的地方，同時他也正確地將孩子分組，注意到哪些孩子通常是獨自在玩，哪些孩子有許多玩伴。當這個孩子說出他對於同學的了解時，他展現出對於這些人的獨特觀察力和興趣。

例如，當他選一個人當老師時，他的回答中顯示他了解到自己的限制，以及對同學專長的欣賞：「我會選莎拉，因爲她知道很多我不知道的事情，並且我知道的事情，她都知道。這表示她比我懂得更多。」在描述其他孩子時，他說：「蘇西有點害羞」、「比利說他是老闆」。

　　另一個非常不同的例子是一個女孩，她顯然是女孩中的領導者。她非常喜歡把孩子放到教室模型中，但是卻不太了解其他孩子的群組情形，也不太知道別的孩子的興趣。但是另一個孩子，她在好幾個活動區域中也是領導者的角色，卻展現出對於社會互動的興趣，充分表現出孩子應有的領導者特質。她自己能獨立進行教室模型的活動，並且花很多時間討論不同的孩子：「我喜歡史考特，因爲他喜歡玩家家酒的遊戲。」「我不喜歡瑪莎，因爲她太霸道。」這個孩子也喜歡用教室模型和人偶塑造出一個社會情境，編成故事來說。

　　因爲教室模型給孩子一個機會呈現他們的社會經驗，它可以讓我們了解到這些經驗是如何形成的。有些孩子對於使用教室模型來演戲和說故事非常感興趣，他們會使用對話和故事來演出整個情境。有些孩子對於老師的角色比較感興趣，而比較不喜歡同學的角色，不斷地問老師人偶什麼時候才派上用場。有些孩子很愛玩人偶，在評量活動之外，也玩這些人偶。有個男孩特別注意他的同班男生，只把男生放到不同的遊戲區域。最後，還有許多孩子對於這個模型是如何做出來的非常感興趣。

表 39：教室模型觀察表

兒童姓名＿＿＿＿＿＿＿＿　　　　觀察者＿＿＿＿＿＿＿＿

年　　齡＿＿＿＿＿＿＿＿　　　　日　期＿＿＿＿＿＿＿＿

1. 你最常在教室中的哪一個地方玩？

你最喜歡的活動是什麼？為什麼？

如果那個地方已經有很多小朋友了，告訴我你會到哪裡玩？

2. 這裡有一些你和＿＿＿＿＿＿一起玩各種遊戲的圖片。
你最會玩哪一種遊戲？

為什麼？

哪一項你做起來最難？

為什麼？

你最喜歡哪一個遊戲？

3. 讓我們來把其他小朋友放到他們喜歡玩耍的地方去……告訴我班上哪一個
小朋友總是喜歡在那裡玩耍……

積木角＿＿＿＿＿＿＿＿＿＿＿＿＿＿＿＿＿＿＿＿＿

戲劇角＿＿＿＿＿＿＿＿＿＿＿＿＿＿＿＿＿＿＿＿＿

藝術角＿＿＿＿＿＿＿＿＿＿＿＿＿＿＿＿＿＿＿＿＿

戲水角＿＿＿＿＿＿＿＿＿＿＿＿＿＿＿＿＿＿＿＿＿

寫作角＿＿＿＿＿＿＿＿＿＿＿＿＿＿＿＿＿＿＿＿＿

（續下頁）

（承上頁）

〔如果孩子只說了一兩個人，你可以問：「還有其他人嗎？」〕

◎到這裡，請孩子幫你將所用的人偶收回到白板上，然後再問下面的問題。

4. 讓我們看看班上的小朋友是否有他們自己的特別朋友……

   a._____有特別的朋友嗎？是誰？

   〔告訴我他們喜歡在哪裡玩？〕

   b.那麼_____呢？他有特別的朋友嗎？是誰？

   〔他們在哪裡玩？〕

   c._____有特別的朋友嗎？是誰？

   〔他們喜歡在哪裡玩？〕

   d.我想知道_____有特別的朋友嗎？是誰？

   〔他們喜歡在哪裡玩？〕

   e.是否還有其他小朋友有特別的朋友？告訴我他們是誰？

◎再度請孩子幫你收回人偶，再進行下面的問題。

5. 告訴我在班上哪個小朋友總是在一旁看別的小朋友玩。

6. 請告訴我班上哪個人總是自己一個人玩。

7. 告訴我，誰是你最特別的朋友？為什麼他是你最特別的朋友？

（續下頁）

（承上頁）

8.假使你和_____在爭奪一個玩具，你們還是朋友嗎？為什麼是呢（為什麼不是呢）？

9.告訴我班上哪個小朋友在別人需要幫忙時，會幫忙別人。

　　為什麼你選這個小朋友？

10.在班上是否有小朋友總是愛指揮人？為什麼他／她那麼愛發號施令？

11.如果老師說小朋友可以在討論的時間裡當一天的老師，你覺得哪位小朋友可以當那天的老師？
　　你會把他／她放在老師通常坐的位置上嗎？
　　為什麼你選擇_____？

表 40:教室模型摘要表

兒童姓名（年齡）	了解自我			了解他人					了解社會角色						總計	說明
	問題1…2分	問題2…2分	小計（自我）	問題3（最多）…6…1分	問題4（最多）…6…1分	問題5…2分	問題6…2分	小計（他人）	問題7	問題8	問題9	問題10	問題11	小計（社會角色）		1分=有回答／但沒有解釋理由　2分=一般性的答案　3分=傑出的答案

表 41：社會互動圖

老師／班級＿＿＿＿＿＿＿＿＿　　日期＿＿＿＿＿＿＿＿＿

兒童姓名		*特別的朋友	**活動區域
	1.		
＿＿＿＿＿＿＿	2.		
	3.		
	1.		
＿＿＿＿＿＿＿	2.		
	3.		
	1.		
＿＿＿＿＿＿＿	2.		
	3.		
	1.		
＿＿＿＿＿＿＿	2.		
	3.		
	1.		
＿＿＿＿＿＿＿	2.		
	3.		
	1.		
＿＿＿＿＿＿＿	2.		
	3.		

*在班上孩子最常一起玩的朋友，按照次數的高低排列

**在班級中孩子最常玩的區域，按照次數高低排列

（續下頁）

（承上頁）

問題3（參見表39）　總是在某個特別區域玩耍的孩子：

積木角＿＿＿＿＿＿＿＿＿＿＿＿＿＿＿＿＿＿＿＿＿＿

戲劇角＿＿＿＿＿＿＿＿＿＿＿＿＿＿＿＿＿＿＿＿＿＿

藝術角＿＿＿＿＿＿＿＿＿＿＿＿＿＿＿＿＿＿＿＿＿＿

戲水角＿＿＿＿＿＿＿＿＿＿＿＿＿＿＿＿＿＿＿＿＿＿

寫作角＿＿＿＿＿＿＿＿＿＿＿＿＿＿＿＿＿＿＿＿＿＿

問題4　最重要的朋友：

1.　　　　　　　　　　　　　*2.*

3.　　　　　　　　　　　　　*4.*

其他：

問題5　喜歡在一旁看別人做事情的孩子：

1.　　　　　　　　　　　　　*2.*

3.

問題6　喜歡自己玩的孩子：

1.　　　　　　　　　　　　　*2.*

3.

問題9　喜歡幫助別人的孩子（保母）：

1.　　　　　　　　　　　　　*2.*

3.

問題10　常喜歡告訴別人怎麼做的孩子（指揮者）：

1.　　　　　　　　　　　　　*2.*

3.

問題11　會有效組織活動的孩子（領導者）：

1.　　　　　　　　　　　　　*2.*

3.

▌同儕互動檢核表

目的和活動介紹

同儕互動檢核表的目的有三方面：

1. 提供一個用來分析同儕互動的工具。
2. 描述這個年齡的兒童各種不同形態的同儕互動。
3. 藉由孩子所扮演的社會角色，找出在社會領域有專長的孩子。

在這個評量中，老師會使用一個檢核表，而這個檢核表中許多不同的行為和反應，通常是兒童與同儕互動中常有的行為。雖然這個年齡的許多孩子，在能力與喜歡的同伴上，會有明顯的變化，然而還是可以找出每一個兒童的持續性行為形態。

事實上，三、四歲的孩子早已經出現一些我們文化中認可的社會角色，雖然很少兒童能夠在不同活動中，以及和不同的同伴在一起，持續扮演這些角色。例如，某些孩子經常會去安慰哭泣的同學，或者說服其他同學加入一個遊戲。

根據我們對遊戲中的兒童所做的觀察，我們發現這些兒童的行為可分為四種社會角色，這些角色在成人的社會中也非常重要：領導者、促進者、獨行俠和團隊成員。我們另外加入了一個中介的類別——「轉變中的孩子」，來幫助老師找出那些仍在角色間掙扎的孩子，以及哪些孩子需要一些社會支持。

我們利用一些概念性的定義和一系列的特徵行為來描述一個角色（參見表44，第228～229頁）。我們選擇一些可以「有效區辨」這個年齡層

的孩子的社會發展行為，構成同儕互動檢核表中的內容。對於那些描述此年齡層孩子典型的行為（例如，和其他孩子共用材料與空間、了解輪流的概念），則不納入檢核表的題目。

　　一個孩子的行為，可能會根據她所參與的活動形態以及互動對象而改變，因此，評量孩子的社會互動不應只限制在一次的觀察中。每次填寫同儕互動檢核表時，教師應該要採用多次的觀察結果，以及對孩子長期的了解為主。

　　我們使用的方式和其他評量孩子互動的測量方式不同。我們的方式中同時兼重特定的行為（例如，孩子如何處理與別人的衝突）與一般性的形態（例如，孩子很擅長做促進者的角色）。通常，在討論孩子與同儕的互動時，都只討論比較概括性的情況，例如：「霸道的」或「安靜的」。但是，如果只用這一個層次，老師可能會忽視一些重要的傾向，或者沒有辦法看到孩子正在逐漸成形中的能力。相反地，如果老師只察覺到一些特殊的行為，他們可能會對一些有意義的形態和角色視而不見。

程序和計分

　　進行同儕互動檢核表的評量有四個步驟：
　　*1.*首先你自己或與其他老師合作，為每個孩子填寫一份互動檢核表。
　　*2.*利用摘要表來檢查是否有哪些行為符合某個社會角色。
　　*3.*判斷孩子是否有正向的互動形式，以及是否有效地扮演某個社會角色。
　　*4.*進行其他正式或非正式的觀察以肯定你的發現。

　　正式的評量應該在學年中間和結束時各進行一次，如果你是採協同方式教學，那麼你可以各自完成檢核表和解釋，然後和你的伙伴一起討論你們的結果；或者，你們在整個評量的過程中都可以共同合作。不論哪一種

方式，利用這個架構來進行討論，是本評量中重要的一環。

首先閱讀同儕互動檢核表中的行為敘述（參見表 42，第 225～226 頁），當你熟悉了這些行為之後，利用你每日課前的準備時間為每個孩子填寫檢核表。將最能代表孩子在教室中與同儕互動情形的行為項目勾選出來。一般而言，七到九項行為就已經可以表示出孩子和同儕之間的互動模式。每一個孩子在某段時間都會表現許多檢核表上列出的行為。盡可能只勾選出某個孩子最顯著的行為項目（參見表 45，第 230～231 頁，來掌握觀察要點）。

如果使用檢核表讓你想起以前曾做過的觀察結果，或是激發你採用某些教學策略（例如，在孩子進入一項活動之前，詢問孩子有什麼計畫來使用材料，藉此方式幫助孩子去想出自己的方法運用材料），把這些情形都記錄在檢核表中的備註說明欄中。同時，也在該處寫下任何相關、但是未包含在檢核表項目中的各種行為。

當你完成檢核表後，為每個孩子做出一份摘要表（參見表 43，第 227 頁）。在這一張摘要表中，根據四個社會角色來分類具體的行為（如果有一位以上的老師為學生寫檢核表的話，那麼摘要表可以分成兩欄，老師們的評量結果可以並列呈現。這個格式可讓教師群更容易找出相同的觀點，並且討論對孩子行為觀察的相同、相異之處）。

在判斷哪一個角色符合孩子的行為形態時，參考社會角色行為特徵的定義（參見表 44，第 228～229 頁），並且參閱孩子的個人摘要表。孩子若是持續性地扮演某個角色，那麼在不同的情境，不論同伴是誰，都會展現出特徵行為。一般而言，如果某個孩子持續性地出現某角色六項特徵行為中的四項，那麼這個角色可以說是代表孩子與人互動的行為形態。假如，某個孩子的行為跨越了幾個角色或所有的角色，那麼孩子與同儕互動並沒有統合成一個單一的角色。這樣的分散性，對於某些孩子來說，代表她正位於轉變的階段。

如果孩子與同儕的互動並沒有反映出某一個角色，仍然可以找出有意

義的角色組合。例如，某個孩子呈現了轉變中的行為，以及一些領導者的特徵行為，那麼她已經處於發展成為領導者的過程中。如果某個孩子的行為集中在領導者和促進者的角色上，那麼可能是非常有人緣的人，或者能相當熟練地擔任兩種角色。對每個孩子來說，全部勾選出來的行為可以讓我們了解他們和同儕之間的關係。有較多勾選項目的孩子，相較於只有一些項目的孩子而言，前者可能對互動的所有層面都較感興趣。你也可以發現一個經常扮演某個角色的孩子，也會使用其他角色的某些行為來完成她的目標。例如，一個扮演領導角色的孩子有時會服從其他孩子的領導，以完成她的活動目標。

如果你判斷一個孩子的行為形態符合一個特定的社會角色，接下來你必須評鑑她是否以建設性的方式運用這個角色，並且在教室中被重視。你可以利用「個人摘要表」上的問題幫助你做判斷。「孩子的互動是否是正向的？這個孩子是否能有效地執行這個角色？」如果對這些問題的答案是肯定的，那麼社會領域可能是這個孩子的專長。

為了確認這些詮釋，在接下來幾天中當你觀察這些孩子，並且和孩子互動時，必須把這些問題記在心中。「這些孩子是否真正扮演領導的角色？他們是否是成功的促進者？他們是否是有效地獨處者？他們是否努力在為自己定位？」務必注意，其他的孩子是否能接受他們的作法。如果有時間的話，你可以集中觀察一、兩個孩子，並且在下課後立即填寫檢核表。這樣做可以讓你有更多的資訊來回答問題。

在看過孩子個人的摘要表，和進行深入的觀察肯定孩子在社會領域的專長之後，你可以寫出一份說明文來描述孩子與同儕互動的情形（參見表46，第232～233頁的範文）。寫這份說明文時，可以舉出二或三個行為例子，描述孩子與同儕的互動，以便讓整個文章內容集中在你的觀察結果上。和家長溝通時，盡量避免標籤的方式，而要重視你觀察孩子時所看到的互動形態和例證。

同儕互動觀察結果的運用

對於無法有效地扮演角色的孩子和尋找角色定位的孩子而言，安排一些成功的互動機會對他們而言是非常有幫助的。例如，孩子通常會在他們比較擅長，或有經驗，或有興趣的活動上，和其他人有正向的和直接的互動。從其他光譜評量活動中所獲得的訊息，可以幫助你找出這些適合的活動。

你可以安排好這些活動，鼓勵孩子和一位同伴在活動角中一起工作。選擇一個有能力並且友善的同伴，同時讓孩子說明如何完成這個活動。

注意觀察孩子扮演領導者、促進者、積極參與者，或獨行俠的活動是什麼，以及其他孩子的參與情形，這些觀察結果有助於你安排孩子參與的活動。另外，將這些社會互動情況記錄下來，以及寫下哪些孩子經常會幫助有困難的孩子。最後，替每個有困難的孩子填寫互動檢核表和摘要表，一學年中可以填寫數次，這樣一來可以幫助你記錄他們的進步，並且評鑑你的努力成果。

初步的結果：一九八七至一九八八

在一九八七至八八年的二十個孩子中，帶班的兩位光譜教師發現，經常扮演領導者角色的孩子有兩位，促進者一位，獨行俠兩位。除此之外，七位孩子正處於轉變的階段中，八位孩子並未有一個固定的社會角色。老師們發現那位扮演促進者角色的孩子，特別具有社會領域的專長，因為他能積極正向地、有效地與別人互動。此外，領導者的行為卻也經常被其他同學說成是「霸道」。

老師們發現，在一開始時，他們並沒有對檢核表中的同儕互動行為特徵有一些共識。在研究結果出來之後，發現老師們的看法有所差異，進而

使老師們共同討論出更清楚的方式去做非正式的兒童評量。老師們也認為使用檢核表可以幫助他們更有系統地評量。

❀ 對這個領域的建議

模型活動

我們建議你採用一個教室模型，因為它能在各種不同領域、用不同方式來進行。這個模型可以讓孩子各自把玩，也可從事小組活動，或者讓老師進行結構化的活動。孩子們可以把教室中真實的情況表現出來。老師也可呈現不同的社會情境，讓孩子們有機會去反思，表達他們的感情，和提出可能的解決途徑。

因此，這個模型可以成為觀察孩子如何處理他們的壓力事件的窗口。例如，當他們剛入學時、被團體的伙伴排斥時、嘗試進入活動領域時、交朋友時，以及處理社會衝突時。如同在故事板活動中一樣，孩子也可自己使用這個模型去說故事，從中流露出他們擔心的事項和願望。

如同孩子可以自己在藝術角領域做出他們自己的故事板一樣，他們也可以做出自己的教室模型。在麻州梅德福特市的艾略特—皮爾森兒童學校中，老師們自創出學校遊戲場的小模型，讓孩子們可以把他們下課時間所做的事情表現出來。你也可以觀察一下，在故事板活動中喜歡加入幻想成分的孩子，是否特別有興趣使用真實情境的教室模型來說故事。

這個教室模型也可以檢查孩子們在空間領域方面的能力。你可以要求孩子們將家具依照教室中相同的位置放在模型中。有些孩子會隨便擺放，有些孩子能夠將一些重要的家具放在正確的區域，但是並沒有能注意到細節的部分，例如，擺放的角度是否正確。空間能力較強的孩子則會精準地擺放所有的家具，必要時還會觀看一下教室的情形，以便能正確擺放在模型中。如果教室模型擺放的角度和孩子看教室的角度不同，孩子又能表現出上述的行為時，那麼這個孩子的能力相當傑出。

團體時間和教室活動

在學年一開始時，你可以將孩子的名字編成一首歌來唱，這樣可以發展出孩子對於團體的歸屬感。當學期進行中，你可以讓孩子輪流在團體時間擔任領導者，讓他們有機會可以和別人分享與互動。他們可以唱歌、說故事，或從家中帶來特別的玩具秀給同學看。

你也可以使用團體時間去討論書籍內容、電影情節或教室的情境，讓孩子有機會進行人際問題的解決。你可以使用書和電影來提出一個衝突的情境，但是問題的解決則讓大家一起討論。如果要有更多的肢體活動，你可以在遊戲場準備一些大型的積木，鼓勵孩子們去組織出一組「建築團隊」。其他含有合作與關懷意味的活動，像是讓一組伙伴利用透明的玻璃紙繪圖，每個人各繪製一面；你也可以讓孩子和他的朋友一起做一個較長時間的方案計畫，如種植物或照顧小動物。

社會角

另外一種方式是在教室中建立社會角，其中有教室模型、相簿和留言板。這個可以作爲孩子反思他們社會行爲的處所。孩子可以使用教室模型，或者老師設計的活動，或自由探索。

你可要求孩子幫你把學校活動、教室活動的照片放入班級檔案夾中。孩子可以使用這些照片，作爲回憶和反思他們的經驗。他們也可以使用這些照片寫出學校生活隨筆，寄給家長看。

專業角色

探討成人的專業角色可以激發並支持孩子的互動，也可以對外在的社會世界有較佳的理解。你可以邀請父母或其他社區中的成員來介紹他們的工作，並且準備一些材料讓孩子們玩戲劇扮演的遊戲，或者帶孩子們去感興趣的地方進行戶外教學。

表 42：同儕互動檢核表

觀　察　者_____　　日期_____

兒童姓名_____　　年齡_____

·如何使用這份檢核表·

　　為你班上的每一個學生都填寫一份檢核表。首先請你先看完這份檢核表的所有項目，然後再勾選出最適合每一個學生與人互動的行為項目。一般的情況下，用七至九個行為項目就能夠清楚地描繪出一個孩子和同儕互動時的行為模式。所有的孩子都有可能在某種情況下，表現出這個檢核表上的許多行為。你只要選出最能符合某一個孩子的項目就可以了。如果你在使用這個檢核表時，想到有關孩子和別人互動的一些事情，請把那些事情寫在本表最後的說明欄中。

·檢核表清單·

1._____利用邀請或詢問的方式，去加入別的小朋友所進行的活動（例如，「你在做什麼？我在做⋯⋯」「我們一起做，好嗎？」）

2._____在玩耍過程中起衝突時，會進行協調

3._____主動提出一個活動，別的小朋友會樂於一起參與

4._____主動提出一個活動，但常常沒有人要玩

5._____通常會呼應別人的提議，而不是主動提出想法

6._____常常在一旁看別的小孩玩

7._____衝突發生時，願意妥協或離開原來玩的地方

8._____比較專注於自己的活動

9._____常常邀請其他小朋友加入遊戲中

10._____喜歡指揮別的小朋友

11._____只要別的小朋友都還在一起玩，就會一直玩那項活動

12._____當別人的請求會干擾自己的活動時，通常會不理別人

（續下頁）

（承上頁）

13. ＿＿＿＿＿經常會延伸或擴充別人的想法

14. ＿＿＿＿＿通常會分派角色給別的小朋友

15. ＿＿＿＿＿會想要控制別人做的事

16. ＿＿＿＿＿跟隨其他小朋友移動到不同的遊戲區，很容易和別人互動

17. ＿＿＿＿＿很有毅力地完成自己的想法

18. ＿＿＿＿＿會向別的小朋友提出請求，並接受他人幫助

19. ＿＿＿＿＿通常會接受別的小朋友的幫助

20. ＿＿＿＿＿玩耍的時候，專注於使用的材料上

21. ＿＿＿＿＿很關心別的小朋友是否接納他

22. ＿＿＿＿＿會和別的小朋友合作

23. ＿＿＿＿＿會對別人所做的事情給與回饋（例如，「不是這樣做啦！我做給你看。」）

24. ＿＿＿＿＿常常獨自一個人玩

25. ＿＿＿＿＿會和別的小朋友分享訊息和技能（例如，告訴別人如何玩某個遊戲）

26. ＿＿＿＿＿玩耍時，會和別人交談

27. ＿＿＿＿＿當別的小朋友需要幫忙或注意時，會提供善意和協助

28. ＿＿＿＿＿選擇自己感興趣的活動，而非選擇朋友所參加的活動

29. ＿＿＿＿＿通常不願意按照別人的請求去做事

說明：

表43：同儕互動檢核表

個人的摘要表

觀　察　者 _____　　日　期_____

兒童姓名 _____　　年　齡_____

_____

團隊成員的角色：檢核表項目 1，5，7，11，16，19

_____

促進者的角色：檢核表項目 2，9，13，22，25，27

_____

領導者的角色：檢核表項目 3，10，14，18，23，26

_____

獨行俠的角色：檢核表項目 8，12，17，20，24，28

_____

轉變中的角色：檢核表項目 4，6，15，21，29

_____

問題：

1.這孩子的互動情況是否都是正向的？

2.這孩子是否成功地扮演他的角色？

3.其他孩子對於這個孩子付出的努力，有什麼回應？

表 44：特徵角色的定義和行為

團隊成員的角色

定義：這個角色最主要的特徵是，小朋友願意和別人合作並且參與社會性活動。

行為特徵

——利用邀請或詢問的方式，加入別的小朋友所進行的活動（例如，「你在做什麼？我在做……」「我們一起做，好嗎？」）

——通常會呼應別人的提議，而不是主動提出想法

——衝突發生時，願意妥協或離開原來玩的地方

——只要別的小朋友都還在一起玩，就會一直玩那項活動

——跟隨其他小朋友移動到不同的遊戲區，很容易和別人互動

——通常會接受別的小朋友的幫助

促進者的角色

定義：孩子會有效地和別的小朋友分享想法、訊息和技能。

行為特徵

——在玩耍過程中起衝突時，會進行協調

——常常邀請其他小朋友加入遊戲中

——經常會延伸或擴充別人的想法

——會和別的小朋友合作

——會和別的小朋友分享訊息和技能（例如，告訴別人如何玩某個遊戲）

——當別的小朋友需要幫忙或注意時，會提供善意和協助

領導者的角色

定義：孩子經常扮演領導人物，想出辦法組織其他的小朋友。

（續下頁）

（承上頁）

行為特徵

——主動提出一個活動，別的小朋友會樂於一起參與

——喜歡指揮別的小朋友

——通常會分派角色給別的小朋友

——會向別的小朋友提出請求，並接受他人幫助

——會對別人所做的事情給與回饋（例如，「不是這樣做啦！我做給你看。」）

——玩耍時，會和別人交談

獨行俠的角色

定義：孩子通常比較專注於自己操作材料，而非與同儕互動。

行為特徵

——比較專注於自己的活動

——當別人的請求會干擾自己的活動時，通常會不理別人

——很有毅力完成自己的想法

——玩耍的時候，專心於使用的材料上

——常常獨自一個人玩

——選擇自己感興趣的活動而非選擇朋友所參加的活動

轉變中的角色

定義：這種孩子通常正在努力塑造自己在教室中的角色。

行為特徵

——主動提出一個活動，但常常沒有人要玩

——常常在一旁看別的小孩玩

——會想要控制別人做的事

——很關心別的小朋友是否接納他

——通常不願意按照別人的請求去做事

表 45：觀察要領

在幼稚園裡，有很多值得觀察的事情，尤其是孩子們的社會互動方面。為了更有效地進行觀察，最好集中觀察孩子最常扮演某個社會角色的活動領域和事件。例如，在室內活動時間中可能比團體活動的時間更能搜集到同儕互動的訊息，因為在前者的活動時間中，孩子會自己決定去哪裡玩和玩多久。戲劇活動和堆積木活動中特別能看出孩子如何組織和引導同學們一起玩。透過觀察這些合作式的遊戲，你可以看出哪些孩子能和別人分享訊息和技能，以及發揮他們的想法。一旦你重視觀察，你將更能了解哪些情境下你可以支持哪些行為。

領導者：常見於戲劇遊戲和堆積木等的社會性遊戲中。他們通常會提出遊戲進行的主題、分派角色，或者說明遊戲如何進行。當遊戲有一套規則，和採輪流制時，扮演領導者的孩子通常會監督和引導遊戲的進行。然而，有些孩子能成功地扮演領導者；有些則不然。他們所使用的語言，有的很霸道，有的很能鼓勵人心，有的人比較直接、坦率地告訴其他的孩子如何走和如何玩。有些孩子利用動人的想法來組織活動，使得其他孩子競相加入。雖然方式和態度上有所不同，但是所有領導者的共同點是提出想法和組織活動。

促進者：常見於需要分享材料和資源的活動中。例如，在堆積木時，通常需要孩子能互相共用空間和積木。在美勞角，通常也需要平分黏土和輪流使用工具。因此，如果在這些區域，有一個促進者的角色，通常活動會進行得比較順利。當某些孩子有麻煩事發生時，這些促進者就會現身。他們會聚在一起，詢問事情發生的經過，或者提供所需的協助。有些促進者比較重視公平性，並且會讓團體的遊戲公平且有秩序地進行（協調者），有些則比較重視個別孩子的感受及他們的需要（照顧者）。

獨行俠：有關這個角色，最重要的是區別那些「沒有足夠互動技巧的孩子」和「獨自投入於自己感興趣的事物中的孩子」。不僅老師可以找出哪些孩子喜歡自己玩，其他孩子們也能分辨出來。一個孩子之所以成為獨行俠，是因為知道自己可以做到一

（續下頁）

（承上頁）

些事情，同時也能自得其樂。

團隊成員：通常會在團體的活動中發現這些角色，可能是主動的參與者或觀察者。在遊
　　戲場中，他們可能會和其他孩子窩在一起；在教室中，他們可能會和某個同學選一
　　樣的活動，並且不願意自己選。在互動中，他們通常十分安靜，並且聽從別人的意
　　見。雖然這個角色不被視為一種社會行為上的長處，但是有些孩子確實是很成功的
　　團隊成員。他們通常容易和別人往來，或者和某些同學成為知交。此外，他們通常
　　會置身於活動之中，而非在外圍遊蕩；他們也願意加入任何頑皮搗蛋的行列中。

表 46：敘述性觀察報告的範例

比利（有領導才能的孩子）

比利在一整年中幾乎都扮演領導者的角色。他非常有自信、毅力，並且很喜歡將他的想法付諸實施。幾乎每一天早上，他都會到遊戲場中，加入團體活動。他會馬上叫其他孩子和他一起玩「抓鬼」的遊戲，「嘿！各位同學，玩抓鬼的時間到了！」當他想玩大積木遊戲時，他也會呼朋引伴來幫他搭造一條船、火箭或其他一些車輛。即使當他自己玩的時候，其他的孩子也會注意他，並且加入他的活動。當他把冰塊弄碎成小塊，放進大籃子時，附近玩耍的孩子也開始去拿冰塊。他教其他人把冰塊弄成小塊，並且帶這些孩子到一個桌子邊，他稱這個桌子為冰塊工廠。他把小碎冰放進虎頭鉗子壓得更碎。然後，他讓其他孩子輪流來做這件事。

偶爾，比利的想法和支配性也會讓他和別人衝突。他喜歡事情按照他的意思來做。有幾次，他聲稱自己是「四人團中的頭頭」，堅持他想做的事情。當某個遊戲進行得很熱烈時，他通常會繼續完成自己的想法；然而，當某個遊戲變得很沈悶時，他也會採納別人的想法來加以變化。當麥可發現遊戲場上的一個小洞，想把它當作一個陷阱用時，比利就建議大家用這個陷阱來抓鬼，並且叫大家在上面鋪葉子和草來偽裝陷阱。雖然比利喜歡社會活動，但他也能自得其樂地一個人玩，並且很專心。他並不依賴別人的想法，但是他經常可以把別人的想法變成大夥的樂事。

巴比（具有促進者專長）

巴比和所有班上的同學相處都十分愉快。他很和善，願意妥協，並且能了解別人的需要。他會詢問同學：「我可以和你一起玩嗎？」他也會邀請其他同學加入他的活動。當他玩膩時，他會告訴同伴，並且問他的同伴是否要繼續玩下去。他會很有彈性地修改他的計畫，並且找出彼此互相感興趣的活動，但並不輕易放棄和忽視自己的喜好。在爭執過程中，巴比通常是提出解決方案的人。當米奇拿走巴比正在用的拱形積木時，巴比會要求他歸還，但是他也會找另一塊拱形積木給米奇。在寫作角時，當孩子人數超過文具用品的數量，爭

（續下頁）

（承上頁）

論四起時，巴比就建議：「我們可以一起用啊！」他會督導共用文具的方式，並把文具放在一個大家都拿得到的地方。

除了折衝的能力之外，巴比通常也會在朋友沮喪時，表達他的同情和支持。當山姆跌倒並弄傷膝蓋時，巴比也跪到地上去，並且摩擦他的膝蓋說：「你看，我的膝蓋也受傷了。」當蘇珊給克利斯看她曬傷的地方時，巴比也湊過來一起看。他問蘇珊感覺如何，並且告訴蘇珊之前他也曬傷過。如果他的同伴中有人被指責，巴比通常會出來代受責備。

在擲骰子的遊戲中，湯姆因為安迪不讓他玩而氣哭了。巴比會堅持安迪要把骰子還給湯姆，讓遊戲能進行下去。可能是因為巴比能支持同學，並且促進大家的互動，所以他是班上最有人緣的人。

席拉（獨行俠）

雖然席拉有許多朋友，但是她喜歡自己玩。她非常有自信，並且不愛找玩伴。雖然她有時一個人坐在一旁觀看，但是並不孤單。她也會和別人一起玩，不過她比較專注在活動的材料上，而不是周邊的社會活動。有一次，她和其他三個女孩在遊戲場上閒逛，突然，席拉說：「我要在這裡玩。」她撿起了一根樹枝，開始在石頭間搜尋。她說：「我在找雲母石。」她把找到的石頭展示給大家看。其他三個女孩也開始加入找石頭的行列，但是她們的加入並沒有影響席拉。

席拉有很多的妙主意。在她心滿意足地結束一個活動前，其他事情很難吸引她的注意。當她一個人玩時，她通常不理會別人的要求，並且坦白地拒絕別人的加入。在寫作角中，雖然很多孩子互相討論彼此的圖畫，但是席拉通常只是關心自己的作品。當她身邊所有的女生都在一起畫彩虹時，她畫了公主和馬。當她不再只是一個人玩時，她也會善用別人的想法。有一天，她和其他幾個女孩用積木做「游泳池」。她到藝術角中找來了藍色的塑膠片當作是水，她也拿一些小熊玩偶，讓它們下水去游泳。當莎曼莎做出一排彩色的長方形積木，並且在上面放了一些小螺帽時，席拉提議說：「我們來喝下午茶！」她把積木和螺帽都轉變成桌子和茶杯了！可能是由於她的創意和自信——雖然她的主要興趣是在活動的材料上，但是很多孩子喜歡聽席拉的意見，樂於與她為伴。

第6章

視覺藝術領域

❀ 前　言

　　「我有時可以畫得像是拉斐爾（Raphael）一樣，但我得窮畢
生之力才能畫得像兒童一樣。」

　　——畢卡索（Picasso）

　　能夠畫出和實體物品相似的線條和形狀，是人類獨
有的一種符號式的能力。雖然藝術通常被視爲一種「感
覺」或「靈感」，然而它們事實上涵蓋了相當廣泛的認
知能力和技能。在過去的幾十年中，研究者對藝術能力
發展的階段已有了較多的認識（Gardner, 1980, 1990）。
一歲的孩子可以畫出一些記號，但是孩子們會更喜歡手
中拿著畫筆，到處隨意畫。在十八個月到兩歲之間的孩
子，會開始把畫筆當作探索環境的工具，不過孩子們比
較重視肢體的動作，而非紙上的符號。在兩歲到四歲之

間是塗鴉階段，孩子的隨手畫逐漸變得更有結構性，並且更能由自己控制
（Lowenfeld & Brittain, 1982）。

在三歲或四歲之際，大部分的孩子逐漸步入前基模階段（preschematic
stage）。他們能夠畫出可辨識的線條來表達環境中的物品，例如，常見的
大頭小身體的人形（Kellogg, 1969）。孩子通常只了解和他們有關的物品，
因此，孩子所畫的物品在大小尺寸上並不固定，並且也隨意畫在紙上的任
何位置。通常，形狀比顏色更先掌握住，顏色通常很少和所繪的實際物體
之間有一致性。例如，孩子會選用某種顏色是因為顏色盤中該顏色比別的
顏色多，或者因為還沒有其他人用這個顏色。有些孩子對於形態和構圖比
較感興趣，有些孩子則比較注重內容的表達。四歲的孩子通常會比兩歲和
三歲時重視運用線條、形狀和顏色。然而，對年幼的孩子而言，創作的「過
程」通常比「真實的成品」更為重要。孩子們喜歡能親自操作材料，透過
這些操作，他們可以把自己的感覺和內心世界向外界進行溝通和表達。

在學前教室中，藝術領域通常有許多種活動，從在畫架上作畫，和用
手指頭繪圖，到拼貼和泥塑。許多學前教師認為藝術是教室中的一項重要
領域，部分原因就在於藝術能提供孩子豐富的機會來自我表達和發現新世
界。在這個年紀的孩子，並沒有足夠的語言技能來談論複雜和抽象的議題，
例如自我的本質，或世界的本質，或善良與邪惡的衝突。藉由這些表達工
具，例如繪畫、說故事和戲劇遊戲，孩子可以掌握那些抽象的概念。

在這個領域中常見的評量方式是拼幾何圖形和積木（Wechsler, 1967）
以及畫人測驗（Harris, 1963）。然而，許多重要的成分，例如，表達力、
開創性和修飾能力等，都未在這些評量中出現。傳統的測驗還有單次測量
所造成的偏差問題；相反地，在光譜評量中，是以收集孩子全年度的作品，
並且以三個主要的因素——表象的水準、探索的程度以及藝術的水準，共
同來檢視這些作品。

🏵 藝術活動的概念化

　　在藝術領域中，我們以畫家、雕刻家和建築師等人的能力來進行分析。雖然棋士、工程師、製圖師、數學家和科學家也需要空間能力，但是光譜評量中，我們著重視覺藝術的實際世界中上述三個重要角色。在這個領域中，重要的能力有：能正確地感知視覺的世界，對於構圖、平衡和視覺或空間佈局的其他層面相當敏銳，以及能夠用圖像的方式呈現空間訊息。圖畫、彩繪和雕刻都需要敏銳觀察視覺—空間世界，並且能以藝術的成品再現所觀察的世界。當然，精細的動作技能也在藝術能力的發展中扮演了重要的角色。

　　在視覺藝術中，能力發展的早期通常包括：對視覺形態感到興趣、注意到不同物件間的相似性、注意且探索有趣的視覺形式、對於細節特別關注，以及具有成人水準的具體表象能力（Winner & Pariser, 1985）。這些能力在教室中的不同領域上都會出現，例如，孩子會在積木角中搭造出一個拱形的建築物，這樣的表現顯示出孩子獨有的設計感。有些孩子則是對所處環境中的視覺形態和物件的質地特別感興趣。

　　光譜計畫中的藝術評量植基於老師全年度的藝術課程，再加上我們提供的四項結構性活動。因為孩子們的藝術作品表現，會隨著時間有許多改變，並無法從單一的成品中來評鑑，因此我們在學年中和年度結束之際，分別收集孩子的所有作品來做檢視。我們鼓勵老師在課程中提供各種不同的藝術活動，包括用鉛筆、蠟筆、彩色筆和粉筆來畫畫；用不同顏料來彩繪（油彩和水彩）；在不同的材料表現上作畫；以及，製作立體的成品（美術拼貼、雕塑、木工、透視畫）。有些孩子比較會用彩色筆，而非顏料；有些孩子對於使用陶土比用鐵絲線更為靈巧；有些孩子則善於使用液體狀的材料，例如顏料，而不喜愛用彩色筆這種定型的材料。藉由讓孩子有機會接觸不同的媒介材料，並且看到孩子作品中的不同特性，老師可以對每

個孩子有更清楚的認識。

我們設計的四個結構化活動，可以讓老師了解幾種能力。其中三個結構化的畫圖活動，可以看出孩子對於動物和人的概念，並且讓孩子有機會整合新的元素到他們已有的概念基模中（透過動物想像畫）。另一個立體作品設計的活動，讓老師可以了解孩子們如何在空間中組織設計和形態；孩子如何把不同的材質，例如木片和鐵絲，組合成一個協調的整體成品，以及孩子對於不同種類的媒介材料特性的敏銳程度。

▌藝術檔案

❀ 目的和活動介紹

藝術檔案是藝術領域主要的評量工具，其中收藏了結構性活動的作品，以及孩子在學校中所做的其他作品。老師們應該要參看多份作品、長時間收集，以便能正確地評量孩子的藝術能力。即使在一週的時間中，孩子們也可以嘗試用許多不同的方法來畫一個感興趣的主題（Kellogg, 1969）。因此，單一件畫人物的作品並不能代表孩子描繪人物的能力。一個孩子要在某個領域上有所進展時，可能會向前跨出一步，然後向後退兩步。因此，為了確定我們能充分了解孩子作品的多樣性，我們決定收集孩子的所有作品。

藝術檔案也可以幫助老師找出孩子的獨特興趣和風格；有些孩子比較喜歡以寫實方式作畫，有些孩子則偏好依照他們的想像來作畫。在表達的手法上，有些孩子喜歡以圖畫說故事、描繪風景，例如農場；或者，畫特別的物件和人物，例如房屋和動物。其他孩子喜歡的可能是針對某一個概念基礎，例如，車輛、人們或動物，進行描繪和進一步發揮。當然，這樣的偏好可能也反映出家長、老師或同儕的意見，因此，有時候引導孩子多

去認識一些新概念，可以擴展孩子發揮的空間。

　　在評量孩子的藝術作品前，老師應該讓孩子有機會接觸視覺藝術中各種不同的素材和層面。孩子應該有機會去試做具象的作品或設計抽象的作品。他們也應該去探索不同的藝術層面，例如，色彩的功能、不同種類的線條、形狀和形態等。孩子應該也有機會根據某個特定目的來產生藝術作品，例如，畫一張生日卡，或為一個故事、一首詩、某一種概念（例如，季節變化或城市生活）而作畫，並非只靠憑空想像。

　　光譜藝術活動讓孩子真正去做許多不同的藝術作品，這是其他方法無法做到的。孩子的檔案，包含有自由探索和指定的作品，這些作品可以從下列三個範疇加以評量。首先是具體表象的水準（level of representation），指的是孩子可以創造出可識別的符號來代表常見的物體的能力，例如人、植物、房屋、動物和車輪，以及孩子能夠在空間中整合各種不同元素，形成較大型的設計能力（Feinburg, 1987）。第二，探索的程度（degree of exploration），指的是在孩子的設計中、抽象的圖繪中，和使用的藝術材料上，表現出的變通性、流暢性、創造力和多元化的程度（Feinburg, 1988, 1990 年 5 月 15 日個人談話；Gardner, 1980；Goodman, 1988；Strauss, 1978）。最後一項，藝術的水準（level of artistry），指的是孩子能利用各種不同的藝術元素，例如，線條、形狀和顏色，來表達情緒，產生特定的效果和精進他們作品的程度（Feinburg, 1988, 1990 年 5 月 15 日個人談話；Gardner, 1980；Goodman, 1968, 1988；Winner, 1982）。

材料和情境佈置

　　這四種結構化的光譜活動需要有四或五種水性的、無毒的彩色筆，一些質地好的白紙（十一吋乘十四吋），和一些可以進行立體作品的材料，例如，陶土、黏土、冰棒棍、牙籤和黏膠。孩子的其他藝術作品則收集自老師自己設計的視覺藝術課程。我們建議的藝術課程活動有下列各項（參

考 Pitcher, Feinburg, & Alexande, 1989）：

1.**蠟筆**：用來做拓印、融化蠟筆畫、蝕刻、用不同大小的蠟筆來畫圖（讓孩子試著使用蠟筆的側身和兩端來作畫）。提供孩子許多種單色的蠟筆或不同顏色的紙。

2.**蛋彩油料**：用滾筒、吸管、海綿、各種不同的毛織品來作畫，宣紙畫、混色、肥皂泡泡畫、用線做畫、用不同大小的刷子來作畫、畫在不同的表面——木頭、陶土、貝殼、紙袋、蛋盒、石頭等。也可以用手指頭來作畫，和用水彩做畫（請注意：建議採用畫架讓孩子作畫，但並非一定如此）。

3.**拼貼**：可用各種不同材質的材料，例如有：毛氈製品、粗麻布、衣料、羽毛、貝殼、棉花、天鵝絨、種子、毛皮屑片、皺紋紙等等；可用的各種不同形狀，例如：鈕扣、吸管、紙夾、軟木塞、牙籤、細繩、絨球、通心粉、麵條、珠子、瓶蓋等；有各種花樣的材料，例如：壁紙、包裝紙；透明和半透明的材料，例如：網狀袋、置物墊、蕾絲、薄衛生紙、彩色玻璃紙；閃亮質感的材料，例如：金屬片、亮片和鋁箔紙；以及碎末狀的材料，例如：沙子、鋸木屑和鹽巴。

4.**紙**：用來做出各種不同形狀、長條狀、面具、旋轉吊飾、紙偶和紙花。準備各種不同大小和種類的紙，以供使用。

5.**粉筆**：使用潮濕的紙和乾燥的紙來比較著色後的不同。也可以做混色活動。

6.**剪裁、黏貼**：剪裁或用手撕各種不同的紙。嘗試將通心粉、乾燥的豆子、胡椒、沙子和小石頭黏貼在紙上。

7.**立體作品可用的材料**：陶土（儲存在密閉防水的空罐中）、黏土、紙黏土、鐵絲、保麗龍板、小盒子、旋轉吊飾、木屑、牙籤、冰棒棍、膠水，以及各種回收的材料。

🔳 程序

　　在一學年開始之際，幫助孩子準備一個大型檔案夾來收集每一學期的藝術作品。孩子們可以自行裝飾他們的檔案夾。檔案夾中應該包括有圖畫、彩繪、拼貼和立體的作品（或照片，如果不能收藏在檔案夾中的話）。在一整年中，務必把孩子的名字和日期確實寫在每件作品上。你可以在一學年之初告訴家長，孩子們的藝術作品將先收集在教室的檔案中，學期結束時，會將所有作品帶回家。當然，有些孩子在學期中會想把某件作品帶回家，如果有這種情形產生的話，你可以請家長在家裡也設一個資料夾保留孩子的東西。在學期結束之際，如果孩子們想讓班上同學看看他們的作品，你可以進行作品分享的活動。

　　一般而言，我們盡可能提供許多不同的藝術活動，包括設計抽象作品，以及平面和立體的作品。這四種結構化的活動應該每隔六到八週的時間，逐一進行。這樣可以讓你了解每一個孩子在某一段時間中能夠做到些什麼事，以及有機會看到同班孩子在同一件工作上的差異。你可以用個別、小組或全班的方式，來實施這些結構化的活動。

活動一：動物畫

　　在你進行這個活動之前，先在大團體時間和孩子們一起討論農場上不同的動物。你也可以教唱「王老先生有塊地」這首歌（這個活動中也可用其他歌曲，只要歌曲中有一些孩子喜歡的動物，或孩子們在森林中看到的動物，或者孩子想在教室中飼養的動物。你也可以說一個有關參觀動物園或森林之旅的故事，激發孩子的動機和引發創作的想法）。

　　在評量中，要求孩子先想想在農場中會看到的動物，然後把那個動物畫下來。告訴他們每個孩子畫的動物都會放入資料夾中，當資料夾放滿之後，全班就可以有一個自己的動物農場了。給孩子每人一張質地好的白紙

（十一吋乘十四吋），以及各種不同尺碼、顏色的彩色筆（這些材料也用在活動二和三中）。給孩子最多二十分鐘來完成這件作品，結束前幾分鐘提醒孩子時間快到了。務必將孩子的名字和日期寫在圖畫紙的背面。你也可以寫下你所觀察到的任何事情，例如，孩子使用哪一隻手作畫、是否非常專注、能長時間做事，或修改自己的作品。

活動結束後，將孩子們的作品做成一本書，或者展示在牆壁上。可能孩子們也可以聊聊動物們在農場上做些什麼事。

活動二：人物畫

在「我自己」或「我的家庭」單元中，要求孩子畫一張自己和家人在一起的圖畫。這個圖畫可以成為「我的小書」中的一部分，這本書中也可以有孩子喜歡和不喜歡的東西、朋友、寵物、最寶貝的物品等等。給孩子一套和活動一中一樣的材料，讓他們有二十至三十分鐘的時間來畫。告訴孩子們你會保存他們的作品。

活動三：想像動物畫

發給孩子們畫紙和彩色筆，告訴孩子們：「我要告訴你們一個奇怪動物的故事。你要做的事情是把這個動物畫下來。你可以慢慢畫，畫完時告訴我。我會把你們的圖畫保留下來。這個故事是這樣的：『有一天三個孩子從學校放學回家，他們突然看到這隻非常奇怪的動物。他們從來沒有看過這種動物，牠不像是狗，或貓，或大象，或其他他們知道的動物。牠走路的樣子也不像是他們知道的任何動物或人，而且牠的叫聲非常奇怪。』」

把孩子作畫所花的時間和其他你觀察到的事情，寫在圖畫紙背面。

活動四：製作雕塑品

在這個活動中可以使用許多不同的材料。你可以從陶土、黏土、紙黏土、保麗龍、牙籤、木頭碎片、冰棒棍和黏膠等等材料中選一些來用。只

讓孩子們用幾種材料即可。首先讓孩子隨意去做任何他們想做的東西，然後，你可以提供一些想法讓孩子做：「做一個可以讓動物或人住的東西」、「做一個會跑動的東西」或「做一個表現出高興、難過、生氣或其他感覺的東西」（Pitcher, Feinburg, & Alexander, 1989）。

其他可用的結構化活動

（參考 Pitcher, Feinburg, & Alexander, 1989）

　　一般而言，當你為孩子準備的任務中含有啓發性的訊息，而非只是叫他們自己畫畫時，孩子們最有可能在他們的作品中表現出創意、精進作品的能力，和具象能力。因此，我們提供一些你可以參考使用的開放性方式。

　　拼貼：這是一種運用形狀和色彩的結構性任務。準備一些不同形狀、大小的材料、色紙、布料和有紋理的材料給孩子使用，例如，彩色玻璃紙。提供孩子強力膠、剪刀和紙張。首先，讓孩子隨意選一些材料自行組合。然後，提出一些想法讓孩子們做，例如：「他們想居住的地方」、「一種想像的動物」、「一種高興或難過的感覺」。找找看哪個孩子展現出獨特的設計感。

　　廢物換新裝：這是一個三度空間的建造活動。準備空盒子、紙巾的捲軸、舊的緞帶、皺紋紙、蛋盒、舊廚具、瓶蓋、吸管，以及其他回收的材料。另外，幫孩子們準備白膠、剪刀和紙。首先，告訴他們可以隨意做他們想做的東西。當他們做出一件成品後，提出一些想法讓他們做，例如：「做一個簡單的機器、車輛、人或動物住的房子。」

　　畫圖：

　　1. 在教室中給孩子們一段時間去探索一件有趣的物品。這件物品對孩子而言必須有一點新奇，但是又要有足夠的熟悉感，以免孩子們太受物品的吸引。可考慮採用的東西，例如：青椒、立方體、真的動物標本（可以從博物館借）、電話、椅子、吉他或其他樂器、簡單

的腳踏車(沒有裝輔助輪子)或三輪車、奇怪的花朵(天堂鳥)或小龍蝦。當他們仔細觀察和觸摸之後,要求孩子們一邊看著這個物品,一邊畫下來。也可以要求孩子從不同角度去畫這個物品。

2.要求孩子畫出以動作為主題的圖畫。例如,畫出他們和朋友在遊樂場一起玩的情形,或馬戲團的人表演不同特技的情形。

3.要孩子們替一個故事畫出圖畫來,例如,「小木偶歷險記」。

4.給孩子一些基本的形狀(例如,一個方形和三角形組成的房屋),讓孩子自己去裝飾。

5.去農場或博物館或水族館戶外教學之後,要求孩子們畫出他們看見的景物。

計分

藝術檔案的計分系統是根據光譜領域量表中的視覺藝術計分標準而形成(Chen & Feinburg, 1990)。雖然計分的標準主要是用在平面的畫作上,但是也可以加以修改而適用到彩繪及立體的作品上。表 47(第 246~248 頁)說明了主要的評分範疇,並且在每一個範疇中有三個等級分數。表 48 和 49(第 249 頁;第 250 頁)是觀察表和摘要表,並且留有空欄,以便寫下孩子是否偏好某種媒介材料,以及孩子是否慣用右手或左手,或經常換手作畫。表 50 和 51(第 251~253 頁;第 254~255 頁)中,我們提供一個以前用的計分系統,雖然不是很嚴謹,但是很容易使用。

在評量藝術檔案時,一共有九個因素(參見表 48)。這些因素可分為三個評分等級:1=低水準,2=普通,3=高水準。雖然每個因素是單獨評分,但是這些因素必須根據表象水準、探索程度和藝術水準這三個範疇來解釋才有意義。孩子們的表現是以整體的作品來評分,而非針對某張作品。如果作品的水準很不一致,那麼就依據大部分作品的表現來評分(作品的不一致性是非常值得重視的)。我們建議在年度中和年度結束時都做檔案評分的工作。你也可以詢問家長,孩子是否在家中也有一些孩子的畫作可納入檔案。

初步的結果：一九八六至一九八八

　　孩子們的藝術檔案一年中有兩次評閱的機會，分別是十二月和四月。有兩個孩子被發現在視覺藝術上有相當優異的能力。第一個孩子主要表現在使用彩色筆畫出代表意念的畫作。他在細節、角度和構圖的掌握上，非常令人驚訝。他的作品中畫出了許多不同種類的物品和景物。有些作品中有側面形態的人物或部分隱藏的物品，顯現出他開始具有一種透視畫的能力。他也能夠使用線條來表現一種流動的感覺。

　　第二個男孩則可以成熟並有效地使用多種不同的材料。他特別熱中於把材料單獨使用和混合使用（在拼貼畫和雕塑中）。他的畫圖和彩繪中呈現了獨特的構圖、平衡感、色彩和表現細節的能力。例如，他有一張圖非常細膩地描繪出水面下的景物，包含了幾種不同的魚、水中的交通工具和一隻噴水的鯨魚。整張紙都畫滿了。他的雕塑作品和立體的作品也表現出他具有從不同角度看一個物品的能力。

　　有一些孩子只在某一特定方面表現出獨特的能力。例如，有一個孩子的作品非常有開創性，用色十分大膽。她在每一張圖畫和彩繪中都運用色層，但每次都有一些不同。她會根據設計或表達的目的來選擇顏色，並且經常嘗試混合出她想要表現的色彩。

　　其他大部分孩子的作品則顯現他們在此年齡的水準，或者表現出一些探索的能力（例如，在紙上混合顏色，或大幅地揮灑顏色）。這樣的作品大都是在嘗試材料可以做哪些不同的使用，而非想做出哪種特定的作品。這些孩子當中，許多人都會偏好某一種媒介材料。一般而言，男孩比較喜歡拼貼和組裝，而非彩繪和畫圖，然而女孩則相反。有個男孩則比較喜歡手工——做出許多種三度空間的作品和地圖。另一個男孩則在陶塑上表現傑出。有一個女孩，特別喜歡小型畫作，表達出故事性強、華麗又細膩的內容。另外，有兩個孩子幾乎不參與平日的藝術角活動，因此，我們的結構化活動就成為唯一評量他們藝術能力的機會。

表 47：視覺藝術評分標準（取材自 Chen & Feinburg, 1990）

表象的水準：能以可辨認的符號來表達一般物品的能力（例如，人類、植物、房屋、動物）以及在空間中整合這些要素成一個整體的能力（Feinburg, 1987）*

要素	水準 1	水準 2	水準 3
基本形式	垂直線、對角線、水平線各自單獨存在。圖畫中的內容充斥著隨手的塗鴉	用一些幾何圖形（圓形、長方形、三角形）等結合出較複雜的圖案	有輪廓曲線、幾何圖形不再是圖畫的主要核心。有剖面圖和側面圖
	所畫的物件不完整（例如，蝌蚪沒有畫出重要的部分）	畫出了物件大部分的特徵（例如，人的手、眼睛和嘴）	非常詳細地描繪細節（例如，人的手指頭、睫毛、鞋子和服飾；窗戶上的細方格）
	繪畫的尺寸大小不協調（例如，耳朵、眼睛和嘴、窗戶的外框）	比例大小與實物本身各部位相近，但是，尚不能呈現與其他物品之間的相對大小	比例與實物大小相近，並且也和其他物品有適當的比例（例如，手比腳小、人比房屋小）
顏色	隨意使用顏色，和所繪畫的目標物無關	使用許多顏色，並且至少有幾個和目標物一樣的色彩	在繪畫中使用多種顏色，且非常精巧地用在大部分的圖畫中。很少出現不真實的色彩
空間整合	圖畫的要素散落在空間中。物件、圖形和臉孔散落在圖畫紙上，物件和圖形之間並無關聯，或局限於紙上的某一個空間中（例如，某個角落或中間位置）	物件之間彼此關聯，並且與整個畫面構成一個整體。有清楚的基準線概念	物件之間彼此關聯，並且與整個畫面構成一個整體。有清楚的上、下、內、外的概念

*本頁中大部分的要素，修改自 Feinburg (1987)。

（續下頁）

探索的水準：在孩子的作品和使用藝術材料時，反映出變通性、原創力、創意和多樣性的程度（Feinburg, 1988, 1990 年 5 月 15 日個人談話；Gardner, 1980；Goodman, 1988；Strauss, 1978）。

要素	水準 1	水準 2	水準 3
顏色	每一件畫作基本上都是用單色。在各件作品中持續使用某色，很少變化	使用多種顏色；大膽地用色	有效地使用多種顏色表達情緒或氣氛。經得使用對比色和混合色的技巧。作品顯得色彩鮮豔，令人喜歡
變化	重複使用一些圖案和設計，少有變化，甚至無變化。作品中只出現少數一些圖形概念	作品中有一些圖形概念（例如，點、線條、圓形、橢圓形、字母式（例如，開放與閉合、散發性和內斂形狀的圖案）互相交織在一起，或出現在作品集中。	使用線條和形狀，在設計中產生的形式（例如，開放與閉合、散發性和內斂性）作品在形式和主題上，呈現出顯著的多元
	作品的表現手法沒有什麼變化（例如，一直用同樣的方式畫相同的房子）	作品中有一些不同的圖案、物件或主題	
生動感	線條、形狀和形式很僵硬；作品中過度偏好幾何形式，很少使用斜線、碎片形狀或散放性線條。作品顯得呆滯且無新意	作品中活潑有力地使用線條，作品顯得流暢且自由奔放	線條、形式和色彩能產生鮮明的動感，具有韻律感、平衡性與和諧。作品具有張力

（續下頁）

藝術的水準：使用各種藝術的要素（例如，線條、顏色、形狀）來描繪情緒，產生某種效果，並且有裝飾作品的能力（Feinburg, 1988, 1990 年 5 月 15 日個人談話；Gardner, 1980；Goodman, 1968, 1988；Winner, 1982）。

要素	水準 1	水準 2	水準 3
表達情感	作品中沒有明顯的情緒表現（例如，人物沒有表情）。作品很難引發情緒反應或共鳴	作品中可看到利用線條和形狀來引發覺和情緒的能力；然而，仍然有一些部分不明顯	利用一些表現手法（例如，微笑的太陽、深色的哭泣的臉孔）和抽象的特徵（例如，深色的線條表示難過），來傳達強烈的情緒。作品顯得「活潑」、「憂傷」或「有生命力」
飽和感	線條的變化（如果有的話）對於該作品毫無影響力	線條的變化給作品帶來一些特殊的效果，並且能用來代表一些要件（例如，人物的頭髮和眼睛）	使用粗細不同的線條，使作品中的一些特殊的效果（例如，明亮度的差異）
美感	沒有顯著的美感：沒有明顯的加工。可能有用到一些不同的顏色，但未能替作品增色，只有功能性的用法而已（例如，彩虹）	仔細地選用顏色，為作品加工，然而，有時會太過誇張或太卡通味道（例如，在臉上畫小圈圈代表腮紅）。有一些形狀具有美感和協調感	很細膩地加工，圖案或重複使用的圖形有一種的節奏感，並且很仔細地安排修飾的手法和形式。作品色彩豐富，有平衡感和節奏感；作品中表現出一種有意義的美感

表 48：視覺藝術觀察表

兒童姓名＿＿＿＿＿＿＿＿＿　　　年齡從 ＿＿＿＿ 至 ＿＿＿＿

觀 察 者＿＿＿＿＿＿＿＿＿　　　日期從＿＿＿日到＿＿＿日

喜歡的媒材：＿＿＿＿＿＿＿＿＿　　慣用的手：＿＿＿＿

彩繪的數量：＿＿＿＿

素描的數量：＿＿＿＿

立體作品的數量：＿＿＿＿＿

表象水準的分數：＿＿＿＿＿＿＿　　　備註／例子：

3	3	3
2	2	2
1	1	1

基本　顏色　空間
形式　　　　整合

探索水準的分數：＿＿＿＿＿＿＿　　　備註／例子：

3	3	3
2	2	2
1	1	1

顏色　變化　生動感

藝術水準的分數：＿＿＿＿＿＿＿　　　備註／例子：

3	3	3
2	2	2
1	1	1

表達　飽和　美感
情感　感

一般的評論：

表 49：視覺藝術的摘要表

兒童姓名（年齡）	表象的水準				探索的水準			藝術的水準				總計	喜歡的媒介
	基本形式	顏色	空間整合	小計	顏色變化	生動感	小計	表達情感	飽和感	美感	小計		

表 50：視覺藝術第二種計分標準

第一部分：整體

下列項目幫助你記錄孩子藝術作品集的整體印象。

- **一致性**：孩子的作品集中展現出一致性技巧、風格或兩者兼具的程度；作品展現出一種獨特的風格、構圖或設計，使得觀察者能指出哪個孩子即是此作品的藝術家。
- **想像力**：在產生新的形式和結合各種形式方面能力很強，並且變通性高；創作力強並且具有創意；具有原創性。
- **多樣性**：孩子在設計、表達、探索媒材等項目，擁有各種概念；使用不同的體裁、風格或兩者兼具。
- **整體感**：作品看起來已經充分完工；整張圖（而不是某些個別部分）擁有平衡感和協調性，以及各部分充分互相結合。

第二部分：特徵

下列每一項特徵是根據四歲孩子的作品提出的。請參考這些說明來幫助你填寫觀察表（表 51，第 254～255 頁）。

1. 線條／形狀的運用

有特色的：孩子使用不同類型的線條（例如：直線、鋸齒狀線條、曲線），並且做出一些具體的形狀（例如：圓形、長方形）。有些形狀和線條互相結合形成簡單的圖案和物件。

獨特的：持續性地使用豐富的各式各樣圖形（例如：不同類型的線條、形狀、點狀圖、千鳥格圖形）。這些圖形時而單獨、時而混合使用於設計和表達具象事物上。這些線條、形狀或者兩者的結合，非常成功地形成了更具複雜性的圖案，和更吸引人的表達能力。

（續下頁）

（承上頁）

2.色彩的運用

　有特色的：孩子偏愛某些顏色，並且開始試著混合不同顏色。顏色可
　　　　　　能與原來所繪的物件不同，並且在設計上大膽使用不同的顏
　　　　　　色。

　獨特的：彩繪和圖畫中顯現出理解色彩在設計和表達上的角色。顏色
　　　　　有效地用以表達情緒和氣氛，或象徵性或幻想。孩子能使用
　　　　　混合色的方式創造出新顏色，搭配她所想要呈現的效果和需
　　　　　要的色彩。

3.構圖

　有特色的：孩子能探索不同的構圖方式，但是其多樣性和探索能力仍
　　　　　　相當有限。物件、圖形和臉孔面貌有各種不同的大小，散佈
　　　　　　在畫紙上或陳列於空間中。物件之間可能有所關聯，但是就
　　　　　　整張畫紙上的效果而言，並未能有整體感。圖形通常局限於
　　　　　　畫紙上的某個領域（例如，某個角落）。一般而言，孩子們
　　　　　　會各自處理每個物件，並且以自己所理解的方式將之陳列於
　　　　　　空間中。

　獨特的：能夠在表現手法和設計上使用多方位的空間（例如，基準線、
　　　　　天空、上方、旁邊）。嘗試運用多樣性的構圖方式。物件彼
　　　　　此之間相互關聯，並在畫紙上形成一個整體。作品呈現出對
　　　　　各種角度的理解，甚至包含了一些閉合式、三度空間的、剖
　　　　　面和重疊的表現手法。

4.細節的運用

　有特色的：有些物件可以辨認出來，但是大部分並未細膩處理，而是
　　　　　　簡單地描繪出來。大部分的特徵被省略掉，只畫出孩子覺得
　　　　　　最顯著的特徵。設計和圖案只是簡單而約略地畫出來。

（續下頁）

（承上頁）

> **獨特的**：作品有優異的、細膩的特徵。大部分的主要特徵（例如，有
> 指甲的手指頭，有眼睛、鼻子、嘴、耳朵、睫毛和眉毛的臉
> 孔）都一應俱全。運用多種線條、形狀、圖案來裝飾所設計
> 的作品。

5. 表達情感

> **有特色的**：孩子的作品相當率直，並沒有傳達太多的情緒。
> **獨特的**：孩子能透過線條、顏色和構圖描繪情緒、氣氛、動作，作品
> 令人喜愛，並且有顯著的視覺效果。

6. 表象能力

⊙註：下列的敘述涵蓋了上述的許多特徵

> **有特色的**：作品通常是一個單獨的物件或一小群物件，例如，人類、動
> 物、交通工具。物件雖然可以被辨認出來，但是相當簡單且
> 缺乏細節部分。通常只畫出孩子覺得最顯著的特徵和圖形。大
> 部分的特徵被省略（例如，人的頭髮和鼻子）。物件的比例通
> 常和實物不一致；孩子覺得最重要的部分畫得最大。顏色也和
> 描繪的物件不一致。
> **獨特的**：作品通常相當明確，並且細膩地描繪出來，同時會呈現一個
> 以上的人物、動物或物件。顯著的特徵（例如，駱駝的駝峰、
> 大象的鼻子）和不顯著的特徵，以及重要的特徵能共同呈現
> 出來，比例和實體接近。顏色能確實反映出所描繪的物件。

表51：視覺藝術觀察表──素描和彩繪

兒童姓名＿＿＿＿＿＿＿＿＿　　　年齡從＿＿＿至＿＿＿＿＿

觀　察　者＿＿＿＿＿＿＿＿＿　　　日期從＿＿＿日到＿＿＿日

喜歡的媒材：＿＿＿＿＿＿＿　　　慣用的手：＿＿＿＿＿＿

彩繪的數量：＿＿＿＿＿＿＿

素描的數量：＿＿＿＿＿＿＿

立體作品的數量：＿＿＿＿＿＿＿＿

第一部分：一般的分類

先看過孩子們的所有圖畫作品集。根據你對作品集的整體印象，標示出孩子作品中呈現的水準。

	非常獨特	有表現一些能力	很少表現
一致性	＿＿＿＿	＿＿＿＿	＿＿＿＿
想像力	＿＿＿＿	＿＿＿＿	＿＿＿＿
多樣化	＿＿＿＿	＿＿＿＿	＿＿＿＿
整體感	＿＿＿＿	＿＿＿＿	＿＿＿＿

說明／例子：

第二部分：特徵

在下列的每一個特徵中，根據表50的標準，勾選出孩子作品的表現情形。寫出每一個特徵的具體例子，並且對孩子作品集中呈現出的最顯著特性，寫出一段短文。

（續下頁）

（承上頁）

例子／說明

1.線條和形狀的運用

　　有特色的：＿＿＿

　　非常獨特的：＿＿＿

2.色彩運用

　　有特色的：＿＿＿

　　非常獨特的：＿＿＿

3.構圖

　　有特色的：＿＿＿

　　非常獨特的：＿＿＿

4.細節的運用

　　有特色的：＿＿＿

　　非常獨特的：＿＿＿

5.表達情感

　　有特色的：＿＿＿

　　非常獨特的：＿＿＿

6.表象能力

　　有特色的：＿＿＿

　　非常獨特的：＿＿＿

回顧

　　　　寫下你觀察到的孩子圖畫作品中的顯著差異情況。例如，素描比較能表現細節？彩繪時比較能表現色彩？同時，也寫下你對孩子的立體作品的觀察結果。

對於結構化活動的意見

第7章

音樂領域

前 言

我們透過許多不同的方式體驗音樂領域：經由歌唱、演奏樂器、聆聽表演和錄音，以及舞蹈。從幼年開始，孩子便可從家中收音機或電視中聽到音樂。即使年幼如嬰兒，也有基本的音樂感。嬰兒的牙牙學語中，顯示出他們對音律的嘗試，並且也會對不同節奏和聲調的形態有不同的反應（Davidson & Scripp, 1991；Hargreaves, 1986；Sloboda, 1985）。年幼的孩子會一邊玩耍，一邊唱歌和說話，創造出簡單的曲調來配合他們的活動。他們也會用身體來反應音樂，配合節拍或以動作來表達歌曲內容。

在西方文化中，音樂能力一直不被認為是一種智能，而被視為一種「天賦」或「特殊技能」（Bamberger, 1991；Blacking, 1974；Davidson & Torff, 1993）。對大

多數的人來說，在學校教育開始之後，便幾乎毫無音樂能力上的發展，因為在一般的學術課程中並不重視這種訓練。正式的音樂教學通常只有極少數人可以獲得。父母的支持和引導，以及嚴格的長時間練習，在音樂領域的後續發展中扮演著重要的角色。

雖然很少研究探討幼童的音樂能力發展，但是仍有一些初步的資料說明學前兒童音樂經驗的特徵（例如，Hargreaves, 1986）。大部分的兒童會自己編造一些歌謠，或重複吟誦一些熟悉音律的部分片段。到了三、四歲時，自行編造的歌謠逐漸消失，取而代之的是文化中的傳統歌謠。同時在這個年齡，大部分的孩子可以唱出歌曲的基本形式──他們可以掌握住大致的形式，例如，該段曲子是快或慢，音調是逐漸升高或下降，或者音調之間的差異大或小。雖然他們沒有辦法精確地抓準音調或唱準音階，但是他們已經大致成熟地掌握了曲子內容、樂句的長短和聲調曲線（向上升高和下降），以及表面上的節奏和內在的拍子（由節拍器的振動節拍來顯示一首歌曲的旋律結構）（Davidson, McKernon, & Gardner, 1981）。

在學前教育的環境裡，孩子通常在大團體時間和老師學唱歌。有些教室會有樂器，例如，鋼琴、音鐘或電子琴來為歌唱伴奏。老師很容易就能發現哪一位孩子喜歡唱歌。當孩子積極參與歌唱活動時，她通常會唱得比別人更大聲。不過，對老師而言比較難的是，找出哪個孩子對於歌曲的節奏較為敏銳，或哪個孩子能夠從頭到尾唱歌都不走音。

傳統上，音樂能力的測量都著重在孩子對於節奏和聲調的區辨能力（Deutsch, 1983；Dowling & Harwood, 1986）。除了老式的西索音樂才能測量（Seashore Measures of Musical Talent，被視為音樂測量中的元老級測驗）之外，有三個主要的音樂能力測驗：高登音樂聽力測驗（the Gordon Primary Measures of Musical Audiation）、班特利音樂能力測驗（the Bentley Measures of Musical Abilities），以及威音標準化音樂智力測驗（the Wing Standardized Tests of Musical Intelligence）。高登測驗有五到八歲版本和九歲到成人版本兩種。它共有三十到四十題題目，受試者要判斷每一組聲調、

節奏和形式是否相同。班特利測驗適用於八到十四歲受試者，包括有音調區辨、音調和節奏記憶，以及合音分析。威音測驗是涵蓋最廣的測驗，它測量聽力的敏銳程度，以及對節奏、和弦、強弱和樂句的理解能力。然而，它只適用於十四歲以上的受試者（參見Shuter-Dyson & Gabriel, 1981，以了解更多的詳細內容）。

大部分的音樂測驗，是針對八、九歲到成人的受試者而設計。音樂學校通常都不使用正式測驗來測試入學學生，但是會使用一種非正式測驗，例如，以手擊拍和唱歌遊戲。而且，學校會考慮家長對他們孩子學習音樂的企圖心和願望，依這些來衡量是否錄取該名學生。

音樂活動的概念化

在西方音樂中，音高（pitch）和節奏（rhythm）是兩個主要元素。其次，情感表達通常也視為一個重要元素，因為情感的溝通是音樂主要的影響力之一。在心理學領域中，對音樂的研究有兩種主要的取向：「由上往下（top-down）」和「由下往上」（bottom-up）（Gardner, 1983）。「由下往上」的取向主要是探討個體採用哪些不同的方式來處理音樂的基本元素，例如，簡單的節奏和音高的形態，而不討論整部作品的情境因素（Deutsch, 1983；Dowling & Harwood, 1986）。「由上往下」的取向則強調個體對於較整體性的音樂特性的覺察，例如，速度、強弱、質感、音色和情緒（例如，Bamberger, 1991；Davidson & Scripp, 1991；Serafine, 1988；Sloboda, 1988）。光譜計畫活動則採取一種折衷立場，從課程和適合年齡的情境中來引發孩子的音樂能力（參見「生日快樂歌」的活動），以及評量他們對純音樂元素，如音高區辨的敏銳能力（參見音樂知覺活動）。

我們從歌唱家、演奏家、作曲家和音樂評論家等人物典範中，來思考我們的評量活動。由於作曲家和樂評家所須具有的一些能力，得等到兒童年齡較長時，才會形成，因而歌唱家和演奏家兩種角色所擁有的能力，較

有助於用來探討四歲大的孩子的發展情形。這些音樂方面的能力在兒童發展的早期便會逐漸顯露出來。著名的鈴木天才教育方案（Suzuki Talent Education Program）在兒童三歲時就開始教他們拉小提琴。

大衛森和史克利普（Lyle Davidson & Larry Scripp, 1994）在對音樂資優孩子的長期研究中發現，音樂能力早熟的孩子很自然地會記住音高和節奏的形式，並且比同齡孩子更快速地學會新曲子。有一個三歲的孩子能夠從頭到尾以正確的音準唱完一首歌，不論有沒有鋼琴伴奏。她可以保持聲調和節奏的穩定性，不論曲子內容有何改變，她也可以自己憑記憶唱出歌曲，並且修正在曲子末尾錯誤的部分。她甚至可以用顫音來唱歌曲中的某些樂句。

上面所舉的那個孩子是來自一個饒富音樂氣氛的家庭中，但是另一個來自較無音樂背景家庭的孩子，也展現出相當驚人，但截然不同的能力。在她五歲半之前，她在自創的兩首歌曲中，已顯示出對於音樂原理的初步理解。她的第一首歌曲有合乎規定的和聲，並且在開頭兩小節中使用了平行的結構。在第二首歌曲中，她運用了爵士樂中的即興風格，她清楚地了解樂句的功用和樂章終止法，並依照調性來組織音調。這種早熟的能力，不論老師提供什麼樣的課程，或使用什麼評量工具，都可以很快地找出這些孩子來。不過，我們的活動是針對擁有不同音樂能力的孩子，找出他們不同的敏銳能力和長處。

歌唱活動

✿ 目的和活動介紹

　　一個優秀的歌手可以唱出準確的音高，節拍穩定，並且能夠整首曲子不走調。然而，在學前階段，很多孩子唱起歌來，會自己編造歌詞，節拍變來變去，並且很難不走調。藉由聽孩子唱一首歌，我們可以知道她對歌詞內容、節奏和音高的專注力。然而，我們也希望能探索孩子更廣泛的音樂能力。因此，我們設計了四個音樂活動。

　　我們先用一個時段做前三個評量活動，然後再對具有優異音樂才能的孩子，做第四個評量活動。

活動一：喜愛的歌

　　老師首先叫孩子唱她最喜愛的歌曲。這個自由選擇的機會，讓孩子可以去選比「生日快樂歌」還熟悉的樂曲，讓孩子更能自由表達感情，或者呈現更多主題、強弱或節奏上的變化。

　　老師記錄下對孩子表現的整體印象，包括歌曲的難度和孩子的熱中程度。

活動二：生日快樂歌

　　在這一部分的活動，首先要孩子自己把「生日快樂歌」從頭唱到尾，然後，和老師輪流各唱一段。選用「生日快樂歌」的原因是孩子們很熟悉這首歌，因此可消除歌曲熟悉度上的差異。

　　孩子的歌唱表現，則以一段一段樂句來評量，並且針對節奏方面有四

項評分項目，在音調上則有三項評分項目。在輪唱部分，可以讓老師評量孩子能否接著老師已經唱完的部分，**繼續唱出下一段樂曲**。這個方式可以評量孩子是否能抓住調子，以及持續歌曲的節奏、音高和聲調高低變化。

有些孩子不太願意參加歌唱活動，因為歌唱比講話更讓他們覺得暴露在大庭廣眾當中。老師需要仔細體察每一個孩子對這些活動的自在程度。「生日快樂歌」對於四歲孩子而言，是最熟悉的一首歌。大部分的孩子喜歡和別人討論她幾歲，以及很願意告訴別人下次生日她會是幾歲。可以準備一個玩具蛋糕讓孩子使用，好讓這個活動更有趣。這個評量活動結束之後，很多孩子會自己做一個黏土蛋糕，並且在其他活動時，唱「生日快樂歌」給同學和老師聽。

活動三：音樂記憶

請孩子唱一首老師以前教過的歌曲。老師要選一首孩子們不熟的歌，或者老師自編的歌曲，教給孩子們。這首歌可以有一些音樂複雜性，並且和西方音樂常見的卡農樂曲類似。

孩子會出現不同的能力水準，尤其是在歌詞、樂句的數量、聲調和節奏上。老師可以用一些方法來幫助孩子回憶出歌曲來。

活動四：新歌

如果孩子在前三項活動表現很好，那麼就可以教孩子一首新的歌，並且歌曲的複雜度更高一些。這樣做可以評量出孩子是否能正確地學會新歌曲，以及多快學會。我們選擇大衛森（Lyle Davidson）的「動物歌」（Animal Song），因為這首歌有一些挑戰性。它先從大調的形式開始，然後在中間時，換成小調的形式。這首歌也有一個八度音階上的變化。老師也可以用其他歌曲來教孩子，但是對孩子而言必須要有相當的難度。

在評量孩子的表現時，老師要重視整體上的特性，例如，歌詞、節奏、聲調高低起伏，或者著重比較細節的部分，例如，唱出某個很難唱的高音，

或者注意看歌曲中間的調性變化。孩子們也會在歌曲表達上呈現個別差異。

✿ 材料和情境佈置

歌唱活動所用的材料非常簡單：一塊黏土製的蛋糕放在果凍盒中，和六支彩色的生日蠟燭。你可以用錄音機把孩子的歌聲錄下來，以便日後聽。在教室一個安靜和舒適的角落進行評量，或者找鄰近的一個空教室來做。盡量讓整個情境令人感覺自在舒適，你可以和孩子一起坐在地板的椅墊上或小桌旁。如果你覺得你沒有辦法把「生日快樂歌」唱得很準確的話，你可以把歌曲錄下來，然後在評量的過程中播放出來。

✿ 程序和進行過程

在孩子們的自由活動時間中介紹歌唱活動：「今天_____【成人的名字】要和你們玩唱歌的遊戲（或生日快樂的遊戲）。每次一個孩子輪流和_____【成人的名字】去玩這個遊戲。」

活動一：喜愛的歌

當孩子覺得輕鬆自在後，你可以先給孩子看一下錄音機，也可以和孩子聊一聊如何操作這個錄音機。不論你是否為每個孩子準備一卷專有的錄音帶，你可以說：「我為你準備了一卷錄音帶，上面有你的名字」；或者「這是一卷特別準備給小朋友唱歌用的錄音帶。我們現在把錄音帶放進去，然後按下開關。等一會兒我們可以倒帶回來，聽一聽你唱歌的聲音。」

開始評量活動之前，你可以問孩子：「你是否可以為我唱一首你最喜歡的歌？然後，我們把錄音帶倒回來，聽聽看你的歌。」或者，你可以用這樣的方式來幫助孩子進入活動中：「我們要用這個蛋糕來唱『生日快樂歌』」。在這之前，我想先問你，你是否有一首喜歡的歌，一首你真的很想

讓錄音機錄下來的歌。然後我們可以一起聽一聽。」（在這個時候，啓動錄音機，並且一直讓它開著。）第二種指導語的好處是，如果孩子覺得整個過程的焦點是「生日快樂歌」，而不是她個人時，她會比較容易唱出她所喜歡的歌曲。指導語的內容確實會影響孩子的反應和結果，千萬不要低估這個因素。

如果某個孩子仍然很退縮，你可以鼓勵她說：「你有沒有一首你很喜歡的歌啊？」或「你在家的時候，會唱哪些歌啊？」有時候，不要採用問句的形式，效果會更好，「我們來唱你喜歡的歌。你可以唱給我聽聽看，把我當作是你家裡或學校裡的聽眾。」也可以用更多的鼓勵方式，例如，「我準備要聽你唱歌了。」「你可以開始了！」或者「OK，你現在可以唱了。」如果那個孩子仍然不出聲，那麼就跳到下一個活動。如果孩子整首歌是用「唸」的，你可以說，「這次，你是用『講話』的方式唱歌，現在，你可以試試看用唱的。」

活動二：生日快樂歌

生日遊戲：你可以這樣介紹第二個評量活動，「現在我們要玩生日遊戲了。這是蛋糕，不過它不是真的蛋糕喔！你猜，這是用什麼做的？……現在我們要假裝是我的生日，然後換成是你的生日。首先，你可以爲我的生日蛋糕插上蠟燭。我不會偷看你做喔！」給孩子六支以下的蠟燭（太多蠟燭會讓孩子分心）。轉過身或閉上眼睛說：「蛋糕弄好之後，你告訴我一聲，並且唱『生日快樂歌』給我聽。然後，我會許一個願望，並且把蠟燭吹熄。」

如果孩子不願意唱歌，你可以先唱，並且說：「下次，就換你囉！」或者說：「我先唱一次，讓你先聽聽看如何唱，然後換你唱了。」如果孩子唱得太輕聲或太快，你可以要求孩子：「你可以唱得大聲一點（或慢一點）嗎？這樣錄音機才錄得進去喔！」

輪唱：你可以用這樣的方式，進入第二部分的活動：「現在我也要唱

一點歌曲,所以這次我們輪流來唱。」或者,你可以說,「現在換成你當壽星,我會替你準備蛋糕。這次我們要輪流唱『生日快樂歌』。」接下來,示範每一段怎麼唱:「首先,我會唱第一段『Happy birthday to you』,然後,你唱第二段『Happy birthday to you』,然後我會唱『Happy birthday dear_____【孩子的名字】』,然後你唱『Happy birthday to you』。我們會輪流唱歌,但是壽星是你。」為孩子準備好插有蠟燭的蛋糕,然後開始唱第一段。用中速來唱,讓孩子可以清楚地唱出每個音符。

如果孩子不了解輪唱的觀念,再一次說明輪流的方法。有些孩子很快就了解這個概念,但是有些孩子需要一些練習。你也可以在班上用小組輪流的方式示範輪唱,可以用的歌曲像是:「Pussy Cat, Pussy Cat, Where Have You Been?」在你唱完第一段後,如果孩子不出聲,你可以低聲提醒說:「現在輪到你了」,並且用期待的眼神看著她。當孩子唱完最後一句時,就輪到她許願,並且吹熄蠟燭。

活動三:音樂記憶

準備工作:在進行評量的四個星期前,在團體時間或平常的唱歌時間中,教孩子們唱一首新歌。這首歌曲應該是簡單的、曲調重複的短曲,旋律清楚,不超過五個或六個音符。有一些小調民謠,例如,巴爾托克(Béla Bartók)的「火雞」(The Turkey)是很好的選擇之一。在光譜評量中,我們用的歌曲是 "Up in the Air"(「飛到高空中」)(參見表 52,第 270 頁)。這首歌有一些肢體活動可以讓孩子更喜歡這首歌曲,並記住歌詞。

用你最輕鬆的方式教孩子唱這首歌。放慢速度,清楚唱出歌詞,並且每一次只唱幾行。你也可以自己先唱一次整首歌,如果孩子們願意的話,他們也可以馬上一起唱。手臂的動作可以一開始的時候就加入歌曲中。

一開始,孩子們的手臂垂放在身邊。當他們唱第一段 "up, up, up in the air" 時,孩子們向上高舉手臂;唱第二段 "little birds fly, up in the air" 時,孩子們上下揮動他們的手臂,就像鳥兒的翅膀一樣。在最後兩段 "up, up, up, up" ，以及 "little birds fly, high up in the air" 中，孩子先高舉手臂，然後上下揮動手臂。也可以教孩子們踮起腳尖，表示愈能接近天空。

為了能確定孩子學會這首歌，這首歌應該反覆教三次，最好是用連續三個星期的時間，每星期教一次。最後一次教歌曲之後的一星期後，請孩子們各自在評量時間中重新唱出整首歌。

評量過程：在你做完「生日快樂歌」的輪唱活動之後，告訴孩子們：「我想再請你唱一首歌。記得我前些日子在歌唱時間中教你們唱的那首歌嗎？我們做過這些動作。」站起身來，並且舉高你的手臂。「你記得我做這個動作的那首歌嗎？唱給我聽聽看，讓我可以想起那首歌怎麼唱。」如果這樣做，沒能幫助孩子，你可以一邊重複做手臂的動作，一邊說（不要用唱的）：「這首歌有 "up, up, up..."」。最後可以用的提示是，「唱」出 "up, up, up..." 的歌詞，並且揮動手臂，同時問孩子是否記得任何有關這首歌的事情，或怎麼唱，並且繼續追問：「還有哪些呢？」孩子可能會記住歌曲中的不同層面、歌詞、動作或旋律，如果孩子只說出幾個字，例如，「鳥兒」（birds）或「飛」（fly），你可以提示她說：「你已經記起一些歌詞了。你還記得歌曲怎麼唱嗎？」

結束之前，問孩子想不想聽一聽錄音帶。把錄音帶倒帶，放出一部分或整首歌（記得下一個孩子評量時，要把錄音帶轉到可錄新曲子的地方）。然後，你可以和孩子聊聊天，請孩子幫忙把蛋糕上的蠟燭拿下來，準備好讓下一個孩子用。孩子們會很喜歡幫忙把黏土蛋糕上的蠟燭插孔弄平。

活動四：新歌

在第一階段中音樂能力表現優秀的孩子可以進行第二階段的評量。在一個舒適的地方，告訴孩子：「今天我要教你一首新歌，叫做 "Animal Song"（「動物歌」）。我要先唱一遍整首歌。然後，我們要分成一小段一小段來唱這首歌。我先唱，你可以做我的合音，然後再跟我唱一次。」整首歌曲教唱的方式如下（表53，第271頁）：

*1.*整首歌唱一遍。

*2.*每一小段唱四次，請孩子每小段都做合音。

*3.*和孩子一起唱。

*4.*請孩子自己唱出這首歌。

　　幾週後，進行第三階段，讓孩子有機會再學同一首歌。首先，了解一下孩子從上一次的教唱中記住多少。然後，使用同樣的教唱方式，再教孩子這首歌曲一次。一個月之後，再進行第四階段，了解孩子能記住這首歌的程度有多少。詢問孩子，「你是否記得我們以前曾經一起唱過一首叫做"Animal Song"的歌曲？」如果需要的話，提供孩子一些協助（參見音樂記憶評量）。

計分

　　請根據表 54 和 55（第 272～275 頁；第 276 頁）中的原則，給孩子的歌唱表現計分。「喜愛的歌曲」是以整體的表現來做非正式的計分。盡可能把重點放在孩子對於節奏和音高的表現，以及歌曲的難度上。在表 55 中記錄下你對孩子在「喜愛的歌曲」和「音樂記憶」兩個活動上的觀察意見，這兩項活動同時也可以用描述性的方式來評分。務必注意孩子所記得的樂句數量和次序：是否能唱出所有樂句的整體曲調？是否清楚地唱出旋律和樂曲內容？同時也將你提供給孩子的協助記錄下來。

　　「生日快樂歌」可以用下面所提兩種方法中的一種來計分。你可以用表 54 的方式，一小段一小段來評分。在節奏方面，有四項評量內容，最高總分十六分；在音高方面，有三項評量內容，最高總分為八分。輪唱的部分，計分方式相似，著重孩子是否能唱準音調和抓住節奏。第二種方式，你可使用表 56 和 57（第 277～278 頁；第 279 頁）來記錄你對歌曲的整體印象。使用表 58（第 280 頁）來整理每個孩子的表現，但如果是分段評量

歌曲的話，就不用去填「整體表現」的空欄。如果你的音感不好，你可以請其他人來評分，或者你可以用鋼琴鍵盤來校對曲子的音符。

如果你想用"Animal Song"來了解音樂能力早熟孩子的特殊表現，你可以用下列的原則來為孩子的表現做非正式的評分。首先，你可以先著重孩子在多快的時間內學會這首含有多種音樂特性的歌曲？孩子是否對這首歌展現一種整體的感覺，兼顧音高和節奏兩部分？孩子是否唱出歌曲和所有部分，還是只選出某一個樂句，重複唱幾次？她是否注意到歌曲中的重複部分？樂句的出現順序是否正確？

在節奏方面，你可以檢視孩子是否知道整首歌的節奏結構有一致性？她是否正確地唱出節拍較長和較短的音符？她是否能覺察休止符的長短？最後，你可以分析孩子對於音高的掌控能力；孩子是否知道在樂曲中有音調的改變？她是否能正確地改變音調，並且還能正確地換回來？「生日快樂歌」的評分系統也可以當作此活動的評分原則。

❀ 初步的結果：一九八五至一九八七

在這個活動的每一個部分中，孩子們對於節奏感的掌控能力，勝於對音高的掌控能力。在「喜愛的歌曲」中，孩子們唱出許多不同的歌曲，有大家熟知的歌曲，也有孩子自創的歌曲。有個孩子自創了一首帶有節奏感的歌曲："Punch, punch, I was eating my lunch. Boom, boom, boom, boom, boom, boom."。另一首自創曲的靈感則來自當天老師所戴的項鍊："Necklace is one of my favorite song/When I did it it's lots of fun/I just find it on and on/When it's on the necklace breaks."不過，仍然有許多孩子沒有唱出自己喜愛的歌曲。在「生日快樂歌」中，大部分孩子知道所有的歌詞，並且能清楚地掌握節奏。有幾個學生能夠知道音高的差別，但是大部分的孩子沒有辦法有準確的音高。在獨唱和輪唱兩部分，有幾個孩子會混淆第一段和第二段的音調。

　　在 "Up in the Air" 這首歌中，大部分的孩子能夠記住它的旋律。許多孩子能夠記住歌詞，或者至少有關「鳥兒」的部分。有個孩子能夠記住旋律，但是加入她自己編的歌詞。所有孩子在樂句的順序上都相當正確。

　　少數幾個在音樂上表現優秀的孩子，學習 "Animal Song" 之後，能夠很清楚地記得歌曲的許多內容。他們能夠掌握住樂曲整體的特性，例如，音樂內容、節奏、曲調和升降。他們能夠唱出具有難度的音高和樂句，並且能正確唱出歌曲開頭部分的八度音階。然而，在另一方面，他們在歌曲中間部分的曲調變化上，有一些困難，並且，未能完全唱出歌曲中的味道。

表 52：Up in the Air （飛到高空中）

By Raymond Abrashkin

表 53：Animal Song（動物歌）

傳統兒歌

Music by Lyle Davidson

表 54：生日快樂歌計分方式

在 "Happy Birthday" 歌曲中有四段樂句。第一段是 "Happy birthday to you"；第二段是 "Happy birthday to you"；第三段是 "Happy birthday dear teacher"；第四段是 "Happy birthday to you"。每一段根據節奏的四個評分項目和音高的三個評分項目來評分。下面介紹所有的評分項目。如果在評分上有疑問的話，那麼就給與較高的分數。

生日快樂歌
by Mildred J. Hill and Patty S. Hill

節奏

1. 音符的數量

這個部分是指孩子在樂句中所唱的音符數量。例如，在第一段中，有六個音符，如果孩子唱出六個音符，那麼得一分，如果唱出比六個少或多的音符，則得零分。

2. 分類能力

這個評分項目主要反映出孩子在區分長、短音上的能力。分類能力可以從長、短音符，休止符和強音的運用上探知。例如，如果孩子能在曲子中的短音符 "Hap-py" 和長音符 "you" 上，唱出不同的時間長度，得一分。如果該差異不明顯的話，則得零分。

（續下頁）

（承上頁）

3.拍子

　　這部分主要是看孩子是否能在一段樂句時間內，保持規則化的單元數量。只要整首曲子有規則性和一致性的節拍，即使和「生日快樂歌」的節拍不完全一樣，也可得分。你可以在孩子的歌唱一開始，就自己打出節拍，這樣做能讓你比較容易判斷節拍是否穩定。如果孩子的節拍不穩定，則得零分。

4.清晰度

　　清晰度主要是指能清楚地表達出節奏的能力。若孩子能掌握每個音符的節拍，就可得一分。如果他的節奏不清楚或自行變更，則得零分。

（續下頁）

（承上頁）

音高

1.音調曲線

音調曲線是指旋律高低的變化。如果孩子所唱的樂句，整體而言高低的變化是合宜的，那麼就得一分（即使個別的音符不正確）。在「生日快樂歌」的第一段樂句中，是由低到高的形式。如果孩子能唱出這樣的形式，就得一分，相反的，如果曲調是由高到低，那麼就得零分。

2.調子

這是評量孩子在各小節之間能否維持在同一個調子的能力。當你做這一項評分工作時，最好一邊也跟著唱，這樣比較能區分孩子是否維持在同一個調子上。如果孩子能在小節之間維持同一個調子，則得一分，反之，得零分。

3.音程

這是評量孩子從一個音符跳到另一個音符，而且能正確地唱對的能力，音不過高或不過低。在「生日快樂歌」中的第一段，這樣的跳躍音程是在

（續下頁）

（承上頁）

　　"day" 和 "to" 之間。在第二段中，仍然是在 "day" 和 "to" 之間，

最後一句，則在 "birth" 和 "day" 之間。如果孩子在所有音程中都唱

對，則得一分。如果在一個音程以上都有唱得過高或低的情形，則得

零分。

score as (1) if all four intervals are correct

Hap-py birth-day to you, Hap-py birth-day to

you, Hap-py birth-day, dear teach-er, Hap-py birth-day to you!

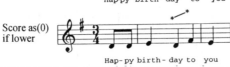

Score as(1)
if higher

Hap-py birth-day to you

Score as(0)
if lower

Hap-py birth-day to you

表 55：歌唱活動觀察表

兒童姓名＿＿＿＿＿＿＿　年齡＿＿＿＿　日期＿＿＿＿　觀察者＿＿＿＿＿＿

I.喜愛的歌曲

選擇的歌曲：＿＿＿＿＿＿＿＿

說明：（請記錄下孩子對於節奏、音高和音樂難度上的表現）

II.生日快樂歌

	音符數量	分類能力	拍子	清晰度	節奏小計	音調曲線	調子	音程	音高小計	總計
樂句 1										
樂句 2										
樂句 3										
樂句 4										

輪唱

	音符數量	分類能力	拍子	清晰度	節奏小計	音調曲線	調子	音程	音高小計	總計
樂句 2										
樂句 4										
總計										

說明：

III.音樂記憶

說明：（孩子記住歌曲中的哪些東西？歌詞？音調？樂句的數量和順序？曲調高低？也寫出你提供給孩子的協助有哪些？）

表 56：「生日快樂歌」第二種評分方式

這一個計分方式比較不繁複。表 57 的觀察表在孩子做完歌唱活動後，立即填寫完成；觀察者／評分者從孩子的整體表現記錄孩子的歌唱能力，並且寫下在活動過程中發生的任何事情。

在這個評分方式中所採用的項目和表 54 相同。除此之外，這個方式中包含了另外兩個評分項目：⑴孩子的整體表現，⑵表達力。因為這個方式不就歌曲中的個別樂句加以分析，因此能力的標準和表 54 中所列的有些不同。下列是此評分系統中的項目定義：

節奏

1. **音符數量**：孩子在歌曲中所唱的音符數量。觀察者要仔細聽孩子是否唱漏了音符，但是並不需要記錄下哪個音符。
2. **分類能力**：能夠區辨長音和短音。以長音和短音或暫停和強音是表現分類能力的方式。例如，孩子應該要能區分 ha-ppy 的短音和 you 的長音之間的不同。觀察者要仔細聽孩子歌唱中分類能力是否有一致性。
3. **拍子**：某段樂句時間中，所蘊藏的單元數量或節拍。只要孩子在整首曲子中維持規律的、一致性的節拍，即使並沒有和「生日快樂歌」完全一模一樣，也可以得分。
4. **清晰度**：歌曲節奏的清楚表達程度。如果孩子能抓住音符的節拍，就可以得分。

音高

1. **音調曲線**：旋律的高低變化。觀察者要仔細聽孩子在歌唱時表現的整體高低變化。
2. **樂句之間的區分**：在樂句之間有明顯的區別，例如，在「生日快樂歌」中，第一和第二樂句中有一些不同——然而孩子通常會把這

（續下頁）

（承上頁）

兩句唱得一樣。觀察者要仔細聽孩子的歌曲中是否有樂句的不同。

3.音程：這是評量孩子從一個音符跳到另一個音符，而且能正確地唱對的能力，音不過高或不過低。觀察者要仔細聽孩子是否能做成功的音程變化；同時，觀察者將孩子是否無法唱出所有的音程，或只是唱不出第三段中最大變化的音程情況，記錄下來。

4.正確的音高：唱對音符。觀察者要仔細看孩子是否將大部分的歌曲都唱準音。

整體的音樂能力

1.特殊的表現：整首歌音準和節奏都正確。

2.表達力：歌曲能表達出情緒或感情。觀察者要注意聽孩子是否使用強音，降低或升高聲音來表示強調某些歌曲內容。

表 57：「生日快樂歌」第二種評分方式的觀察表

兒童姓名＿＿＿＿＿＿＿　　年齡＿＿＿＿＿　　觀察者＿＿＿＿＿＿＿

歌　　曲＿＿＿＿＿＿＿　　日期＿＿＿＿＿

是＝2分　　否＝0分

不予計分＝歌曲無法聽見，或孩子沒有參與活動

	是	否	分數
1. 節奏			
孩子有正確的音符數量（音符數量）	＿＿	＿＿	＿＿
孩子能區別長音和短音（分類能力）	＿＿	＿＿	＿＿
孩子在整首歌曲中有規則化和一致性的節拍（拍子）	＿＿	＿＿	＿＿
孩子唱出合適節奏的曲子（清晰度）	＿＿	＿＿	＿＿
（小計）＿＿＿＿			
2. 音高			
孩子的整體樂句曲調高低合宜（音調曲線）	＿＿	＿＿	＿＿
孩子能區分不同的樂句	＿＿	＿＿	＿＿
孩子能合宜地唱出音程變化（音程）	＿＿	＿＿	＿＿
孩子能唱準音	＿＿	＿＿	＿＿
（小計）＿＿＿＿			
3. 整體表現			
孩子歌唱表現優秀，音準和節奏都正確	＿＿	＿＿	＿＿
孩子的歌唱很能表達感情，強調某些歌詞，反映出她的情緒，或兩者兼具	＿＿	＿＿	＿＿
（小計）＿＿＿＿			

說明：　　　　　　　　　　　　　　　　總　計＿＿＿＿

表 58：「生日快樂歌」第二種評分方式的摘要表

姓名（年齡）	節奏					音高				整體表現			總計
	音符數量	分類能力	拍子	清晰度	小計	音調曲線 樂句區分	音程	音準	小計	優秀表現	表達力	小計	

▍音樂知覺活動

❀ 目的和活動介紹

　　音樂知覺活動的目的是評量孩子對於樂音的區辨能力。由於歌唱對於了解孩子是否能區辨音高方面，並不是一個正確的指標（例如，孩子能察覺自己唱走音了，但是沒有辦法自己把音唱準），這個活動可加強了解孩子在音樂產出能力上的表現。

　　這個知覺活動分為五部分：**歌曲辨認**（從耳熟能詳的歌曲片段中，知道這是哪一首歌）、**找出錯誤**（從熟悉的歌曲中，找出不正確的部分）、**敲音和配對**（用一組三個的蒙特梭利音鐘，找出互相搭配的音高）、**聽音和配對**（區辨幕後傳來的音鐘的音高），以及**自由活動**（自由的敲擊音鐘）。這個活動中使用蒙特梭利音鐘，它們的外型相似，但是會產生不同的聲音。因此，在缺乏可用的視覺線索之後，孩子就必須完全倚靠聽力來區辨音高。同時，使用音鐘也提供孩子一種以成就表現為主的反應模式，這種方式是了解孩子的音樂敏感性最有效的方式。

　　我們從文獻資料中得知，專有名詞（terminology）的問題使得我們在了解孩子對於音樂的概念理解力方面，一直存在許多混淆的情況。事實上，在孩子們能描述他們所聽到的東西之前，他們已能區辨音高（Flowers, 1985）。在文獻上已經有許多研究者指出，孩子不太會使用諸如高／低（high/low）以及上升／下降（up/down）等專有名詞。然而他們確實了解強音和輕柔音、快速和緩慢之間的分別，並且正確地引用這些字眼。但是，孩子們在描述音調的差別上，比較常用「輕柔／深沈，小的／大的，輕快的／沈重的」等字眼，而比較不會使用「高的／低的」這個字詞。為了避

免這些名詞上的困擾，在光譜活動中，我們要求孩子對於蒙特梭利音鐘的音高判斷，使用的字眼為「相同」或「不同」。

在活動的第一部分中（歌曲辨認），很重要的一件事便是選出孩子們共同熟悉的歌曲。老師可以使用歌唱活動「音樂記憶」中的歌曲，或者在班上曾教過的歌曲，或創意肢體活動中所用的歌曲。

在「找出錯誤」中，所用的歌曲必須是這個年齡的孩子所熟悉的歌曲。我們在一九八七至一九八八年度的班級中用的歌是 "Row, Row, Row Your Boat" （「划船歌」），因為這是在西方文化中相當知名的歌曲（班上每個孩子都能正確地辨認這首歌）。雖然這些歌在某些方面有些複雜度，但是它有明顯的特性，孩子很容易就能朗朗上口。

我們將這首歌做了三種不同的變化，從最明顯的錯誤形式到最不明顯的錯誤形式。參見表60（第293頁）可以知道我們所使用的變化方式。第一個類型中，我們在第一小節，把最後一個音符從E音改為E降半音，使得這個曲子從大調變成小調形式；第二個類型中，在第三小節，我們把整個音程改為逐次向下降的音階；最後，在第三種類型中，安排了一個最難以辨別的錯誤：在第二小節中，把E音改成F音，因而造成了該音程中的音調跟著改變。

在有關音高配對的兩個活動中，我們準備了一組音鐘給孩子，詢問孩子音鐘的聲音是相同或不同。

一般而言，我們安排的音高區辨活動是從易到難。為了避免記憶或組織能力因素的干擾，我們只用三個以下的音鐘讓孩子做判斷。在「聽音和配對」上，老師把音鐘放到一個紙板之後，所以孩子完全只能靠聽音來判斷。

在「自由活動」中，我們鼓勵孩子自由地玩這些音鐘。這個方式可以了解孩子對於這個任務的反應和她的興趣所在，但是這些只是描述性的資料，不做正式的評分。如同「組合活動」一樣，這個活動也包含了一些精細動作的能力，如敲擊音鐘。孩子們在敲擊音鐘的方式上，以及他們是否

能拿好音錘以敲出最清晰的聲音上，表現出許多個別差異。

❀ 材料和情境佈置

　　這個活動所用的材料，包括一組蒙特梭利音鐘、兩支相同的音錘、一個硬紙板做出來的隔板、兩個特別準備的音樂錄音帶、兩台錄音機（當你為孩子的表現評分時，你可能會想將活動過程錄下來參考），以及一個盤子。如果音鐘有不同的顏色，我們建議你將它們漆上同樣的顏色，以除去任何額外可用的視覺線索。或者，如果音鐘太昂貴，你可以改用比較便宜的材料，例如木琴或裝著不同水量的水瓶。務必確實將視覺線索藏匿起來，例如，用個紙板隔開來。

　　事先準備好音樂帶，最好是用鋼琴彈奏的曲子。在「歌曲辨認」中的音樂帶中有三首歌，都是孩子們熟知的，每首只有前四個樂句，每個樂句之間有短暫的休息。在「找出錯誤」的音樂帶中，則有一首熟悉歌曲的正確版與錯誤版，這兩者之間要有一些間隔（參見表 60，第 293 頁）。這個音樂帶錄製的方式如下：

　　*1.*正確的版本

　　2.錯誤版類型 1

　　3.錯誤版類型 2

　　4.正確版

　　5.錯誤版類型 3

　　請在一個較僻靜的教室角落進行評量，以免讓其他孩子分心，同時也避免孩子聽到同學們說出歌曲的名字。

程序和進行過程

在大團體時間介紹這個活動：「今天我們在教室中有一個新的音樂遊戲。小朋友們可以玩一些特別的音鐘，聲音聽起來像這樣【輕輕敲擊三個音鐘，並且告訴學生要謹慎使用音鐘】。每個小朋友有一次機會和＿＿＿＿＿＿【成人的名字】一起玩這些東西。」

歌曲辨認

雖然你不需要馬上用到音鐘，但是如果你在孩子來之前就把音鐘放好，活動進行起來會比較順利。把音鐘按照下列的方式，分三排排在盤子上：

CDEFG

CDEFG

AABBC'（C'表示半音 C）

用一塊布將音鐘蓋住，如此才不會在第一部分的活動時，讓孩子分心。

活動一開始，先請孩子坐在你的面前。告訴孩子：「我們要一起玩兩部分的遊戲。首先是聽音樂的部分，然後就是你動手玩的部分。第一部分，我要放一首歌曲給你聽，如果你知道這首歌，你就告訴我。仔細聽喔！只要你一知道這首歌，你就馬上告訴我。」播放第一首曲子的第一段樂句。停住音樂帶，問孩子是否知道這首歌。如果孩子馬上說出這首歌名，就記錄下來。在表 59（第 291～292 頁）上記下孩子是在曲子的第幾句樂句上認出歌曲來。如果孩子不知道答案，則繼續放出第二段樂句，停下來，再問一次。如果還是不能回答，倒帶回去重新播放前兩段。如果孩子仍然無法作答，則播放最後兩段樂句。如果孩子仍然不知道，那麼就告訴她歌名，然後，進行下一首曲子。只要孩子說出答案，不管對或不對，都記錄下來，然後進行下一首曲子。在後續的兩首曲子中重複這個程序。

找出錯誤

　　用下列的方式介紹這個活動：「現在錄音機要播放另一首歌了，我請你告訴我這首歌的名字。」播放 "Row, Row, Row Your Boat." 的正確版。如果孩子沒有辦法認出這首歌，倒帶再放一次。如果孩子還是不知道，那麼就唱出歌詞來給孩子聽。如果孩子不熟悉這首歌，那麼千萬不要進行這個部分的活動。如果孩子說出了正確的歌名，那麼就說，「讓我們一起來看看你對這首歌知道多少。我現在要播放這首歌幾次，你可要仔細聽喔！因爲有時候這首歌可能有一些地方出錯。如果你聽到這首歌有一些不太對勁的地方，就馬上告訴我。現在，仔細聽整首歌，因爲錯的地方可能是在前頭，也可能在後面結束的地方。」

　　在每個錯誤類型之後，詢問孩子：「這段聽起來如何？有沒有什麼地方不對勁，還是這首歌沒問題？」你要很謹慎地在每一段播放之後，都用同樣的說詞，以免給孩子一些暗示。有些孩子很快就會找出曲子不對的地方。如果孩子在聽錄音帶時不專心，或說不知道，重播錄音帶一次，並且在記分表上記錄下來。如果仍然不知道，不要給孩子任何分數。有些孩子會乾脆說所有的類型都是正確的，或者所有的都不對。如果你覺得孩子是在玩這個策略的話，在記分表上記錄下來。同時，特別注意孩子在什麼時間內就能答對。記得務必將整首歌曲播完，不論孩子有沒有說出答案。

敲音和配對

　　給孩子五個一組的音鐘，音階從 C 到 G，從孩子的左手邊排到右手邊。告訴孩子：「我們要用這幾個音鐘來玩一個遊戲。這些音鐘很特別，因爲它們看起來一樣，聲音卻不同。現在我們來敲敲看。」示範給孩子看要如何輕敲音鐘最寬的部位才能發出最清晰的聲音。同時，也問孩子哪些音鐘聲音聽起來比較相同。

　　用下列的方式介紹這個活動的任務：「現在我們要用音鐘來玩遊戲。我要給你一個音鐘，你要找出另一個和它聲音相同的音鐘來。」給孩子一

個音錘和一個 D 音鐘。「這個是你的音鐘。我這裡還有兩個其他的音鐘
（C'和 D），我要你告訴我哪一個音鐘的聲音和你的音鐘一樣。」在說明
時用手指出每個音鐘。先敲孩子的音鐘，然後說：「這個音鐘（**敲C'音鐘**）
聲音和你的一樣，或是這個音鐘（**敲 D 音鐘**）？」如果孩子無法找出來，
那麼就告訴孩子你的答案。

現在，把三個音鐘放回盤子中，然後給孩子一個 C 音鐘。你拿出另一
個 F 音鐘和 C 音鐘，並且問說：「哪一個音鐘和你的一樣？」提醒孩子先
敲她的音鐘，然後再敲另外兩個。如果孩子只敲了其中一個，告訴孩子也
敲敲另一個：「讓我們敲一下另一個，確定一下答案。」如果孩子因為教
室中的其他活動而分心，或者似乎沒去聽音鐘的聲音，告訴孩子再敲一遍。
一般而言，讓孩子敲音鐘直到找出答案。在接下來的三組音鐘中，重複這
個過程。下列是三組要配對的音鐘：

（示範）D 音鐘和 D、C'音鐘（不計分）

1. C 音鐘和 C、F 音鐘

2. F 音鐘和 F、G 音鐘

3. D 音鐘和 D、A 音鐘

4. A 音鐘和 A、C'音鐘

聽音和配對

　　把音鐘放回盤子中，並且放一個小隔板在你和孩子之間，讓孩子看不到音鐘。給孩子一個 D、G 和 C'音鐘（按照這個順序），並且在隔板的另一邊放另一組 G 和 D 音鐘。然後說：「現在我要在隔板後面敲一個音鐘，你也敲一敲你的音鐘看看哪一個和我的一樣。」接著敲一下 G 音鐘。盡可能地用同樣的力量敲你的音鐘，以免讓孩子把聲音的大小聲當作是一個變項。

　　每一次孩子敲一個音鐘，你就再敲一次配對的音鐘。鼓勵孩子盡量試完三個音鐘，而不要停在第一個或第二個音鐘。然後，敲一下 D 音鐘，問孩子她的哪一個音鐘和你的聲音一樣。

　　接下來，把 G 音和 C'音鐘拿走，換成 C 和 E 音鐘，並在孩子面前排出 D、E、C 的順序。把你的音鐘也換成 C 和 E 音鐘，然後重複上面的過程，先敲 E 音鐘，然後是 C 音鐘。

　　要注意的是，孩子們會用不同方式解釋「相同聲音」。例如，孩子可能會只聽音鐘的大小聲或只看你的敲打動作。有些孩子可能會重視音色（例如，這些音鐘聲音「聽起來都像鐘聲」或者，「它們聽起來都很甜美」）。我們無法確知孩子是否只聽音調而已，但是你可以問孩子：「你是怎麼知道這兩個音鐘聽起來聲音一樣？」這個答案可能可以幫助你了解某些孩子做出不正確反應的原因。

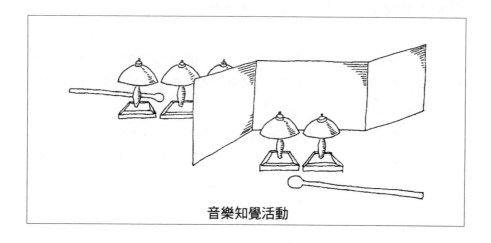

音樂知覺活動

自由活動

在孩子已有的三個音鐘外，再給他們 F 和 G 的音鐘，現在孩子有 C 到 G 音階的音鐘了。告訴孩子：「現在你可以用自己的方式來玩音鐘。你可以試著敲出一首歌，像這樣子【敲前面四個音，或者 "Mary Had A Little Lamb"（「瑪莉有隻小綿羊」）的前幾個小節】，或者，你可以把這些音鐘換位置擺。」雖然這部分不納入計分，但你要觀察並且記錄孩子如何玩這些音鐘。她是否試著敲出她知道的歌，或自行創作一首歌？注意她的歌曲是否有起頭或結尾，或兩者都有。同時，也注意她是否試著敲出不同聲音大小？她是只敲一次，還是許多次？她是否在不同的音鐘間舉棋不定？記下來你覺得音鐘聽起來的感覺，以及孩子感興趣的程度。

計分

在你進行活動時，把正確和不正確的反應記錄在表 59（第 291～292 頁）上，然後再另外給正確的答案計分，每個得一分。把分數轉錄到表 61（第 294 頁）的摘要表中，並且把你有補充說明的部分畫上星號。如果你有錄音，把錄音作為評分時的參考。

初步的結果：一九八七至一九八八

在十八個參與這個活動的孩子中，有一個孩子得到滿分四十八分。三個孩子得到四十四分以上。這些孩子都能很快地說出正確答案。而其餘的孩子得分在二十五到三十五分之間。

「歌曲辨認」活動中，孩子的反應相當不同。大部分的孩子能在第一樂句或第二樂句時，說出至少一首歌名，到了第四段樂句時，一半以上的孩子能說對全部三首歌名。有些孩子能在聽到幾個音符後，就馬上可以說出歌名。

「找出錯誤」的活動，對孩子們而言，比較簡單。有一個孩子甚至可以區分出錯誤的程度，孩子用「一點點相同」（a little the same）、「很多不同的地方」（a lot different）和「非常不同」（a very lot different）來描述曲子被更動的不同程度。只有兩個孩子無法答對任何一題。

大部分的孩子都很容易在「敲音和配對」中做對。只有兩個孩子做對一題。「聽音和配對」比較難，可能是因為要比較兩個以上的音鐘，對孩子而言比較難。有一個孩子無法分辨任何一個音鐘組，他認為所有的音鐘聲音都一樣。有兩個孩子對音量的大小特別敏感，同時也對塑膠質和木質的音錘所敲出的音質提出他們的看法。

許多孩子對音鐘的外型很有興趣（事實上，這個活動可以讓我們看見孩子的科學推理方式）。有個男孩自己先提出來討論，為什麼音鐘看起來一樣，聲音卻不同。他認為可能是不同金屬做出來的。他也對音鐘如何發出聲音感到興趣。他注意到音鐘受敲擊時會振動，當他用手去停住音鐘的振動時，聲音就停了。另一個男孩認為握音錘的位置會產生不同的聲音。

在自由活動時，有些孩子試著去敲出熟悉的歌曲。雖然他們沒有能敲出正確的音符，但是節奏大致上是正確的。雖然有些孩子膽怯地只敲音鐘一次，或是只在一個音鐘上敲出整首歌，但是有些孩子則大膽地敲出不同音量與節奏，敲不同音鐘多次，並且試著重新排列音鐘的順序。有些孩子則會一邊敲，一邊唱歌。

蒙特梭利音鐘本身就有許多用途，特別是對能力強的孩子來說。它可以讓孩子自創曲子，敲出一首簡單的歌，例如："Mary Had A Little Lamb"，或者和成人玩歌曲接龍。當然，孩子們自己也有很多新點子！

🏵 對這個領域的建議

把教室佈置出音樂的氣氛可以讓你看到孩子對哪些音樂的素材感興趣。你可以在你的課程中多加些音樂性的課程，提供些新奇和熟悉的樂器（例

如，鋼琴、蒙特梭利音鐘、木琴、電子琴）；準備一台錄音機讓孩子聽歌和錄歌，播放一些韻律肢體動作的唱片，例如，詹金斯（Ella Jenkins）的曲子。下列是一些音樂活動的建議：

1. 和孩子們一起閱讀「無字的」或簡單押韻的書。利用這些圖片，做出你自己的歌，然後請孩子們也試著做出自己的歌（例如，如果這本書談到農場上的動物，那麼你可以唱公雞的歌，孩子可以唱綿羊的歌），或者你可以建議：「除了談這本書之外，我們還可以用唱的。你們想，這本書的歌可以怎麼唱？」

2. 唱或彈奏一首歌，但是不照它原來的樂句順序。詢問孩子這首歌聽起來有什麼不同。要求孩子按照原來的順序再唱一次。

3. 唱一首歌，然後做一些變化：只拍出節拍或哼出旋律，或歌曲的音調高低。

4. 彈奏一首孩子熟知的歌曲，故意省略一些音符不彈，要求孩子找出沒彈出來的音符。

5. 在鋼琴上的十個鍵上，貼上數字貼紙，然後把其他的琴鍵蓋起來。告訴孩子們可以把他們的名字融入音樂中。他們可以選擇一個他們喜歡的琴鍵，寫下數字。然後請孩子們來彈出他們的名字。

6. 觀察孩子對不同音樂的敏感力：快／慢，大聲／輕柔，高／低。

7. 帶孩子去參加現場音樂會，或邀請一位演奏者到學校來。如果可行的話，將過程錄音下來。要求孩子用畫，或唱歌，或文字描述出他們所記得的情形或喜歡的地方。

8. 教孩子唱 "Hickory, Dickory, Dock"，強調某些音符和休止符的方式。觀察孩子是否能更有效地掌握歌曲中的表現手法。

9. 彈奏不同的音樂，請孩子閉上眼睛傾聽。請孩子畫出他們所感受的音樂。

表 59：音樂知覺觀察表

兒童姓名＿＿＿＿＿＿＿　　　觀察者＿＿＿＿＿＿＿

年　　齡＿＿＿＿＿＿＿　　　日　期＿＿＿＿＿＿＿

第一部分：歌曲辨認

勾選出孩子說出歌名的時間點

4 分＝在第一樂句的時候

3 分＝在第二樂句的時候

2 分＝聽完前兩樂句兩次

1 分＝聽完所有四個樂句

說出歌曲名：　第一樂句　　第二樂句　　第一和第二樂句兩次　　第四樂句

第一首

第二首

第三首

小計：☐

第二部分：找出錯誤　　　　　　　**說明：**

請勾選出孩子能做正確判斷的樂曲類型

（每個 3 分）

＿＿＿　不正確的類型 1（第一小節中有 E 平音）

＿＿＿　不正確的類型 2（第三小節中改變三連音）

＿＿＿　正確版

＿＿＿　不正確的類型 3

　　　　（第二小節錯誤──錯誤的 F 音取代 E 音）

小計：☐

（續下頁）

（承上頁）

第三部分：敲音和配對說明　　　　　　說明：

勾選出孩子做對的組合（每個 3 分）

第一組

（C，C）

第二組

（F，F）

第三組

（D，D）

第四組

（A，A）

小計：

第四部分：聽音和配對　　　　　　　　說明：

勾選出孩子做對的組別（每個 3 分）

(1)　（G，G）

(2)　（D，D）

(3)　（E，E）

(4)　（C，C）

小計：

總計：

第五部分：自由活動——說明：

（不計分）

表 60：Row, Row, Row Your Boat 的正確和不正確版

※ 標記的地方表示被更改過的地方

表 61：音樂知覺活動摘要表

*＝參考觀察表中的說明欄

兒童姓名（年齡）	第一部分：歌曲辨認（0-4分/每首曲子）			小計	第二部分：找出錯誤（每個3分）				小計	第三部分：敲音和配對（每個3分）				小計	第四部分：聽音和配對（每個3分）				小計	*	總計
	曲子1	曲子2	曲子3		1	2 正確版		3		CC	FF	DD	AA		GG	DD	EE	CC			

第**8**章

工作風格

前 言

　　能力和實際成就之間的差異，在認知—發展的研究中一直爭議不斷（Kogan, 1983）。一般而言，大家共同接受的看法是：在成人的世界中，成功不僅要靠一個人在某領域的能力，也要看她的工作方式，例如專注力、長時間的付出，或持續的努力。即使在學前教育階段，孩子們在進行一項學習任務時，也會出現明顯的不同情況。觀察兒童的工作風格，可以讓我們了解兒童在不同領域和不同學習情境中的能力表現。

　　在過去，研究人員一直相信認知風格（cognitive style）是跨領域的特性（參見 Messick, 1985），然而，我們不認為如此。我們想知道，在面對挑戰時，人們處理的方式是否每個領域有所不同，就像是一個人在各領域的長短處不同一樣。因此我們對下面的兩個問題，特別

感興趣：

　　1. 當兒童在解決不同領域的問題時，是否使用獨特的工作風格？如果
　　　 是的話，那麼，在孩子擅長和不擅長的領域之間，工作風格有何不
　　　 同？

　　2. 在某個特定的領域中，或者每個領域，是否某些工作風格比其他的
　　　 工作風格更爲有效？

　　基於光譜計畫的目的，我們發展出「工作風格」的概念，描述兒童在
不同內容領域中各種工作任務和材料互動的情形。這些工作風格反映出兒
童在工作或遊戲時的「過程」（process）面，而非學習結果的產品種類。
它們涉及情意狀態、動機和材料的互動，以及一些常見的風格特徵。例如，
工作的節奏和偏好視覺、聽覺或肢體動覺線索的情況。

　　表 62（第 301～302 頁）中列出我們從觀察孩子完成光譜計畫活動時，
找出來的十八個風格特徵。它們反映出孩子在某一個特定時間內，對各種
不同活動的因應方式，而且工作風格並非一組固定的特質。雖然，在工作
風格的用語中，我們盡量使用沒有帶著正向或負向意味的描述詞（descriptors），不過無可避免地，仍然有一些語詞看來似乎不只是單純描述而已，
還帶著一些評價意味。在表 63（第 303～307 頁）中呈現出這些工作風格
的簡要定義。這些定義不是絕對性的，它們只是代表了兒童在參與光譜計
畫的兩年間，我們對他們行爲所做的觀察。

　　我們的目標是提供老師們一個可用的和簡明的工具，以便用來記錄他
們對於兒童風格特徵的觀察。這些觀察可進而幫助老師做個別化教學，例
如，藉由清楚地知道哪些情境或領域最易使孩子感到挫折，因此在這些情
境或領域，孩子可能需要額外的協助；知道哪些領域孩子會最快失去興趣，
在這些領域中最好使用活動時間較短的活動設計；知道哪些活動兒童最喜
歡，因而能展現出她個人的創造力；知道哪些領域需要清楚的結構和具體
的指示說明，以便能有效率地進行。

程序

　　雖然有許多老師已經對孩子的工作風格作了一些非正式的觀察，這個工作風格檢核表（表 62，第 301～302 頁）提供了一個簡單且容易使用的格式，以便正確和一致性地記錄。這個檢核表是一種「簡易而立即可用」的工具，可以掌握兒童在不同活動中的各種工作風格。在第一個部分，你不需要每一對形容詞都勾選。你只在看到某一項工作風格確實代表孩子對某項活動的獨特反應傾向時，才需要勾選該項風格。

　　實際上來說，要能非常詳盡地記下孩子的工作風格是不太可能的，然而，如果老師能盡量寫下補充說明和軼事紀錄的話，這個檢核表可以提供很多寶貴的訊息。在補充說明中，將你勾選某項特定工作風格的行爲記錄下來。例如，在故事板活動中，「易於投入工作」可以跟著這樣的補充說明：「琴恩在我說完前言之前，就馬上講她自己的故事了」。一般而言，描述性的句子，例如，「喬依很有方法地一步一步做，並且很小心地完成組合工作的每一個步驟」，通常比檢核表中的描述指標詞，更能清楚呈現孩子對工作的反應方法。

　　基於研究上的目的，每個孩子參與每項活動時我們都填寫檢核表。然而，你可以更有選擇性地使用檢核表，不論是考驗你對某個孩子的假設，或者只是收集孩子在不同領域上的表現資料。表 64（第 308 頁）幫助老師累積出孩子在不同活動中的工作風格圖像。每一個工作風格的總次數記錄在該表底下的空欄中，研究人員可以拿這個架構去探討不同的工作風格對應某特定領域的關係。如果是這種研究上的應用，那麼就把所有孩子在某項工作風格的次數寫在指定的空格中。

　　你在教室使用這個評量方式之前，可以將兒童在不同活動中的情形錄影起來，然後和你的同事一起看這個錄影帶。你們每一個人都可以各自填寫一份檢核表，然後互相比較你們的觀察，接下去討論你們對於工作風格

描述詞定義上的不同看法，或者你們對兒童行為的不同解釋。

初步的結果：一九八六至八八

根據我們對於一九八六至八七與一九八七至八八年兩屆學生的研究，我們已有了一些初步的答案（下面的資料已經在Krechevsky & Gardner, 1990的文章中初步提過）。關於特定領域的工作風格，我們的結果顯示，大部分的孩子有一、兩個工作風格是跨領域的，但是其他的工作風格則要看孩子投入的領域內容而定。在我們的研究分析中顯示，三十三個孩子中大約四分之三的人展現出一般性的工作風格。即使這些一般性的工作風格可能會受到活動性質的影響。例如，某個孩子很容易就投入活動中，並且很有信心，即使是他不擅長的領域，只要該項活動的任務是一種實作性質，他就會投入活動。

毫不令人訝異的，在孩子擅長的領域中，他們的行為通常表現出「易於投入工作」、「有自信的」、「專注的」工作風格。相反的，在非擅長的領域中，孩子通常表現出「容易分心」、「衝動的」、「勉強參與活動」的工作風格。「愉悅的」這一項工作風格可能出現在擅長和不擅長領域。除此之外，孩子在他們擅長的領域裡最可能表現出反思力（reflectiveness）和對細節的注意。五個沒有任何擅長領域的孩子中，有三個孩子從不反省他們的工作。另外有八個孩子只對他擅長的領域表現出反思能力。

我們也發現，有五個孩子在不同領域中展現出相當大的工作風格變化。這些孩子中的一個，很難專心進行光譜計畫和教室中的活動。然而，當我們提供他組合活動的材料時，竟然以一種非常專注和持續的態度來進行活動，並且一直到把玩具拆解和組合完成才停止。另一個小孩則只有在視覺藝術和數學領域上——他擅長的領域，才展現出自信心、注意細節、認真、有計畫的技巧，和反思力。

關於工作風格是否跨越領域的問題，我們發現有幾個工作風格確實能

多方面地幫助兒童的表現。例如，有一個孩子，在不同領域中都以一種認真而且專注的態度做事，這兩種工作風格使他在困難和擅長的活動中都能完成活動。然而，其他的工作風格則只在某幾個特定的領域（例如，兒童擅長的領域），或者只有在特定的情境下（例如，開放式答案的活動，或者結構化的活動中），有助於兒童的表現；其餘的情況，就和孩子的成就沒有什麼顯著的關聯了。令人驚奇的，「有自信的」和「能從工作中得到成就感」這兩項工作風格，和表現成功沒有什麼相關。每一個孩子至少都在一個活動中表現出具有信心的工作風格——通常是在她擅長的領域。然而，有一個女孩，如果拿她和其他同齡的孩子相較，她並沒有什麼擅長的領域，不過，在大多數的工作中，她卻比其他孩子展現出更「能從工作中得到成就感」的態度。另一個孩子，和同齡的孩子相較起來，也沒有特別擅長的活動，她從來沒有表現出「躊躇不前」的工作風格，但是，其他的孩子，除了三個人之外，都對至少一個活動表現出「躊躇不前」的工作風格。這個女孩的表現雖然看來很有信心，可是卻因此讓她不敢去做活動中比較困難的部分。

　　其他的工作風格會在某些「特定的情境中」和成功的成就表現有關，而非「在特定的領域」。例如，有一個男孩，在教室的探索活動中，顯露出很強的試驗精神，經常能形成假設並加以檢驗，去學習更多事情。但是他在每一個領域都堅持自己想法的態度，卻阻礙他在結構化的光譜活動上的表現。雖然他有相當不錯的想法，但是他不願意投入工作的態度，卻讓他的成就表現不佳。在音樂知覺活動中，他對那些外表看起來相似，但是卻能發出不同音調的音鐘最感興趣。因此，在用音錘敲擊過每一個音鐘之後，他不去按照指示做音鐘的音調配對活動，反而仔細檢查每一個音鐘聲音上的差異。他也為恐龍遊戲發明新的規則，並且在組合遊戲中，他用兩個食物攪拌器的部分零件做出了新的工具。因為他非常有興趣探索自己的想法，所以經常拒絕嘗試其他人的想法。當他在某個活動上遇到困難時，他會變得很挫折，並且想一些花招讓大人無法專心做進行中的工作。

　　相似地，對光譜活動的表現有幫助的工作風格，不一定會對其他情境中的表現有幫助。有個男孩不太需要什麼說明就能夠使用活動的材料。但是，不幸地，這種只專注在材料而不管其他人的方式，不論是兒童或大人，可能會對未來的學術成就表現造成一些問題。

表62：工作風格檢核表

兒童姓名＿＿＿＿＿＿＿＿＿＿　　觀察者＿＿＿＿＿＿＿＿＿＿

活動名稱＿＿＿＿＿＿＿＿＿＿　　日　期＿＿＿＿＿＿＿＿＿＿

請勾選出你看到的獨特工作風格。只有在工作風格很明顯時才勾選。每一對語詞並不一定都要選。請盡可能加上說明和軼事紀錄，並且用一些歸納性文句清楚描寫兒童如何處理活動。用＊記號來標示出特別突出的工作風格。

這個孩子是　　　　　　　　　　　　　　　　　　　　　　說明

易於投入工作　　　＿＿＿＿

勉強參與活動　　　＿＿＿＿

有自信　　　　　　＿＿＿＿

躊躇不前　　　　　＿＿＿＿

愉悅的　　　　　　＿＿＿＿

認真嚴肅　　　　　＿＿＿＿

專注的　　　　　　＿＿＿＿

容易分心　　　　　＿＿＿＿

有恆心的　　　　　＿＿＿＿

易挫折　　　　　　＿＿＿＿

衝動的　　　　　　＿＿＿＿

深思熟慮的　　　　＿＿＿＿

傾向於慢慢地做　　＿＿＿＿

傾向於趕快做完　　＿＿＿＿

健談的　　　　　　＿＿＿＿

安靜的　　　　　　＿＿＿＿

（續下頁）

（承上頁）

偏好視覺線索＿＿＿ 聽覺線索＿＿＿ 動覺線索＿＿＿

展現出有計畫的做事態度　　　　　＿＿＿＿

把個人的專長用到活動中來　　　　＿＿＿＿

能在學習內容中得到樂趣　　　　　＿＿＿＿

能以創造性的方式使用學習材料　　＿＿＿＿

能從工作中得到成就感　　　　　　＿＿＿＿

注意細節，觀察敏銳　　　　　　　＿＿＿＿

對材料感到好奇　　　　　　　　　＿＿＿＿

除了「正確答案」外，還關心　　　＿＿＿＿

　　其他層面的事情

注重和成人的互動　　　　　　　　＿＿＿＿

表 63：工作風格的定義

下面所列舉的工作風格是用來描述兒童在處理和完成光譜計畫活動中的歷程。這些描述詞沒有好或壞的意味。這些工作風格所關注的是兒童和材料與活動之間的關係。

易於投入工作

兒童很有興趣的、有回應地投入活動中；兒童會採用或調整活動的形式或內容。在此項目中，我們要留意觀察，兒童是否自己會主動地開始進行一項活動，甚至可能在成人還沒有解釋完活動的方式，就一古腦投入。

勉強參與活動

兒童出現排斥參與活動內容的行為；可能需要成人用言語安撫或重新調動活動形式的結構；兒童可能堅持己見以致偏離活動的目標。

有自信

兒童似乎很輕鬆地以她的能力來使用材料；兒童會自己決定採取哪種行動，自信滿滿地提出答案或多種解決途徑。必須要注意的是：有時不論成功與否或能力高低，兒童仍然會表現出高度的自信心。

躊躇不前

兒童非常猶疑參與一項活動；可能讓人看起來覺得她不知如何使用活動的材料，即使經過解釋之後；她拒絕回答問題，或堅持要得到成人的贊同和保證；兒童很擔心「做錯事」。

愉悅的

兒童快樂地使用材料和參與活動；兒童使用材料時，神態輕鬆愉快，經常會主動表達出她的看法或將活動延伸出更好玩的遊戲（例如，兒童對

（續下頁）

（承上頁）

攪拌器的零件說話，告訴這些零件要站住不動，或轉動等）。

認真嚴肅

兒童參與活動的神情很正經嚴謹，像做嚴重的事情似的，他們不像是在輕鬆的遊戲，而是以一種「工作，而非遊戲」的態度來使用材料。兒童可能會是嚴肅，但是快樂的，並樂於參與在工作和材料中。

專注的

兒童於活動中或使用材料時表現出一種熱情的態度，不管周遭分心的事物而專心於她的工作（這種態度超過單純的興趣，專注是一種不常見的注意力和目標的單純性）。

容易分心

兒童很難去注意教室周遭所進行的活動；兒童似乎對工作的注意力飄忽不定。（例如，做故事板活動時，兒童會不斷去看在另一角落中玩耍的朋友）。

有恆心的

兒童不屈不撓地執著於活動中，即使有困難，也能平靜回應，並且繼續做下去；兒童也會在沒有任何特別困難出現時，表現出有恆心的態度（例如，兒童不斷地嘗試各種不同方法，以便將各種不同的零件組合在一起，即使在組合活動中已經做了很多錯誤嘗試）。

易挫折

兒童難以調適活動中的挑戰或挫折。他們可能會馬上找大人幫他們解決問題；他們也可能會馬上表現出不情願再繼續做該項活動（例如，當兒童在公車遊戲活動中，沒有辦法算出上、下公車的人數時，她會要求不要再玩這個遊戲了）。

（續下頁）

（承上頁）

衝動的

兒童的工作方式缺乏一種持續性。兒童總是貿然地投入工作中，因而相當粗心大意（例如，在尋寶活動中，兒童在仔細做推測之前，就冒失地把杯蓋揭開來找寶物）。

深思熟慮的

兒童會說明或評價她的作品，提出正向或負向的評論；兒童會從工作或遊戲的實際現場抽離出來，評定她自己的表現是否配合她的期望或希望等等（例如，唱完一首歌之後，兒童說：「這次做得很糟，我做得不好。」或「這好像有點不太對勁，我再試一次看看。」）。

傾向於慢慢地做

兒童要花或需要充分的時間去準備和執行工作；兒童在活動的進行中做得很慢，但很有方法地做。

傾向於趕快做完

兒童做事的節奏較大部分的孩子快。他們很快地投入活動，並且很快地做完。

健談的

當活動進行時，兒童會和成人聊天，主動和成人討論與活動有關或無關的事情（但這不是意味著不願意投入活動中）。

安靜的

兒童在工作時幾乎不說話，只有當活動要求他們說話時才說話（不說話並不表示不高興或暫時性行為）。

（續下頁）

（承上頁）

偏好視覺、聽覺、動覺線索

進入一個活動時，兒童展現出一種對視覺刺激（很仔細地觀看材料）、聽覺刺激（傾聽說明指導語、音樂），或動覺刺激（透過對材料的感覺或使用動作來幫助了解）的需求或偏好。

展現出有計畫的做事態度

兒童展現出對材料或訊息的策略性運用；他們會說明目的，然後逐步完成這些目的，會常常說出她的進展情況（例如，在公車遊戲中，兒童會將方塊板分開來放；在音樂知覺活動中，兒童會系統性地一對一測試音鐘；或者兒童會在擺設故事板的場景後，解釋她的故事的主要內容）。

把個人的專長用到活動中來

兒童運用自己的特長作為參與活動或解釋某項活動的工具（例如，兒童不斷靈活地用手指玩骰子；做數字計算時，邊做邊唱歌；或把公車遊戲改成有關人們搭公車的故事）。

能在學習內容中得到興趣

兒童在內容或活動上找到有趣的部分；兒童能夠不管活動的進行，好像只是要從其中找到好笑的、嘲諷的或非預想中的事情（例如，在故事板活動中，兒童把兩個衛兵背對背放在一起，然後編出一個鬧劇；在教室模型活動中，兒童笑著說：「和這些人物比起來，我們就像巨人一樣！」）。

能以創造性的方式使用學習材料

兒童用新奇、不同或有想像力的方式，改變材料的用途或活動方式。請注意新的使用方式「是否」或「如何」影響兒童的活動歷程或結果（例如，在組合活動中，兒童在桌子上把攪拌器的零件堆高起來，或者給零

（續下頁）

（承上頁）

件想出各種比喻的形容詞，例如，螺絲釘比作扭來扭去的褲子；在故事板活動中把小道具箱當作帆船）。

能從工作中得到成就感

當兒童完成材料的運用和活動時，展現出欣喜的神情（例如，兒童在正確地計算完公車遊戲的算術後，她帶著笑容，並告訴她的同學或老師她的優秀表現；當兒童在尋寶遊戲中解出謎底時，顯得十分興奮，並且在每一次發現寶物時，拍手慶祝）。

注意細節，觀察敏銳

兒童注意到材料或活動中的一些不易察覺的部分（例如，兒童會論及音鐘下面的貼紙；兒童會注意到在教室模型中，少了一個連接到戲劇表演舞台的梯子）。

對材料感到好奇

兒童會問很多有關材料是什麼、它們是如何做出來的，和為何被做成某一種樣式（例如，在故事板活動中，兒童詢問：「山洞是什麼東西做出來的？」「樹木是哪裡來的？」「拱門是如何做的？」）。

除了「正確答案」外，還關心其他層面的事情

兒童頻頻問成人她是否做對了；兒童可能也會詢問別人是否做對，當她知道自己做對時，表現出非常快樂的神情，反之，則感到非常不愉快。

注重和成人的互動

兒童對於成人的興趣遠超過對活動材料的興趣，她不斷透過對談、目光注視、坐在成人的膝上等方式，和成人互動。即使是投入活動的進行中，她也仍然與成人維持某一程度的互動。

表 64：工作風格摘要表

兒童姓名 _____　　年齡 _____　　日期 _____

光譜活動	易於投入與參與工作	勉強自信有躊躇不前的	愉悅其嚴的	認真專注的	容易分心的	有恆心的	易挫折的	衝動的	深思熟慮的	傾向於談話的	傾向於慢慢地做完	偏好安靜的	偏好視覺線索	偏好聽覺線索	偏好觸覺線索	展現出個人的計畫用到活動中	把個人的習性在創造工作中得到的方式使用學習材料	能在工作中觀察到成就感	能以熟練好奇的方式運用學習材料	對某材料「正面的」除了解其他層面的事情外，還關心	注意材料的表層面和其他兒童和成人的互動
創意肢體動作																					
傳統課程																					
故事板活動																					
小記者活動																					
恐龍遊戲																					
公車遊戲																					
發現角																					
尋寶遊戲																					
浮沉活動																					
組合活動																					
教室模型																					
同儕互動檢核表																					
藝術檔案																					
歌唱活動																					
音樂知覺活動																					
總計																					

參考書目

Adams, M. L. (1993). *Empirical investigation of domain-specific theories of preschool children's cognitive abilities*. Unpublished doctoral dissertation. Tufts University, Medford, MA.

Bamberger, J. (1991). *The mind behind the musical ear*. Cambridge: Harvard University Press.

Blacking, J. (1974). *How musical is man?* Seattle: University of Washington Press.

Britton, J. (1982). Spectator role and the beginnings of writing. In M. Nystrand (Ed.), *What writers know* (pp. 149–169). New York: Academic Press.

Case, R. (1985). *Intellectual development: Birth to adulthood*. Orlando: Academic Press.

Chen, J. Q., & Feinburg, S. (1990). *Spectrum field inventory: Visual arts scoring criteria*. Unpublished scoring system.

Chick, Chick, Chick. (1975). Los Angeles: Churchill Films.

Consuegra, G. (1986). Identifying the gifted in science and mathematics. *School Science and Mathematics, 82*, 183–188.

Davidson, L., McKernon, K., & Gardner, H. (1981). The acquisition of song: A developmental approach. *Documentary report of the Ann Arbor symposium: Application of psychology to the teaching and learning of music*. Reston, VA: Music Educators National Conference.

Davidson, L., & Scripp, L. (1991). Surveying the coordinates of cognitive skills in music. In R. Colwell (Ed.), *Handbook of research on music teaching and learning* (pp. 392–413). New York: Schirmer.

Davidson, L., & Scripp, L. (1994). Conditions of musical giftedness in the pre- and elementary school years. In R. F. Subotnik & K. D. Arnold (Eds.), *Beyond Terman: Longitudinal studies in contemporary gifted education* (pp. 155–185). Norwood, NJ: Ablex.

Davidson, L., & Torff, B. (1993). Situated cognition in music. *World of Music, 34*(3),120–139.

Deutsch, D. (Ed.). (1983). *Psychology of music*. New York: Academic Press.

Dowling, W., & Harwood, D. (1986). *Music cognition*. New York: Academic Press.

Elementary Science Study Unit. (1986). *Sink or float*. Hudson, NH: Delta Education.

Erikson, E. H. (1963). *Childhood and society.* New York: Norton.

Feinburg, S. G. (1987, Fall). Children's awareness of two aspects of competence in drawing: Level of representation and level of spatial integration. *Visual Arts Research, 13,* 80–93.

Feinburg, S. G. (1988). *Criteria for scoring in the visual arts.* Unpublished writing consultation for Project Spectrum.

Feldman, D. H. (1980). *Beyond universals in cognitive development.* Norwood, NJ: Ablex.

Feldman, D. H. (1985). The concept of nonuniversal developmental domains: Implications for artistic development. *Visual Arts Research, 11,* 82–89.

Feldman, D. H. (1986). How development works. In I. Levin (Ed.), *Stage and structure: Reopening the debate* (pp. 284–306). Norwood, NJ: Ablex.

Feldman, D. H. (1987). Developmental psychology and art education: Two fields at the crossroads. *Journal of Aesthetic Education, 21,* 243–259.

Feldman, D. H. (1994). *Beyond universals in cognitive development* (2nd ed.). Norwood, NJ: Ablex.

Flowers, P. J. (1985). Which note is lighter? *Music Education Journal, 71(8),* 44–76.

Folio, M., & Fewell, R. (1974). *Peabody developmental motor scales and activity cards.* Allen, TX: DLM Teaching Resources.

Gallahue, D. L. (1982). *Developmental movement experiences for children.* New York: Wiley.

Gardner, H. (1980). *Artful scribbles: The significance of children's drawings.* New York: Basic Books.

Gardner, H. (1983). *Frames of mind: The theory of multiple intelligences.* New York: Basic Books.

Gardner, H. (1987a). Symposium on the theory of multiple intelligences. In D. M. Perkins, J. Lochhead, & J. C. Bishop (Eds.), *Thinking: The second international conference* (pp. 77–101). Hillsdale, NJ: Erlbaum.

Gardner, H. (1987b). Beyond the IQ: Education and human development. *Harvard Educational Review, 57(2),* 187–193.

Gardner, H. (1990). *Art education and human development.* Los Angeles: Getty Center for Education in the Arts.

Gardner, H. (1993). *Multiple intelligences: The theory in practice.* New York: Basic Books.

Gardner, H. (1998). Are there additional intelligences? In Jeff Kane (Ed.), *Education, information, and transformation.* Englewood, NJ: Prentice Hall.

Gardner, H., & Hatch, T. (1989). Multiple intelligences go to school: Educational implications of the theory of multiple intelligences. *Educational Researcher, 18(8),* 4–10.

Gelman, R., & Gallistel, C.R. (1986). *The child's understanding of number.* Cambridge: Harvard University Press.

Ginsburg, H., & Opper, S. (1979). *Piaget's theory of intellectual development: An introduction* (2nd ed.). Englewood Cliffs, NJ: Prentice Hall.

Glazer, T. (1983). *Music for ones and twos: Songs and games for the very young child.* New York: Doubleday.

Goodman, N. (1968). *Languages of art.* Indianapolis: Bobbs-Merrill.

Goodman, N. (1988). *Reconceptions in philosophy and other arts and sciences* (2nd ed.). London: Routledge.

Haines, J., Ames, L. B., & Gillespie, C. (1980). *Gesell preschool test.* Flemington, NJ: Programs for Education.

Hargreaves, D. (1986). *The developmental psychology of music.* Cambridge: Cambridge University Press.

Harris, D. B. (1963). *Children's drawings as measures of intellectual maturity: A revision and extension of the Goodenough Draw-a-Man Test.* New York: Harcourt, Brace & World.

Heath, S. B. (1982). What no bedtime story means: Narrative skills at home and school. *Language in Society, II,* 49–76.

Hughes, M. (1981). Can preschool children add and subtract? *Educational Psychology, 3,* 207–219.

Kellogg, R. (1969). *Analyzing children's art.* Palo Alto, CA: National Press Books.

Kogan, N. (1983). Stylistic variation in childhood and adolescence: Creativity, metaphor, and cognitive style. In P. H. Mussen (Ed.), *Handbook of child psychology* (4th ed.) (pp. 630–706). New York: John Wiley.

Krechevsky, M., & Gardner, H. (1990). The emergence and nurturance of multiple intelligences: The Project Spectrum approach. In M. J. A. Howe (Ed.), *Encouraging the development of exceptional skills and talents* (pp. 222–245). Leicester,UK: British Psychological Society.

Laban, R. (1960). *The mastery of movement* (2nd ed.). London: MacDonald & Evans.

Lowenfeld, V., & Brittain, W. (1982). *Creative and mental growth* (7th ed.). New York: Macmillan.

McCarthy, D. A. (1972). *McCarthy's scales of children's abilities.* New York: Psychological Corporation.

McGraw-Hill. (1968). *Elementary science study: Light and shadows.* St. Louis: Author.

Messick, S. (1985). Structural relationships across cognition, personality, and style. In R. E. Snow & M. J. Farr (Eds.), *Aptitude, learning, and instruction: Vol. 3. Cognitive and affective process analysis* (pp. 35–75). Hillsdale, NJ: Erlbaum.

Mukarovsky, J. (1964). Standard language and poetic language. In P. L. Garvin (Ed.), *A Prague school reader on esthetics, literary structure, and style* (pp. 19–35). Washington, DC: Georgetown University Press.

Nelson, K. E. (1973). Structure and strategy in learning to talk. *Monographs of the Society for Research in Child Development, 38* (2, Ser. No. 149).

Nelson, K. E. (1975). Individual differences in early semantic and syntax development. In D. Aaronson & R. W. Rieber (Eds.), *Annals of the New York Academy of Science, 263,* 132–139.

Olson, D. (1977). From utterance to text: The basis of language in speech and writing. *Harvard Educational Review, 47,* 257–82.

Piaget, J. (1952). *The child's conception of number.* New York: Humanities Press.

Pitcher, E. V., Feinburg, S.G., & Alexander, D. A. (1989). *Helping young children learn* (5th ed.). Columbus, OH: Merrill.

Serafine, M. (1988). *Music as cognition.* New York: Columbia University Press.

Shatz, M., & Gelman, R. (1973). The development of communication skills: Modifications in the speech of young children as a function of listener. *Monographs of the Society for Research in Child Development, 38* (5, Ser. No. 152).

Shuter-Dyson, R., & Gabriel, C. (1981). *The psychology of musical ability* (2nd ed.). London & New York: Methuen.

Sloboda, J. (1985). *The musical mind.* Oxford: Clarendon Press.

Sloboda, J. (Ed.) (1988). *Generative processes in music.* Oxford: Clarendon Press.

Snow, C. (1991). The theoretical basis of the home-school study of language and literacy development. *Journal of Research in Childhood Education, 6,* 5–10.

Strauss, M. (1978). *Understanding children's drawings: The path to manhood.* (ERIC Document Reproduction Service No. ED 250 061)

Vygotsky, L. S. (1978). *Mind in society.* Cambridge: Harvard University Press.

Walters, J. (1982). *The origins of counting in children.* Unpublished doctoral dissertation. Harvard Graduate School of Education, Cambridge, MA.

Webster, P .R., & Schlentrich, K. (1982). Discrimination of pitch direction by preschool children with verbal and nonverbal tasks. *Journal of Research in Music Education, 30,* 151–161.

Wechsler, D. (1967). *Wechsler Preschool and Primary Scale of Intelligence.* New York: Psychological Corporation.

Wertsch, J.V. (1985). *Vygotsky and the social formation of mind.* Cambridge: Harvard University Press.

Williams, R. A., Rockwell, R.E., & Sherwood, E.A. (1987). *Mudpies to magnets: A preschool science curriculum.* Mt. Rainier, MD: Gryphon House.

Winner, E. (1982). *Invented worlds: The psychology of the arts.* Cambridge: Harvard University Press.

Winner, E., & Pariser, D. (1985, December). Giftedness in the visual arts. Social Science Research Council, *Items, 39,* 4, 65–69.

Wolf, D. (1985). Ways of telling: Text repertoires in elementary school children. *Journal of Education, 167*(1), 71–87.

Wolf, D., & Hicks, D. (1989). The voices within narratives: The development of intertextuality in young children's stories. *Discourse Processes, 12*(3), 329–351.

附　錄

附錄 A　光譜計畫家長問卷

附錄 B　光譜教室的行事曆示例

附錄 C　光譜剖面圖範本

附錄 D　給家長的一封信（範例）

附錄 E　光譜剖面圖家長回饋表

附錄 F　光譜活動說明

附錄 G　光譜計畫親子活動手冊

附錄 H　相關的文獻

附錄 I　光譜計畫中的資源

附錄 J　光譜網路

附錄 K　手冊評鑑表

附錄 A：光譜計畫家長問卷

兒童姓名＿＿＿＿＿＿＿＿　　　　日期＿＿＿＿＿＿＿＿＿

父母親的名字（填寫這份問卷的家長）＿＿＿＿＿＿＿＿＿＿＿＿

我們很想多了解孩子們在家時所表現出來的能力和興趣，因為這些能力和興趣可能並沒有在學校或光譜計畫活動中顯現出來。煩請您用幾分鐘的時間填寫下面的一些問題：

1. 請列出兩項你的孩子最有能力的領域。請從下面的領域清單來勾選：

　　　語言

　　　邏輯和數學

　　　空間能力（這裡包含了視覺藝術、建造物品和辨認地理方位方面的能力）

　　　音樂

　　　人際能力（這是指和別人互動，以及了解別人）

　　　內省能力（這是指知道自己的能力，很清楚自己的興趣、喜歡和不喜
　　　　　歡的東西）

　　　為什麼你會選這兩個領域，請說明你的理由？

　　　如果可能的話，請提供具體的例證說明你的孩子使用這些能力的情形。

（續下頁）

（承上頁）

2.請從上述的領域範圍中，選出一個或兩個你的孩子最不擅長的領域。

　　為什麼你選這個（這些）領域？如果可以的話，請提供例證。

3.請列出三項你的孩子最感興趣的活動，如果你覺得孩子在這些活動中的興
　趣有明顯不同的話，你可以標上號碼順序。這些活動可能是你的孩子最有
　能力的活動，但也可能不是。

4.有哪些具體的活動或事情，是你的孩子最常在放學回家之後說起的？你的
　孩子說些什麼？

（續下頁）

（承上頁）

5.是否曾有哪件特別的事或課程主題，特別讓你的孩子感到興奮的？

6.有沒有哪一項活動或主題是你的孩子特別不喜歡或逃避的？

7.有沒有哪些學校之外的事情影響到你的孩子的就學經驗？

8.你還知道哪些有關孩子的事情，是我們在學校不了解的？

9.你最想看到你的孩子在哪個領域有所改進？

附錄 B：光譜教室的行事曆示例

月份	領域	評量事	相關的活動	其他訊息
9	藝術		開始為每個孩子建立藝術檔案	
	科學	恐龍遊戲（7-8天）	介紹恐龍遊戲角（持續性進行）	
10	數學		將恐龍遊戲放在教室中	
	肢體動作			
	科學	組合遊戲（7-8天）	介紹每週創意肢體活動（持續進行）	
11	藝術	藝術活動 1（動物）	將故事板放在教室中	
	語言	故事板活動（7-8天）	開始進行週末新聞（持續進行）	
12	音樂	教唱 "Up in the Air"（3週）		寄出家長問卷
	藝術	藝術活動 2（人物）		
	音樂	歌唱活動		
1	語言	小記者活動（影片，8天）	討論「小記者」的角色	填寫同儕互動檢核表
	藝術	藝術活動 3（想像的動物）		評閱藝術檔案的表現
	科學			
2	科學	尋寶遊戲（5-6天）	介紹藝術柜利的音鐘	為「教室模型活動」拍照
	音樂			
	社會	教室模型（7-8天）	介紹教室模型	填寫社會互動圖

（續下頁）

（承上頁）

月份	領域	評量	相關的活動	其他訊息
3	音樂	音樂知覺活動（7-8天）		
	社會	藝術活動 4（雕塑）		
	藝術	公車遊戲(第一階段)（5-6天）	將「教室模型」放在教室中	
4	數學	公車遊戲(第二階段)（7-8天）	將公車遊戲放在教室中	
	科學	沈浮活動（7-8天）		
	肢體動作	障礙賽課程（戶外）（5-6天）		
	社會			填寫同儕互動檢核表
5	藝術			評閱藝術檔案的表現
				光譜剖面圖：為每個孩子撰寫剖面圖

附錄 C：光譜剖面圖範本

·光譜剖面圖：凱西·

　　凱西進入光譜計畫已經兩年了。她在機械上表現出極優秀的能力與理解力，並且在視覺藝術上也逐漸嶄露頭角了。

　　凱西在研磨機組合活動上表現出相當具有計畫和專注的行為。凱西對於機械領域的興趣和能力在去年和今年都相當引人注意。她有非常好的動作技能，並且善用「嘗試錯誤而做中學」的方式，來幫助自己完成組合活動。她也能從她正在動手做的工作中反省自己的作法，因而有時可以自己改正錯誤，完全不需要大人的幫助或說明。除此之外，凱西也在拼圖與操作各種不同的小物件上有很高的興趣和能力。

　　凱西的視覺藝術作品，從今年初開始有了相當明顯的改變。最顯著的是，她在具象畫上的能力提升了。她畫了許多不同的物件、人類和景色——所有的這些畫作中，都比年初的作品包含更多細膩的描繪，並且比例上更貼切許多。她的作品中也顯示出構圖能力的提升。作品中的圖形互相有所關聯，並且全幅圖形成一個整體。凱西的作品也開始顯示出她對色彩的敏銳感受力。她依據設計和表現的需要來選用色彩，也經常嘗試混合出自己想要用的顏色。根據在學期末我們評閱她的檔案情形，以及她在學校中參與藝術活動的情形，我們覺得凱西會喜歡探索各種不同的視覺藝術材料。在親職活動手冊中有一些建議的材料可以供參考。

　　凱西在數學有關的活動中也展現了一些能力。例如，在玩恐龍遊戲時，她展現出非常好的計算技巧。她了解骰子上的數字和前進格數之間的對應關係。她在這個領域的能力較之去年有許多進步。在公車遊戲中，當我們問凱西：「如果有四個人在公車上，那麼共會有幾隻手？」她回答：「八隻。」當我們問她，「如果再多一個人上車，那麼會有多少隻手？」她很快回答：「十。」她是唯一能正確地用心算算出這個答案的孩子。

　　凱西在今年和去年一樣喜歡說故事活動。她很喜歡操作故事板上的

（續下頁）

（承上頁）

道具，並且說了一個很生動的故事。我們也觀察到凱西非常喜歡編新故事。她經常在戲劇角中扮演不同角色，並且創造出許多不同的情境，讓自己與其他孩子可以投入。凱西應該會喜歡有更多機會去自編故事，並參與戲劇活動。兒童劇場可能也是她會喜歡的項目。

在其他的光譜活動中，凱西就比較不願意參與和專注於任務中。例如，她不願意參加創意肢體活動，雖然這個項目是去年她喜歡的項目之一。一般而言。凱西對於她喜歡的活動，會很專注及有效地工作，但是比較不願意參與她不感興趣的活動。因此，她在某些領域上的能力水準很難判斷。

凱西對於她所投入的光譜活動，表現出愉悅且十分有活力的樣子。她也很喜歡和光譜計畫的研究人員有一對一的互動。我們很高興在過去兩年中能和凱西一起學習。

（續下頁）

（承上頁）

・光譜剖面圖：約瑟夫・

今年約瑟夫在許多光譜活動中都表現出很好的能力和高度的興趣。尤其是在視覺藝術領域以及數字方面。

約瑟夫在視覺藝術上的表現，在同齡的孩子中顯得非常突出。最令人印象深刻的是，他很輕鬆且有效地使用不同的媒材，包括油料、彩色筆、拼貼、木材和保麗龍材質。在畫作中，約瑟夫展現出對顏色、構圖和細節的高度敏銳能力。他的畫作中同時有複雜的表現手法和設計。在其中一張圖中，約瑟夫非常細膩地畫出了水中的情景，包括了半打不同種類的魚、一輛水中的交通工具、一隻噴水的鯨魚，和一大堆「好吃的紅色魚食」。在另外一幅畫中，他仔細地觀賞掛在教室牆上的一幅畫之後，畫出另一幅風格相似的圖，主題是一位美國原住民和他的驢子。約瑟夫用許多不同的顏色來描繪原住民臉上的紋飾，並且用成打的羽毛來做成頭冠。約瑟夫在空間的使用上也非常有效率。他善用整張圖的空間構圖，並且圖中個別的物件彼此相關，全圖形成一個整體。約瑟夫在立體雕塑上也有傑出的表現。他在創作的過程中展現出對設計和構圖的理解與覺察。我們對約瑟夫的觀察中也看到他會投注很多時間去作畫，並且他也樂於為作品一再作修改。

約瑟夫在數字與數的概念上也有相當好的能力。在恐龍遊戲中，他的計算有一些不穩定的地方，但是他能夠了解遊戲中所需要的策略概念。當他有機會選擇「正」「負」的骰子來形成向前進或向後退的走法時，他正確地選擇了幫助他向前進的「正」號骰子，並且能說出他的理由。他同時也能選出最有利於他的走法與最不利他的對手的走法。

雖然在年初時，約瑟夫不太會正確地計算數字，但是在下學期的公車遊戲中，他已經具有了符合年齡水準的數字理解能力了。他用了一個很成功的方法：運用不同顏色的方塊片來記錄每一站上、下車的乘客。在遊戲結束之際，他能夠算出每一站的乘客數量。

（續下頁）

（承上頁）

　　約瑟夫對於教室中的發現角有強烈的興趣；在年初，約瑟夫花了很多時間研究動物骨頭，以及如何組合這些骨頭。全年中，約瑟夫都持續地顯現出這個興趣。約瑟夫也經常從家中帶來各種寵物的用品給同學看，並介紹同學了解這些東西。除此之外，約瑟夫用黏土做出了非常精確的骨頭雕塑品。根據我們對他的觀察，我們覺得約瑟夫會對自然界的探索特別感興趣。兒童博物館和自然科學博物館都是這方面很有用的地方。

　　在拆組食物研磨機的活動中，約瑟夫展現出對機械物件的能力和理解力。他用非常直接、嚴謹且專注的態度來做，並且一點也不需要成人的協助就能完成整個工作。約瑟夫非常清楚地注意到各種細節，並且了解物件零件與整體之間的關係。

　　約瑟夫在光譜計畫的許多活動中都非常積極熱切地參與。對特別感興趣的領域非常專注，例如在視覺藝術和自然科學領域。但是，有幾個活動約瑟夫並不太愛參加，例如，他不想加入音樂活動和說故事活動。他對所使用的材料很感興趣，詢問這些東西如何做出來，從什麼地方來的，但是並不喜歡參加運用這些材料的結構化活動。

　　約瑟夫也不願意參加創意肢體活動。在今年初，他不願意加入肢體活動時，寧可選擇作「觀眾」，而不參與。有時候還會打擾團體進行活動，並且表達他對肢體活動的輕視。不過，經過一年的時間，約瑟夫已經變得很喜歡參與這個活動了。他會提出一些新想法，並且願意參與大部分的團體活動。

　　從這一段時間來看，約瑟夫已經能自在地參與光譜活動中一對一的活動了，這樣的方式讓他能自由地展現他的想法，並且表現出他在幾個領域中擁有的專長和興趣。

附錄 D：給家長的一封信（範例）

親愛的家長：

　　首先向您和您的孩子參加今年的光譜計畫致上謝意。今年我們和您的孩子在學校中共度了一段豐富而有收穫的時光。

　　我們所有的工作同仁很榮幸能有機會和您的孩子一起工作和學習，特別是在光譜活動的過程中。如您所知的，這些活動是用來了解孩子在各種不同智能領域上的長才（藝術、數學、肢體活動、音樂、科學和社會理解）。在這一年中，您的孩子從我們提供的活動中，選擇自己想要參與的項目。根據孩子在這些活動上的參與，我們彙集出一份光譜剖面圖。您可以從我們寄到府上的郵包中，找到這份資料。另外，在郵包中，另一份資料「光譜活動說明」也值得您一讀，讓您可以更了解每一個活動，以及您的孩子如何進行每一個光譜活動的方式。

　　在光譜剖面圖中，我們說明了您的孩子在光譜活動中感興趣與具有能力的領域，以及哪些領域對孩子而言是比較困難的部分。我們並沒有特別描述您的孩子和其他孩子表現出相似水準的領域，您可以假設在這些領域裡，您的孩子的表現達到他的年齡應有的水準。由於這只是實施光譜活動的第二年，我們尚未有足夠的資訊可以和其他領域的同年齡孩子相比較，不過，這個光譜剖面圖可以反映出每個孩子相對的興趣和能力，以及相較於全班的水準所顯示出的特殊能力表現。

　　我們衷心希望您可以從剖面圖中獲得一些有用的資訊，但是我們也期盼您能了解到它的限制。孩子在活動中的表現會受到許多因素影響，每一個評量活動都會有遺漏的地方，沒有一個評量活動是百無一失的。因此，請將我們所提供的說明當作是對孩子的另一種觀點，這個觀點可以和您對孩子的觀察互相綜合。

（續下頁）

（承上頁）

在某些情況下，剖面圖中會提供家長一些親子活動的建議。我們提供這些建議是為了讓孩子在她擅長的領域上有一些心智的挑戰活動，協助發展較弱的領域，或是針對孩子表現強烈興趣的領域提供一些有趣的活動。然而，如果您的孩子不願意去做，請千萬不要勉強她。

在您所收到的郵包中，還有一份光譜計畫親子活動手冊，提供每個光譜領域的活動參考。這些活動都非常容易準備，大部分都不需要特別的材料。在這手冊後面附有一些訊息，讓您可以知道在社區中有哪些資源提供學前兒童課程或活動。

我們竭誠歡迎您的回應、疑問、關切，以及您對孩子剖面圖的意見。您可以在早上九點到下午五點之間，利用××××-××××電話和我們聯絡。或者，請利用「家長回饋表」填寫您的意見，我們附上了回郵信封，可供您寄回給我們。

再度對您和您的孩子參與光譜計畫，致上無限的感謝。

祝福您

光譜計畫全體工作同仁　敬上

附錄 E：光譜剖面圖家長回饋表

兒童姓名＿＿＿＿＿＿＿＿＿＿＿　家長姓名＿＿＿＿＿＿＿＿＿＿＿

日　　期＿＿＿＿＿＿＿＿＿＿＿

您對於孩子的光譜剖面圖中提供的訊息，感覺是……？

哪項剖面圖中的訊息讓您最驚訝？

您認為有沒有哪項重要的訊息沒有呈現在剖面圖中？

您是否計畫根據剖面圖中的訊息做些什麼事情？

其他說明：

附錄 F：光譜活動說明

1. 肢體動作活動

創意肢體動作：兒童在學年中每兩週參與一次創意肢體課。這個課程著重兒童在舞蹈和創意活動上五個領域的能力——對韻律的敏感度、表達力、身體控制、創作新動作和對音樂的反應性。教師們綜合地使用半結構性的活動（例如，老師說）和較開放的活動（例如，根據音樂所編的舞）。每一次的課程上課時間約為二十分鐘。

障礙賽課程：在春季的時候，戶外障礙活動課程提供兒童參與一系列複雜和連續性的動作。這個課程包括跳遠、走平衡木、障礙賽跑、跳欄。這些項目的設計，源自於不同運動中所需要的技能，如協調、時間感、平衡和動力等。

2. 語言活動

故事板活動：提供一個具體但開放的架構，以便讓兒童能創作故事。兒童用故事板上所配備的材料來講故事（例如，國王、噴火龍、珠寶盒等）。這個活動測量很多語言方面的能力，例如，使用字彙的複雜度、句子的結構、說故事的語調和對話、主題的一致性和表達力等。

小記者活動：本活動評量兒童對自己親身經歷事情的描述能力。在第一個活動中，孩子看一部影片，然後詢問孩子一些有關影片的問題。孩子的答案會按下列指標計分——內容的正確性、字彙的複雜度、細節描繪的程度、句子結構。第二個活動是「週末新聞報導」，所評量的能力和第一個活動相似，而且活動的進行持續一整年。在一學年中，每隔一或二週，兒童會扮演成記者，報導他自己在週末內所做的事。他們的報導中，通常都混合了真實和幻想的事件，由成人將之記錄下來，並彙集至一特別的記事本上。這份記事本收集了許多有關孩子報導技巧的紀錄，可讓老師在一學年中重複察看，

（續下頁）

（承上頁）

另外，這本記事本的資料也可以讓老師了解孩子感興趣的事物。

3. 數學活動

恐龍遊戲：這個活動是設計來測量孩子的計算能力、數的概念之理解、遵守規則的能力和使用策略的能力。這個遊戲由一個遊戲板和一個大恐龍圖、木頭骰子、小塑膠恐龍組成。其目的是讓小恐龍由飢餓的大恐龍身邊逃走。兩個遊戲者輪流擲骰子來決定逃走的方向和走幾步。在遊戲的最後，讓孩子有機會決定出對自己最有力的骰子的數字，以便從這個方式中看出孩子是否了解規則。

公車遊戲：公車遊戲的目的是評量孩子能否創造一個有效的符號系統、做心算，並且組織含有多個變數時的數量資訊。公車遊戲的材料有紙板公車，四個公車站的遊戲板，上、下車的人，兩組彩色的方塊板。在遊戲中，孩子要記住每一站公車有多少乘客。這個遊戲中，會有八趟公車之旅，遊戲的難度逐次提高。其中有幾次孩子必須靠自己記住數字，有幾次可以用彩色方塊板來協助記錄。

4. 科學活動

發現角：發現角是全年常設的自然科學活動。活動包括照顧小動物、種植物、仔細檢視多種自然界的東西，如石頭和貝殼。雖然發現角活動不做正式的計分，但老師會使用一個檢核表去記錄孩子的觀察，和他們對自然現象的欣賞和了解。例如，有些孩子會注意到東西間的相似和相異，以及在不同時間的變化，有些孩子則會根據觀察結果提出問題。

尋寶遊戲：尋寶遊戲評量孩子邏輯推理的能力。遊戲開始前，不同的「寶物」被藏在不同色的旗子下。此遊戲的目的在於使孩子明白埋藏寶物的規則，並依此規則來預知在何處會找到何種寶物。我們提供給孩子一個特別的盒子，保存找到的東西。盒子內用不同顏色

（續下頁）

（承上頁）

做出小方格，但是我們不告知孩子該如何使用這個盒子。我們觀察孩子們如何利用盒子來分類事物，可以看出孩子組織訊息的能力，並且幫助孩子了解遊戲規則。

浮沈活動：浮沈活動是用來評量孩子運用觀察結果作出假設，並進行簡單實驗的能力。我們給孩子準備一盆水及幾樣會浮沈於水中的材質，然後要求他們提出預測和假設，以解釋這些物體的浮沈情況。我們也鼓勵孩子以自己的方法來試驗這些東西。

組合活動：組合活動是設計來評估孩子的機械能力。給孩子們兩部食物研磨機，讓他們拆解後再組合回來。這項活動的完成仰賴良好的操作技巧、視覺空間能力，以及觀察與解決問題的能力。這個活動特別可以反映出在傳統的科目中可能被忽略的認知技巧。

5.社會活動

教室模型：這個活動的目的在評估孩子在教室中觀察與分析社會事件及經驗的能力。我們提供給孩子一個教室模型，並且配有小家具，以及貼著同學、老師照片的木製人偶。孩子們如同玩娃娃屋般使用這個教室模型。他們在模型中擺置人偶的方式，可以反映出他們對同儕、老師的了解及社會互動經驗。我們也讓孩子說出她最喜歡的活動和同伴。同時，我們也探討孩子對社會角色的理解程度（例如，孩子扮演領導者或促進者）。

同儕互動檢核表：老師利用檢核表來幫助他們仔細觀察孩子，並且評估孩子與同儕間互動的方式。完成檢核表後，老師可以判斷出孩子扮演哪一個角色——領導者、促進者、獨行俠及團隊成員。每個角色都由特別行為模式組成，例如，扮演促進者的孩子通常樂於分享資訊，會幫助其他人；扮演領導者的孩子通常試圖組織其他孩子。

6.視覺藝術活動

藝術檔案：整個學年中，每個孩子的藝術創作被收集成一個檔案。

（續下頁）

（承上頁）

這些檔案中包含：素描、彩繪、拼貼及立體作品。老師在每一學年中，回顧孩子的檔案兩次，並依孩子使用的線條、形狀、顏色、空間、細節程度和表現方式為準則，來評估其內容。老師也可以記錄下孩子偏好的藝術媒材。

結構化活動：除了藝術檔案外，每年讓學生參與四種結構化活動，並且按照檔案評量的指標來評量孩子的表現。每個孩子應完成三件畫作及一件立體作品。這個活動可給孩子們以相同材料來作設計與整合的機會。

7. 音樂活動

歌唱活動：此活動是評估孩子在唱歌時能唱出正確的音調、節奏、旋律，並且記憶音樂作品的能力。在活動中，孩子被要求唱出一首最喜歡的歌曲及通俗的童謠。另外，孩子要能說出以前教唱過的歌曲名字。

音樂知覺活動：其目的在評估孩子在不同情況下對音調的辨別能力。先以錄音機播放四首熟悉的歌曲，讓孩子說出歌名。接下來，讓孩子聆聽一首熟悉歌曲的不同版本，並讓孩子指出其正確與否。最後，讓孩子們用外型相似但可奏出不同聲調的音鐘來玩音調搭配的遊戲。

8. 工作風格

工作風格檢核表：工作風格檢核表幫助老師了解孩子處理材料的不同方式。老師在孩子完成一項光譜活動後，便填寫一份檢核表。工作風格的內容包含了孩子的持續力、愉悅感、專注力、不願意參與、急於想將活動改為自己喜歡的方式等行為態度。這個檢核表可以讓老師找出孩子表現最好的領域和情境。例如，某孩子可能可專心做組合遊戲或視覺藝術工作，但是在其他領域非常不專心。或者，某孩子在高度結構化的活動中表現良好，但是不太愛參與說故事活動或做實驗。

附錄 G：光譜計畫親子活動手冊

By Valerie Ramos-Ford

・目　錄・

前言 —————————————————— 331

I　數量活動 ——————————————— 332

II　科學活動 ——————————————— 337

III　組合活動 ——————————————— 342

IV　音樂活動 ——————————————— 346

V　語言活動 ——————————————— 349

VI　視覺藝術活動 ————————————— 352

VII　肢體動作活動 ————————————— 357

VIII　社會活動 ——————————————— 360

IX　光譜資源表 —————————————— 363

▌前　言

「光譜計畫親子活動手冊」收集了許多可供家長和孩子一起進行的遊戲和活動。它依據光譜計畫的領域將活動分為數個部分。這些活動非常簡單可行，並且採用隨手可得的材料。在每個部分結束的地方，我們也提供一些其他可用資源的訊息，例如活動參考書、兒童圖畫書、錄音帶或CD，這些都是您的孩子可能會喜歡的東西。

這個活動手冊是一個起步，引導您認識現在許多可用的教育材料、資源和活動。我們鼓勵您和孩子去接觸各種不同的玩具、遊戲、活動和經驗，而不只是局限在孩子專長和感興趣的範圍。

我們也鼓勵您在社區中尋找幫助學前兒童與家庭的各種課程方案和活動。圖書館、博物館和社區團體都是您可以伸展觸角的地方。這本手冊的最後附有波士頓市附近的社區資源一覽表。這可以作為您自己社區的參考。

最後，請務必記住，這些活動強調的是探索和充滿趣味。它們讓您和孩子共同學習、共同歡樂。實施活動的方式不是呆板不變的，您的孩子可能也會提出一些不同的想法，讓活動變得具有許多新發現、更令人開心！

┃ 數量活動

❀ 做月曆

材料：十六吋乘二十吋的海報板
　　　透明的玻璃紙
　　　彩色筆
　　　尺
　　　色紙
　　　剪刀

　　幫助孩子在海報上畫出七行直欄和六排橫列，做出月曆的基本形式。在格子的上方，寫出一星期的名字，從星期日開始寫。在海報板上蓋上玻璃紙，如此一來，孩子可以自由地貼上每日的記事，但是不會弄壞月曆。

　　每一個月份，孩子可以用色紙剪一些形狀，寫出數字，然後貼在月曆上。孩子們會很喜歡剪一些特別的形狀來表示該月中特別的活動。例如，心形可以用來表示二月中的情人節，雨傘用來表示四月多雨的天氣。孩子也可以剪一些特別的形狀來代表特別的日子，例如，生日和節慶假日。在每個月份開始時，幫助您的孩子在月曆板上找出正確的第一天，貼上名字。然後每天早上，孩子就可以把數字依次貼上，並且算出一個月已經過完了幾天。

✿ 遊戲板製作

材料：大型紙板或海報板
　　　彩色筆、蠟筆或彩色鉛筆
　　　骰子（或用小型的木質立方體當做骰子）或轉輪
　　　貼紙
　　　遊戲用的人偶、小汽車等等

　　紙板遊戲可以讓孩子學習數字技巧，並加以練習。使用上面所提供的材料，你可以幫助孩子自己做出一個數字遊戲。

　　這個遊戲可以是一個簡單的計算遊戲，或是包含多種不同的數字相關概念。例如，轉輪或骰子可以擲出數字，讓孩子知道她應該在遊戲板上向前走幾步。你也可以用另一個骰子，代表方向的符號（例如，＋代表向前走，－代表向後走）。

✿ 成長圖

材料：五呎的紙張（寬約六吋到十二吋）
　　　尺
　　　彩色筆、蠟筆等
　　　貼紙（裝飾用）

　　把紙張放在地板上或其他空地上。幫助孩子沿著紙張的一邊，用尺標示出每一吋（公分）的位置。把整張紙沿著一邊全部標好，然後，幫助孩子寫出一到六十的數字。完成之後，孩子可以自己裝飾這張圖表。每隔幾個月，您的孩子可以用貼紙在圖表上標示出她的高度。每次做的時候，鼓

勵孩子想想看自己比上一次長高了多少，自己現在的身高是多少吋。

估算遊戲

估算遊戲可以用許多不同的材料來玩；下面是幾個可用的例子。

材料：盒子、罐子、碗或各種大小的紙杯

　　　量杯

　　　天平

　　　各種不同的小物品，如貝殼、石子、銅板、小玩具

鼓勵孩子用各種方式探索材料。你可以問一些問題來激發她的想法。例如，你可以問：這個小杯子裡裝了多少貝殼？這個大杯子呢？猜猜看哪幾個杯子可以裝十個以上的核果？哪幾個杯子裝不到五個？也鼓勵孩子問你問題，然後一起找答案。

分類遊戲

分類遊戲可以用各種不同的材料來玩，從棒球卡到貝殼等都可以。下列的家庭用品也可以用來進行這樣的活動。

材料：蛋盒

　　　小蛋糕的模型杯

　　　製冰盒

　　　小盒子

　　　嬰兒食物空罐頭

　　　各種不同的小物品，如鈕扣、豆子、堅果

問題：你可以把這堆鈕扣依照不同顏色，分別放到蛋盒中嗎？哪一個

顏色最多？還有哪些分類的方法？顏色？大小？鈕扣洞？

🌸 幾何板製作

材料：十二吋的正方形木板（一吋至二吋厚）
三十六支小型的釘子
各種不同色的橡皮筋

幾何板是讓孩子玩各種不同幾何形狀的好方法。孩子可以用橡皮筋鉤住板子上的釘子，做出各種不同的形狀和設計。

```
   *      *      *      *      *

   *      *      *      *      *

   *      *      *      *      *

   *      *      *      *      *

   *      *      *      *      *
```

🌸 指頭遊戲和數字歌

市面上有許多指頭遊戲和歌曲，結合計算能力的發展。家長可以善用這些書籍和孩子共同分享這些活動。

🔆 烹飪活動

　　和孩子一起烹煮食物是練習數字概念的主意，例如，計算物品和量東西。選擇一些孩子可以做的食譜，鼓勵孩子幫你量和計算食品的成分，並且幫你攪拌材料，準備烹煮。

🔆 其他資源

Anno, M. *Anno's Counting Book*. Crowell, 1987

Carle, E. *The Hungry Caterpillar*. Putnam, 1984, 1986.

Cave, K. *Out for the Count: A Counting Adventure*. Scribner, 1992.

Coglin, M. L. *One Potato, Two Potato, Three Potato, Four! 165 Chants for Children*. Gryphon House, 1990.

Coyle, R. *My First Cookbook*. Workman, 1985.

Maccarone, G. *Monster Math*. Scholastic, 1995.

II 科學活動

🌸 栽植花草

讓孩子學到植物生長的方式有許多種。幾項簡單的作法如下：

- **發芽**
  材料：中型的廣口瓶或不會碎的塑膠罐
  　　　苜蓿種子或豆子
  　　　紗布

  在瓶底放入一或兩茶匙的苜蓿種子。加入二或三茶匙的水，並且輕輕搖一下瓶子，使種子濕潤。用紗布將瓶子蓋起來，並且用橡皮筋圈住。約三天後，種子會開始發芽。種子需要保持濕潤，但不要太多水。每天檢查一下種子是否保持濕潤。必要時，加入幾茶匙的水。每天輕搖一下瓶子，讓發芽的種子保持鬆散。大約一星期之後，就可以食用。

- **種植種子**
  材料：不同種類的種子或乾豆子
  　　　幾個小花盆
  　　　栽植土壤
  　　　塑膠盤

  將小花盆裝入大約一半的土壤。用水澆濕土壤，並且放置一旁約幾小

時。在每盆中加入一些種子或豆子，再加入一些土壤，並且澆上水。理想的情況是，泥土要保持濕潤，但不要過多水，讓孩子以他們自己的想法來照顧植物。利用幾個盆子分別種下種子或豆子，孩子可以實驗一下哪一種是最好的照顧方式。例如，一盆放在陽光下，一盆放在陰暗處，或者一盆澆多點水，另一盆則保持乾燥。利用做實驗的方法，孩子會學到在種植種子時，哪些因素最重要。種植種子的活動，可以先在室內進行，當植物長出來之後，可以變成戶外的活動。

- **插枝栽植**

    材料：切枝的植物

    　　　透明的塑膠罐子

    　　　水

　　讓孩子將切枝的植物放入透明的塑膠罐中，使孩子能看到根部生長的情形。當植物長出一些主根後，可以移植到泥土中。你可以從新長成的植物上再切出一些枝杈來，再用來栽種。

製作鳥食器

　　鳥食器的製作方法有許多種，下面的方式是學前兒童也可以做到的。

　　牛奶盒鳥食器：將半加侖大的牛奶罐四邊切出四個大窗口。在牛奶罐的上方打出兩個洞口，用條繩子穿起來。在罐子中裝入一些鳥食。把罐子掛在窗戶外，或者鳥兒覓食的地方。

　　松果食器：在大松果上塗上一些花生醬，然後沾上一層鳥食，將松果掛在室外。

　　鳥食小盒子：在一個塑膠小盒或小紙盒的兩邊打出四個小洞。也可以使用奶油和優格的盒子。用繩子穿過洞，在盒中放入鳥食，將容器掛在室

外。

🌸 拓印

拓印是一個有趣的方式，可以讓孩子探索自然界事物的形態和質感。許多材料都可以拿來做拓印。

建議的材料：葉子

木片

貝殼

石頭

蠟筆或粉筆

紙

讓孩子放一張紙在木片上、葉子上等等，告訴孩子用蠟粉或粉筆的側邊來回地在紙上摩擦，直到線條和紋理清楚地出現在紙上。然後比較不同東西的拓印結果。

🌸 神秘箱

神秘箱是讓孩子了解使用觸覺可以認識外在世界的方式。這種方式可以用來探索物品的大小、形狀、質地和重量。

材料：小塑膠盒子

彈性襪

觸摸的物品：棉花球、石頭、松果、乾豆子、貝殼、羽毛、銅板、小玩具、其他有趣的物品

放一種物品到盒子中，用彈性襪蓋住整個盒子。孩子可以把手放入襪

子裡去觸摸裡面的物品，然後猜猜看裡面的東西是什麼。請孩子描述他的感覺。例如，它是軟的或是硬的？粗的或是平滑的？重的或是輕的？

✽ 什錦拼貼

在這個活動中，孩子可以學到如何將物品或動物按下列的種類來分類：在地上、在水中、在空中。

材料：三張八吋乘十吋的海報板

自然界為主題的雜誌和其他雜誌

剪刀

彩色筆、蠟筆

給孩子幾種不同的過期雜誌。詢問孩子是否能找出一些不同的人、動物和交通工具的圖片，並且剪下來。當孩子有了許多有趣的圖片後，請孩子選一張海報紙板當作是天空。問孩子是否剪下一些圖片是屬於天空中的東西，可以黏到「天空」的海報板上。用同樣的方式來做「在地上」和「在水中」。和孩子們討論是否有些物品可以分到兩個類型中（例如，鱷魚可以在地上，也可以在水中）。

✽ 戲水

戲水可以讓孩子有許多機會發現新事物和做實驗。孩子可以做浮沈的實驗，玩漏斗、篩子、吸水管和其他的盒子和管子，這些活動可以在廚房水槽、浴缸中、游泳池或小水池中做——只要有水的地方都可以。

材料：各種不同的浮沈物品，例如：玻璃珠、吸管、軟木塞、海綿、軟片盒子、小石頭、兵乓球

❀ 其他資源

Alexander, H. *Look Inside Your Brain*, Grosset & Dunlap/Putnam, 1990.

Cole, J. *The Magic Schoolbus* (series of books and videotapes). Scholastic.

Ingoglia, G. *Look Inside a Tree*, Grosset & Dunlap/Putnam, 1989.

Ingoglia, G. *Look Inside Your Body*, Grosset & Dunlap/Putnam, 1989.

Ingoglia, G. *Look Inside The Earth*, Grosset & Dunlap/Putnam, 1991.

Kite, L. P. *Gardening Wizardry for Kids*. Barrons, 1995.

Kohl, M. & Potter, J. *Science Arts: Discovering Science Through Art Activities*. Bright Ring/Gryphon House, 1991.

Milord, S. *The Kids' Nature Book*. Williamson Press, 1989.

Otto, C. *I Can Tell by Touching*. HarperCollins, 1994.

Rockwell, R., Sherwood, E., & Williams, R. *Hug a Tree—and Other Things to Do Outdoors With Children*. Gryphon House, 1983, 1990.

Williams, R., Rockwell, R., & Sherwood, E. *Mudpies to Magnets*. Gryphon House, 1991.

III 組合活動

✿ 彈珠迷宮

材料：硬木材或其他堅固的積木
　　　紙巾捲
　　　膠帶
　　　彈珠

　　協助孩子用家中的材料，做出自己的彈珠跑道。如果用紙巾捲的圓筒做跑道時，可以用積木放在紙捲筒旁固定。如果要做平行的彈珠跑道，那麼將紙捲筒橫切成一半，就可以看到彈珠跑過紙捲筒的情形。如果要做出直立型的跑道，就採用紙捲筒的原來形狀。然後，將捲筒裁出不同長短的長度，並且幫孩子把紙筒黏起來。你可以先讓孩子玩珠子和積木迷宮，然後再加入紙捲筒做成的迷宮。

✿ 簡單的五金工具

材料：彈簧
　　　鉸鏈
　　　門閂
　　　小鎖頭和鑰匙
　　　螺絲釘和螺絲帽
　　　螺絲起子
　　　扳手

讓孩子探索這些材料，並說明她熟悉的工具和用法，也提出其他可用的方法。然後，給孩子一些木片、保麗龍板，或紙盒，讓他們使用工具做事。

拆解機器

材料：任何可以簡單拆解開來的機器，例如：
手電筒
老式打字機
計算機
電話

孩子喜歡拆解許多簡單的機器和家電用品。和孩子討論這些零件如何組合起來，好讓機器可以運作，以及你如何把所有零件再組合起來。你可以詢問孩子：「如果這些零件用不同的方法組合起來的話，會發生什麼事？」或者，「如果不裝上其中一個零件，結果會怎麼樣？」

創作出想像的機器

給孩子準備一些不同的拼裝玩具和材料。先和孩子腦力激盪出一些想像中的機器、交通工具或其他物品。例如，老鼠的洗衣機、蟾蜍的車子或是遊樂園的車子。

材料：線軸
細鐵絲、磁鐵、硬紙盤、小張色紙
不同形狀的小盒子
切成不同形狀的紙巾捲
膠帶

膠水

橡皮筋

❀ 製作拼圖

材料：一大張紙或海報板

彩色筆

雜誌

紙板或海報板

剪刀

漿糊

給孩子不同的雜誌，讓他們可以剪下圖片。當孩子找到自己喜歡的圖片時，他們可以剪下來，貼到紙板或海報板上。當膠水乾了之後，把圖片裁成一片片，讓他們做成拼圖。

❀ 外型拼圖

材料：大張紙或海報板

彩色筆

各種熟悉的物品（鑰匙、紙夾、小玩具、積木、樹葉等等）

把物品放在紙上或海報板上，讓孩子用彩色筆描出每個物品的外型。然後，把物品取走，放入小盒子或袋中。讓孩子看著紙上的物品外型和物品玩配對遊戲。

✿ 其他活動

　　市面上有很多遊戲組和組裝材料可以讓孩子探索結構和功能的關係，並且動手組裝。例如，樂高遊戲等。

✿ 其他資源

Barton, B. *Building a House*. Greenwillow Books, 1981.

Butterfield, M. *Ships*. Dorling-Kindersley, 1994.

Butterfield, M. *Bulldozers*. Dorling-Kindersley, 1995.

Johnstone, M. *Planes*. Dorling-Kindersley, 1994.

Johnstone, M. *Cars*. Dorling-Kindersley, 1994.

IV 音樂活動

❀ 製作打擊樂器

材料：有蓋子的小罐子（軟片罐子／有蓋子的優格罐子）
　　　米
　　　迴紋針
　　　豆子
　　　其他的小物件

讓孩子用不同的材料填入小罐子中（例如，迴紋針、米、乾麵條）。孩子可以把做好的小成品當作是簡單的打擊樂器，為他喜歡的音樂伴奏。

你也可以請孩子猜一猜裝在罐子中發出聲響的東西是什麼。孩子也可以把相同的材料放入一對罐子中，然後搖動罐子，想辦法讓兩個罐子發出同樣的聲音。你和孩子也可以用其他常見的家用品，例如，食物儲存盒、橡皮筋、木頭積木、鍋子等等，做出各種簡易樂器。

❀ 水瓶

材料：各種不同的瓶子
　　　木槌
　　　水

將一些瓶子裝入不同量的水，讓孩子試試看敲出聲音。孩子可以用木

槌輕敲瓶子,然後再加入一些水或倒出一些水,再敲敲看聲音有何變化。
孩子也可以用不同的工具來敲瓶子(例如,湯匙或鉛筆),並且比較敲出
來的聲音。

✿ 辨音遊戲

材料:錄音機
　　　家用品和家電品

你和孩子可以一起將常聽到的聲音錄成一卷錄音帶(例如,電話鈴聲、
關門聲、流水聲、狗叫聲)。將錄音帶放出來給孩子聽,並讓孩子辨認聲
音。你也可以將家人和朋友說話、唱歌的聲音錄下來,讓孩子分辨是什麼
人的聲音。孩子也許會喜歡做一些錄音帶來考考別人。

✿ 舊歌填新詞

你和孩子可以給熟悉和喜歡的歌曲加上一些新歌詞。例如,把「王老
先生有塊地」這首歌中的「王老先生」換成孩子的名字,並且可以問孩子
想把什麼動物養在自己的農場中。你也可以把歌曲的場所改成其他地方,
例如,玩具店。

✿ 其他活動

和孩子共讀一本無文字的童書。按照書中的圖畫來做出你自己的歌曲
(例如,以動物書中的牛為主題,編出一首歌)。然後,請孩子也編一首
她的歌(例如,有關馬的歌)。或者,你可以建議,「讓我們用唱的方式,
而不是用眼睛來讀這本書,你覺得可以怎麼唱呢?」你的孩子可能也會喜

歡玩猜歌曲的遊戲。不要把歌詞唱出來，只用哼的，然後猜猜曲名是什麼。

　　音樂可以在節拍（快／慢）、力度（強／柔），和音高（高／低）上有所變化。為了增加孩子對這些要素的敏感度，你可以玩一些遊戲。例如，比較「跑步」和「散步」的不同；讓孩子比較快速行走和慢慢走時脈搏跳動的不同；做出老鼠叫的聲音和大象的低吼聲；輕聲唱歌和大聲唱歌；假裝搭乘一部電梯，當電梯越升越高時，聲音就越唱越高，電梯下降時，聲音就逐漸降低。

✿ 其他資源

Blood, P., & Patterson, A. (Eds.). *Rise Up singing: A Group Singing Song-book*. Sing Out Publications, Bethlehem, PA, 1992.

Guilmartin, K. *Music and Your Child: A Guide for Parents and Caregivers* [Tape, songbook, and guide]. Music and Movement Center, Princeton, NJ, 1990.

Raffi. *Singable Songs for the Very Young.* NY: Crown Publishers, 1976.

Raffi. *Singable Songs for the Very Young.* Shoreline: MCA 1976, MCAD #10037.

Raffi. *Baby Beluga*, [Music CD]. Shoreline: MCA 1980, MCAD #10036.

Raffi. *Baby Beluga*, NY: Crown Publishers, 1990.

V 語言活動

❊ 討論畫作

　　材料：一幅孩子的畫作
　　　　　色紙
　　　　　彩色筆
　　　　　膠水

　　當孩子畫出一幅很不錯的作品時，請孩子說一說她的作品。例如，將畫作放到一張大色紙上，然後展示出來。你可以問一些問題：「介紹這張畫讓我認識好嗎？這張圖裡面有什麼故事嗎？這張畫對你有什麼特別的地方嗎？」在大色紙上寫下孩子講的話。最後，孩子可能會想要為她的畫作做出一本書。

❊ 故事板製作

　　材料：大張的紙板、海報紙或毛氈
　　　　　不同的人物和道具
　　　　　彩色筆、蠟筆

　　故事板是一個讓孩子說故事的有趣工具，可以用任何孩子想放入故事中的各種道具，包括小型人物（人、動物、想像中的生物）、樹和小樹叢、房舍（例如，用小盒子做成的小房子），及其他故事性強的道具（例如，

手提箱、珠寶盒、魔術師的手杖）。孩子可以按自己的想法裝飾故事板，也可以畫出草地、池塘或其他場景，以便發展故事情節。

新聞記者

孩子會很喜歡當記者報導新聞。她可以訪問家人和朋友，提出一些問題，例如，「上週末你是如何度過的？你最喜歡的食物是什麼？你最喜歡做什麼事？」這個活動可以讓孩子透過和家人、朋友的對話，練習他們的語言技巧。孩子可以用便利貼和鉛筆來做筆記，或者，要你幫忙寫下一些字。如果有錄音機的話，可以幫孩子錄下她問的問題和她得到的回答。

做玩偶

孩子可以自己做出簡單的玩偶，用來說故事和玩扮家家酒。下面有一些方法是採用家用品，不太需要成人的督導，並且讓孩子可以創作出許多種不同的玩偶。

紙袋玩偶

材料：小紙袋、色紙、貼紙、線團、膠水、亮片、彩色筆和蠟筆

襪子玩偶

材料：舊襪子、線團、毛氈片或布料、膠水、鈕扣

故事接龍

故事接龍的活動是先由一個人開頭，然後，讓另一個人接下去說故事。例如，你可以先起個頭：「以前在森林中有一個大古堡。它是……」。然後請孩子接下去說下一段故事。互相輪流說故事，直到故事說完。這個遊戲可以兩個人玩，也可以更多人參與，因此這是一個老少咸宜的活動。你

也可以做一些道具好讓孩子抓住故事的主軸。有些孩子可能會覺得用熟悉的故事或常見的角色來為故事開頭，比較容易講出故事。例如，你可以這樣給故事起頭：「有一天當（**孩子的名字**）走進森林，（她）發現了三隻熊的房子。（她）打開門看誰住在裡面……」

✹ 建議

你的孩子可能會有興趣畫出他們所說的故事，並且做成書本。他們可以整理這些故事，並且和別人分享。如果有錄音機的話，孩子可以自己錄下故事，以後自己聽，或者和別人一起聽。

當孩子說了故事之後，可以請她表演出來。建議使用一些服裝道具、玩偶、音樂和創意的肢體動作等來做表演。

✹ 其他資源

Carson, J. *Tell Me About Your Picture: Art Activities to Help Children Communicate*. Dale Seymour Publications, 1992.

Raines, S., & Canady, R. *Story Stretchers: Activities to Expand Children's Favorite Books*. Gryphon House, 1989.

VI 視覺藝術活動

　　如果你提供孩子許多不同的材料，孩子可以自己想出許多視覺藝術活動。下列是一些有趣的材料：

　　蠟筆、彩色筆、粉筆、彩色鉛筆、水彩、蛋彩顏料、剪刀、膠水、海綿、各種刷子和滾軸、各種紙張、線、線團、小塊布料、立體塑材（陶土、黏土、保麗龍、木頭）、紙黏土、圍兜

❀ 藝術檔案

　　材料：大張的軟木塞板或海報板（二十吋乘二十四吋）
　　　　　打孔器
　　　　　線團或線
　　　　　貼紙、亮片等等

　　許多孩子都對自己所做出的藝術作品感到自豪。動手做出一個藝術檔案，讓你的孩子有一個安全的地方存放一些特別的圖畫和拼貼作品。先準備好軟木塞板或海報板，對摺，在每一半上打三個洞，分別在上方、中間和下方的地方。用一條繩子或線穿過六個洞，以便把整個檔案夾繫住。孩子可以自己裝飾檔案夾，當她開始選擇收集她的作品之際，你也可以把孩子對作品的說明和作品日期，寫在作品背面。

❀ 彩繪活動

　　運用油彩的刷子來作畫是孩子很喜歡的繪畫活動。許多孩子喜歡用他

們自己的手來作畫，即使他們已具有很好的動作技能可以用刷子來作畫。還有一些其他方式也可以用來上顏料，例如，線、海綿、滾輪、瓶子、玩具車輪，甚至是彈珠。

❀ 「蝴蝶」畫

材料：兩或三種蛋彩顏料
　　　色紙

教孩子將紙對摺，兩邊對齊，做出摺線來，打開紙攤平。讓孩子滴一些顏料在紙的一邊，然後用手壓一壓紙。如此一來，紙裡面的顏料會散開來，並且印到另一邊，形成對稱的圖案。慢慢打開紙，讓孩子看一看做出來「蝴蝶狀」圖形設計。

❀ 蘸顏料

材料：紙巾
　　　食用色素
　　　小碟子

讓孩子用紙巾的一角蘸顏料或將摺過的紙巾蘸不同的顏料。這個方法可以讓孩子試試混合色的效果，並且也能發展出「吸收能力」的概念。

❀ 做印章

孩子可以使用各種不同材料來做印章：有花紋的木質積木、海綿、餅乾模子、塑膠玩具、貝殼和石頭。讓孩子把「印章」蘸一蘸放在碟子中的

顏料，或是在印泥上蘸一蘸顏色，然後在畫紙上蓋出印來。孩子通常在選用顏色上，會有自己的意見，你可以利用深淺不同的紙，讓孩子的印章做出不同的效果。

做雕塑

> 材料：保麗龍、陶土、黏土
> 　　　蠟
> 　　　冰棒棍
> 　　　木片
> 　　　各種不同的裝飾材料，如珠子、乾豆子、鈕扣

許多造型材料和回收的材料都可以用來讓孩子做立體的藝術作品。例如，她可以用各種不同形狀、大小的木片，黏出立體的作品來，或者用陶土或黏土，加上冰棒棍，變成有趣的造型。

黏土麵糰

> 材料：兩杯冷水
> 　　　一杯鹽
> 　　　兩杯麵粉
> 　　　四茶匙酒石酸氫鉀（cream of tartar）
> 　　　食用色素或一包飲料沖泡粉

做黏土麵糰是一件有趣的手工活動，同時也結合了簡單的數量觀念，例如，計算和測量。用中火將所有材料在鍋子中煮幾分鐘，並攪拌，一直到形成像馬鈴薯泥般的濃稠狀。從鍋中取出材料，倒在蠟紙上放涼，並蓋

上一塊濕布。如果將麵糰放在塑膠袋或蓋緊的盒子中，可以保持幾星期不
會變硬。捏塑完成的作品如果放過夜，就會變硬。

可以和黏土一起通用的材料有：冰棒棍、小塑膠人偶、餅乾模子、蒜
頭壓碎器、桿麵棍。

✿ 拼貼材料

拼貼是讓孩子探索空間使用的好方法，並且讓孩子了解不同的材料如
何組合在一起。拼貼可以用各式各樣的材料，愈多樣愈好。下面是可供參
考的建議：

- 使用各種不同幾何形狀、大小、色彩的色紙。
- 用一個大三角形做為背景，然後貼許多小型的三角形到上面。
- 用深色做為背景，然後用較淺的同色系，剪出各種形狀貼上去。
- 使用白色為背景，貼上衛生紙的各種形狀碎片。貼的時候使用液狀
  膠水，而非漿糊。衛生紙濕潤時，看起來較為透明。將不同色彩的
  衛生紙貼在一起，可以產生不同的色彩效果。
- 在紙上或紙板上做出立體的拼貼：黏貼家中常見的用品，例如，乾
  豆子、麵條、米粒、種子、珠子、木片、碎布、線、線團或保麗龍。
- 拼貼造型設計：把材料貼到不同大小的紙盒、紙巾捲或其他物品上。

✿ 其他資源

Carlson, L. *Kids Create! Art Activities for 3–9 Year Olds*. Williamson, 1990

Ko l, M. Mudworks: *Creative Clay, Dough, and Modeling Experiences for Children*. Bright Ring/Gryphon House, 1989.

Lol f, S. *Things I Can Make with Beads*. Chronicle Books, 1990.

Lohf, S. *Things I Can Make With Boxes*. Chronicle Books, 1990.

Lohf, S. *Things I Can Make With Cloth*. Chronicle Books, 1987, 1989.

Lohf, S. *Things I Can Make With Cork*. Chronicle Books, 1990.

Press, J. *The Little Hands Art Book*. Williamson, Charlotte, VT, 1994.

Wilmes, L., & Wilmes, D. *Exploring Art*. Building Blocks. Gryphon House,

1986.

VII 肢體動作活動

🌸 老師說

　　你和孩子可以把這個遊戲玩出各種變化。你可先從簡單的方式開始，例如，動物身體的重要部位。不論是誰擔任發令者的角色，要使用這樣的說詞來玩遊戲：「老師說，『頭轉圈圈』。」更難一點的玩法是要求做一些聯合動作，例如，「把手放在頭上，用一隻腳跳」或「手臂做划水的動作，並且雙腳大步向前走」。你也可以提出一些比較有創意的方式讓孩子做，例如，「像貓一樣的跳舞」或「像冰塊一樣在太陽下融化」。成人和孩子都可以輪流當發令者。

🌸 看手勢猜字謎

　　孩子可以玩幾種不同的字謎遊戲，這個遊戲可以幫助孩子去思考，並表演出具有創意的動作順序，來傳達一種心情或影像。

　　向孩子說明遊戲的方法：「我們現在要玩一種遊戲，你來教我猜出東西，可是要用不說話的方式告訴我。」你可以叫孩子想辦法用表演的方式來做。這個遊戲最好先說出要猜的東西是哪一個種類的東西。例如，你可以先用動物為謎語：「這是一種動物。現在，不講出字來，只用動作表示，讓我知道你在扮演什麼動物。」

　　你和孩子可以試著去做下列這些謎語：

　　◇自然界中的東西——風中的樹、雪花、飄落的葉子

◇家中的物品——球、腳踏車、鞦韆、汽車、船
◇形狀——正方形、三角形、字母
◇感覺和情緒——高興、悲傷、生氣、驚訝、害怕

🎴 隨音樂起舞

許多孩子喜歡聽音樂，並隨著音樂起舞。幫忙孩子搜集一些她喜歡的音樂，讓她隨音樂跳舞，孩子可以有機會接觸不同風格和節奏的音樂。鼓勵孩子針對不同音樂做動作。孩子也會喜歡使用一些道具來跳舞，例如，圍巾、緞帶、球、呼拉圈。

🎴 氣球遊戲

請孩子想辦法讓氣球一直飄在空中。輪流和孩子用手把氣球拍回空中，而不是讓氣球落下地來。可以變化玩法，例如，讓氣球在音樂播放時，保持飄在空中，在音樂停時，就要接住氣球。另一種方式，可以用身體而非用手拍，讓氣球飄在空中，例如，腳、手肘、頭。

🎴 接力賽

接力賽是一個讓孩子發展他們的平衡感、敏捷度和整體協調性的好方法。同時，也可以練習輪流和團隊合作。接力賽中只需要一個起點線（可以用線、粉筆或在地上畫一條線）和一些簡單的道具，例如，球或氣球。如果有一個以上的孩子參與，你可以建議他們一起合作，和時間競賽，而非孩子之間彼此競賽。下列是一些可參考的建議：

◇步行接力——向後走、向前走或側走

◇跳躍接力──雙腳跳、單腳跳
◇動物接力──用螃蟹、青蛙、貓等方式向前走
◇托物接力──用廚房的大湯匙，上面裝著珠子或小球，盡可能快走

✿ 鏡子遊戲

請孩子假裝是一面鏡子，並向孩子說明當你照鏡子時，鏡子會反映出你所做的動作。輪流當鏡子。當孩子是鏡子時，她必須盡可能正確地做出別人的所有動作。然後，她可以當照鏡子的人，讓別人來做她的動作。

✿ 相反人物

每次選一個人來當領導者，這個遊戲稱為相反人物，因為其他人必須做出和領導者相反的動作來。例如，如果領導者坐下，那麼其他人就要站起來。如果領導者用跑的，其他人就要用走的，諸如此類。有些動作可能很難做出相反動作，所以你需要先和孩子腦力激盪一下，或剪出一些相反動作的人物圖片，給孩子參考。和孩子輪流交換當領導者。

✿ 其他資源

Carr, R. *Be a Frog, a Bird, or a Tree: Creative Yoga Exercises for Children.* Colophon Books/Doubleday 1989.

Fluegelman, A. *The New Games Book.* Dolphin Books, 1990.

Miller, K. *The Outside Play and Learning Book.* Gryphon House, 1989.

Orlick, T. *The Cooperative Sports and Games Book.* Pantheon Books, 1978.

VIII 社會活動

我的小書

　　幫助孩子做一本有關她自己的小書。在書中，孩子可以說出她喜歡的東西、不喜歡的東西、朋友和最近學到的能力等。當你幫孩子寫下她想說的事情後，鼓勵孩子畫插圖或用照片來裝飾。和孩子共做這一本書，並且在孩子有興趣時，繼續多做一些內容。你也可以告訴孩子，她是一個很重要的人，同時，讓你的孩子有機會去反思她是什麼樣的人。

個人寫真集

　　個人的相簿讓孩子可以記住和家人、朋友相聚的時光。幫助孩子選出一些特別的和有意義的照片，放入她的相簿中。你也可以和孩子定期地看這些相片，並且聊聊相片中的人和去過的地方。你的孩子也可以自己拍照片，放進相簿中。

寫信

　　幫孩子寫信給奶奶或一位特別的朋友，這個方式可以讓孩子知道另一種溝通方式。鼓勵孩子表達並了解她的感覺，是這個寫信過程中最重要的事。詢問孩子是否特別想寫信給哪個人。你的孩子也可以自己畫圖，或請你幫忙寫字，來完成這封信。

🏵 探索感覺

每當孩子從學校回到家，或從朋友家回來時，可以請孩子談談這一天的情形。當孩子這一天心情不好時，和孩子聊聊，可以讓她更了解所發生的事情。當你的孩子有快樂的一天時，透過分享可以更強化她的正向感覺。

當你讀故事給孩子聽或看圖畫時，花一些時間和孩子討論一下心裡的感受。為什麼莎莉哭了？辛西亞可以做些什麼事來幫助莎莉舒服一些？什麼事情讓你感到生氣？這樣的對話可以幫助孩子了解他們自己的感覺、別人的感覺，以及他們和別人之間的關係。多和孩子談話，也可幫助你了解孩子的感覺和行為。

🏵 其他活動

孩子對團體有貢獻時，會很高興。因此，當孩子在做一項合作的計畫時，引導孩子去注意她所做出的貢獻。例如，烤小蛋糕、洗車子和蓋城堡，都是和孩子互相合作的好機會。

幫助別人也是一項可以和孩子分享的正向社會行為與經驗。和孩子一起想想哪些事情是可以幫助別人的，包括幫助弟妹、祖父母、老師、鄰居或陌生人。

🏵 其他資源

Cheltenham Elementary School Kindergartners. *We Are All Alike……We Are All Different*. Scholastic, 1991.

Dorros, A. *This Is My House.* Scholastic, 1992.

Drescher, J. *Your Family, My Family.* NY: Walker, 1980.

Klamath County YMCA Preschool. *The Land of Many Colors*. Scholastic,
1991.

Oxenbury, H. *The Great Big Enormous Turnip*. Franklin Watts, 1968.

IX 光譜資源表

這個表是在 1998 年調查完成的。雖然有些過時,但是這個表可以作為你搜尋社區資源的參考。

科學	開設的課程
The Aronld Arboretum The Arborway Jamaica Plain, MA 02130 （617）524−1717	
Boston Children's Museum 300 Congress Street Boston, MA 02210 （617）426−8855	展覽、動手操作 的活動,以及 特別的課程
Children's Discovery Museum 177 Main Steet Acton, MA 01720 （617）264−4200	展覽和動手操作的 活動
Drumlin Farm Wildlife Sanctuary South Great Road Lincoln, MA 01773 （617）259−9500	農場動物和 團體活動

（續下頁）

（承上頁）

Habitat Institute for the Environment 　　　　導覽和其他自然
10 Juniper Road 　　　　方面的活動
Belmont, MA 02178
（617）489-5050

Harvard University Museums of Natural History
24 Oxford Street
Cambridge, MA 02138
（617）495-1910

Museum of Science and Charles Hayden Planetarium
Science Park
Boston, MA 02114
（617）742-6088

New England Aquarium
Central Wharf
Boston, MA 02110
（617）742-8870

視覺藝術

Brookline Arts Center 　　　　藝術的課程
86 Monmouth Street
Brookline, MA 02146
（617）566-5152

Children's Workshop 　　　　藝術和手工
1963 Massachusetts Avenue 　　　　活動

（續下頁）

（承上頁）

Cambridge, MA 02140

（617）354－1633

DeCordova Museum School of Art　　　繪畫和其他藝術

Sandy Pond Road　　　　　　　　　　課程

Lincoln, MA 01773

（617）259－8355

Kendall Center for the Arts　　　　　素描及泥塑

226 Beech Street

Belmont, MA 02178

（617）489－4090

Museum of Fine Arts　　　　　　　　工作坊和家庭藝術

465 Huntington Avenue　　　　　　　活動

Boston, MA 02115

（617）267－9377

Newton Art Center　　　　　　　　　素描、繪畫和手工藝

P. O. Box 330

61 Washington Park

Newton, MA 02161

（617）964－3424

音樂

All Newton Muic School

321 Chestnut Street

West Newton, MA 02165

（續下頁）

（承上頁）

（617）527-4553

Powers Music School   兒歌、韻律體操

380 Concord Avenue

Belmont, MA 02178

（617）484-4696

Boston Symphony Orchestra Youth Concerts

Symphony Hall

251 Huntingtion Avenue

Boston, MA 02115

（617）266-1492

Brookline Music School   音樂入門

115 Greenough Street

Brookline, MA 02146

（617）277-4593

The Family Yamaha Music School   基礎音樂課程

123 Harvard Street

Brookline, MA 02146

（617）232-2778

Longy School of Music   達克羅茲韻律操

1 Follen Street

Cambridge, MA 02138

（617）876-0956

Malden School of Music   鍵盤樂、簫

15 Irving Street

（續下頁）

（承上頁）

Malden, MA 02148

（617）321－3313

New England Conservatory   各種不同的課程

290 Huntington Avenue

Boston, MA 02115

（617）262－1120

肢體動作

The Ballet Center, Inc.   芭蕾入門課程、具體遊戲

185 Cory Road

Brookline, MA 02146

（617）277－1139

Powers Music School   韻律操

380 Concord Avenue

Belmont, MA 02178

（617）484－4696

Brookline Music School   韻律操

115 Greenough Street

Brookline, MA 02146

（617）277－4593

Children's Workshop   創意肢體活動

1963 Massachusetts Avenue

Cambridge, MA 02138

（617）354－1633

（續下頁）

（承上頁）

Gymnastics Academy of Boston 177 Charlemont Street Newton, MA 02158 （617）964-0334	翻跟斗、自由體操
MJT Dance Company P. O. Box 108 Watertown, MA 02172 （617）482-0351	現代舞、韻律和 肢體動作
Room for Children 75 Newbury Street Boston, MA 02116 （617）437-7997	體操
Williams School of the Dance 614 Main Street Malden, MA 02148 （617）324-3126	踢踏舞、芭蕾
YMCAs and YWCAs Cambridge: （617）661-9622	YMCA, 820 Massachusetts Ave. 游泳、手工藝
Malden: （617）661-9622	YWCA, 54Washington 游泳、手工藝
Somerville:	YMCA, 101 Highland

（續下頁）

（承上頁）

（617）625－5050	游泳

Skating Rinks

Simoni Rink （operated by the Metropolitan District Commission）	155 Gore Street Cambridge, MA 02138 （617）354－9523
Flynn Rink （MDC）	Woodland Road & Elm Street Medford, MA 02155 （617）395－8492
Veterans Memorial Rink （MDC）	581 Somerville Avenue Somerville, MA 02143 （617）623－3523

戲劇

Belmont Children's Theater 226 Beech Street Belmont, MA 02178 （617）489－4380	表演藝術
Boston Children's Theater, Inc. 652 Hammond Street Chestnut Hill, MA 02167 （617）277－3277	表演藝術
The Loon and Heron Theater for Children 194 Boylston Street	表演藝術

（續下頁）

（承上頁）

Brookline, MA 02146

（617）232−1715

Puppet Showplace Theater　　　　　　表演藝術

32 Station Street

Brookline, MA 02146

（617）731−6400

Wheelock Family Theater　　　　　　表演藝術

180 The Riverway

Boston, MA 02215

（617）734−5203

圖書館

Cambridge:	North Cambridge, 70 Rindge Avenue	（617）498−9086
	說故事、影片欣賞	
Field Branch:	Cambridge Street	（617）498−9083
	幼兒影片、說故事	
	Observatory Hill, 178 Huron Avenue	（617）498−9084
	影片、說故事	
	East Cambridge, 66 Sixth Street	（617）498−9082
	幼兒影片、說故事	
Medford:	111 High Street	（617）395−7950
	影片、說故事、藝術和手工藝	
Somerville:	Main Library, 79 Highland Avenue	（617）623−5000
	影片、說故事、藝術和手工藝、烹飪	
	West Branch, 40 College Avenue	（617）625−1895
	影片、說故事、藝術和手工藝	

（續下頁）

（承上頁）

Winchester:	80 Washington street	（617）721－7140
	說故事	

附錄 H：相關的文獻

Adams, M. L., & Feldman, D. H. (1993). Project Spectrum: A theory-based approach to early education. In R. Pasnak & M. L. Howe (Eds.), *Emerging themes in cognitive development* (Vol. 2, pp. 53－76). New York: Springer-Verlag.

Chen, J. Q. (1993). *Building on children's strengths: Examination of a Project Spectrum intervention program for students at risk for school failure*. Biennial meeting of the Society for Research in Child Development, New Orleans, LA.

Gardner, H., & Hatch, T. (1989). Multiple intelligences go to school. *Educational Researcher, 18*(8), 4－10.

Gardner, H., & Viens, J. (1990). Multiple intelligences and styles: Partners in effective education. *The Clearinghouse Bulletin: Learning/Teaching Styles and Brain Behavior, 4*(2), 4－5.

Gray, J., & Viens, J. (1994). The theory of multiple intelligences: Understanding cognitive diversity in schools. *National forum, 74*(1), 22－26.

Hatch, T. & Gardner, H. (1986). Form testing intellgence to assessing competences: A pluralistic view of intellect. *The Roeper Review, 8*, 147－150.

Hatch, T., & Gardner, H. (1990). If Biner had looked beyond the classroom: The assessment of multiple intelligences. *International Journal of Educational Research,* 415－429.

Krechevsky, M. (1991). Project Spectrum: *An innovative assessment alternative. Educational Leadership, 48*(5), 43－49.

Krechevsky, M., Hoerr, T., & Gardner, H. (1995). Complementary energies: Multiple Intelligences in the lab and in the field. Paper prepared for J. Oakes & K. H. Quartz (Eds.), *Creating new educational communities: Schools and classrooms where all children can be smart* (pp. 166－186). Chicago: National

（續下頁）

（承上頁）

Society for the Study of Education.

Krechevsky, M., & Gardner, 11. (1990). The emergence and nurturance of multiplc intellgences. In M. J. A. Howe (Ed.), *Encouraging the development of exceptional abilities and talents* (pp. 222−245). Leicester, UK: The British Psychological society.

Krechevsky, M., & Malkus, U. (1997). Telling their stories, singing their songs. In J. Flood, S. Brice Heath, and D. Lapp (Eds.), *A handbook for literacy educators: Research on teaching the communicative and visual arts* (pp. 305 −313). new York: Macmillian.

Malkus, U., Feldman, D. H., & Gardner, H. (1988). Dimensions of mind in early childhood. In A. D. pelligrini (Ed.), *Psychological bases of education* (pp. 26−38). Chichester, UK: Wiley.

Ramos-Ford, V., Feldman, D. H., & Gardner, H. (1988). A new look at intelligence through Project Spectrum. *New Horizons for Learning: On the Beam, 8* (3), 6−7, 15.

Ramos-Ford, V., & Gardner, H. (1991). Giftedness from a multiple intelligences perspective. In N. Colangelo & G. Davis (Eds.), *The handbook of gifted education* (pp. 55−64). Boston: Allyn & Bacon.

Viens, J. (1990). Project Spectrum: A pluralistic approach to intelligence and assessment in early education, Part I. *Teaching Thinking and Problem Solving, 12* (2), 1−4.

Viens, J. (1990). Project Spectrum: A pluralistic approach to intelligence and assessment in early education, Part II. *Teaching Thinking and problem Solving, 12* (3), 6−12.

Wexler-Sherman, C., Gardner, H., & Feldman, D. (1988). Apluralistic view of early assessment: The Project Spectrum aproach. *Theory Into practice, 27* (1), 77 −83.

附錄 I：光譜計畫中的資源

光譜計畫：幼兒學習活動

《光譜計畫：幼小階段學習活動》這本書中收集了大約四百個活動，分為八大領域（科學、數學、音樂、肢體活動、藝術、語言、機械和社會理解），可供幼稚園和一年級的課程使用。這些活動主要是發展孩子在各領域上的能力。

光譜工作坊

光譜計畫的研究者，為光譜方式規畫了一套研討會和工作坊的研習，從一小時到二或三天的時間長度都有。工作坊中會介紹多元智慧理論，以及深入的探討評量和課程活動。

因材施教：光譜計畫的經驗

《因材施教：光譜計畫的經驗》這本書中將 Gardner 和 Feldman 的理論仔細地化為可讀的、平淺的語言。同時，它也說明光譜研究小組如何將理論運用到學前教育和小學低年級中，以及教師在學校中運用光譜計畫的方式。

附錄 J：光譜網路

下列人士非常願意對光譜方式的運用提供意見。在他們的地址下面，列出了他們專長的領域。有些人可能會收取一些諮詢費用。

Dr. Margaret Adams

Consultant

1604 Quail Court

Roanoke Rapids, NC 27870

（919）537-3748

　　設計和執行 Spectrum Field Inventory，這是一套包含六個領域的學前兒童測驗。

Loretta Beecher

Kindergarten Teacher

Centennial School

522 Mason Lane

Nampa, ID 83686

（208）465-2711

　　光譜學習中心
　　光譜評量活動

Sheila Callahan-Young（教師）

Pamela Card（教師）

Julie Carter（教師）

Alyce McMenimen（教師）

Anna O'Connor（教師）

Fuller School

（續下頁）

（承上頁）

Gloucester, MA 01930

（508）281-9840

　在幼稚園中應用光譜活動

　課程發展

　整合教室中兒童的特殊需要

Dr. Jie-Qi Chen

Professor

Erikson Institute

420 North Wabash Avenue

Chicago, IL 60611

（312）755-2250

　光譜研究各階段過程

　多元智慧／光譜活動工作坊

　教師專業發展

　學前兒童評量

Ronald Eckel

Principal

Furnace Brook School

Furnace Street

Marshfield, MA 02050

（617）834-5025

　在幼稚園應用光譜活動

　課程發展

　整合教室中兒童的特殊需要

（續下頁）

（承上頁）

Mara Krechevsky

Project Director, Project Spectrum

Project Zero

Harvard Graduate School of Education

323 Longfellow Hall, Appian Way

Cambridge, MA 02138

（617）495－4342

    光譜研究各階段過程

    多元智慧／光譜活動工作坊

    教師專業發展

    學前兒童評量

Laurie Leibowitz

Early Childhood Teacher/Consultant

15 Northern Road

Hartsdale, NY 10530

（914）674－4529

    光譜評量活動

Dr. Ulla Makus

Consultant

72 Shade Street

Lexington, MA 02173

（617）862－5986

    教師專業發展

    課程發展

    學前兒童評量

（續下頁）

（承上頁）

Dr. Christine McGrath

Superintendent of Schools

Tewksbury Public Schools

139 Pleasant Street

Tewksbury, MA 01876

（508）851－7347

　　特殊教育

　　推展融入式方案

　　利用光譜評量來做為轉介前和篩選的工具

Miriam Raider-Roth

Teacher/Consultant

113 Pinehurst Avenue

Albany, NY 12203

（518）459－2883

　　檔案評量

　　教師專業發展

　　課程發展

　　光譜學習中心

Valerie Ramos-Ford

Consultant

298 N. Post Road

Princeton Junction, NJ 08550

（609）936－9563

　　課程發展

　　教師專業發展

（續下頁）

（承上頁）

Dr. Hilda Rosselli

Department of Special Education

University of South Florida

Tampa, FL 33620

（813）974－3410

在私人、企業界實施光譜評量活動

托兒所和補救教學的學生

提供托兒所師資長期的訓練策略

Joyce Rubin

Director of Gifted Programs

Community School District 18

755 East 100 Street

Brooklyn, NY 11236

（718）927－5100

教師專業發展

課程發展

學前兒童評量

父母親工作坊以及多元智慧親職教育

Debbie Leibowitz（學前教育專家）

Pamela Prue（退休教授，現任學前教育主管）

Karen Bulman（教師／訓練師，Javitz Grant Program）

Carol Hylton（師資培育專家）

Sylvia de la Torre-Spencer（ESL 教師）

Barbara Williams（一年級老師）

（續下頁）

（承上頁）

Montgomery County Public Schools

850 Hungerford Drive

Rockville, MD 20850

（301/279）3000

Montgomery Knolls Elementary School

807 Daleview Drive

Silver Spring, MD 20901

301/431－7667

教師專業發展

課程發展

ESL 學生的學習問題

學習障礙學生的問題

個別化教學

Janet Stork

Educational Consultant

39 Prospect Hill Rd.

Lexington, MA 02173

（781）862－9951

教師專業發展

課程發展

Dr. Wilma Vialle

4 Gilmore Street

West Wollongon

N5W 2500 Australia

在私人、企業界實施光譜評量活動

托兒所和補救教學的學生

提供托兒所師資長期的訓練策略

（續下頁）

（承上頁）

Julie Viens

Spectrum Researcher

Project Zero

Harvard Graduate School of Education

323 Longfellow Hall, Appian Way

Cambridge, MA 02138

（617）495－4342

光譜研究各階段過程

多元智慧／光譜活動工作坊

教師專業發展

學前兒童評量

附錄 K：手冊評鑑表

1. 本手冊中哪一部分對您最有用？

2. 哪些問題或您關心的事情，在本手冊尚未討論到？

3. 如果未來有修訂版，哪些部分或層面應該改變？

（續下頁）

（承上頁）

4.讀完這本手冊後，您可能會在教室實務、措施或研究興趣上的哪些方面有
所改變？請描述您曾做過的改變，包括有效的和無效的。

5.其他的疑問或意見。

請將本表寄至：Project Spectrum, Project Zero; Harvard Graduate School of Education; 323 Longfellow Hall, Appian Way；Cambridge, MA 02138, U.S.A。

謝謝您！

國家圖書館出版品預行編目資料

光譜計畫：幼兒教育評量手冊／Mara Krechevsky 編著；
　梁雲霞譯. --初版. -- 臺北市：心理, 2001（民 90）
　　面；　　公分. --（多元智慧系列；55003）
　譯自：Project spectrum: preschool assessment handbook

ISBN 978-957-702-480-0　（平裝）

1. 學前教育-評鑑

523.2　　　　　　　　　　　　　　　90018742

多元智慧系列 55003

光譜計畫：幼兒教育評量手冊

系列主編：Howard Gardner, David Henry Feldman, & Mara Krechevsky
編 著 者：Mara Krechevsky
譯　　者：梁雲霞
執行編輯：陳文玲
總 編 輯：林敬堯
發 行 人：洪有義
出 版 者：心理出版社股份有限公司
地　　址：台北市大安區和平東路一段 180 號 7 樓
電　　話：(02) 23671490
傳　　真：(02) 23671457
郵撥帳號：19293172　心理出版社股份有限公司
網　　址：http://www.psy.com.tw
電子信箱：psychoco@ms15.hinet.net
駐美代表：Lisa Wu（Tel: 973 546-5845）
排 版 者：亞帛電腦製作有限公司
印 刷 者：玖進印刷有限公司
初版一刷：2001 年 10 月
初版三刷：2010 年 3 月
I S B N：978-957-702-480-0
定　　價：新台幣 450 元